北京市首批重点建设
马克思主义学院（北京科技大学）经费资助

现代大学德育创新研究丛书

文化多样化背景下大学生志愿服务育人功能研究

张红霞 ◎ 著

中国社会科学出版社

图书在版编目（CIP）数据

文化多样化背景下大学生志愿服务育人功能研究/张红霞著.—北京：中国社会科学出版社，2020.9
（现代大学德育创新研究丛书/张耀灿主编）
ISBN 978-7-5203-0895-3

Ⅰ.①文⋯　Ⅱ.①张⋯　Ⅲ.①大学生—青年志愿者行动—社会服务—研究—中国　Ⅳ.①D432.6

中国版本图书馆 CIP 数据核字（2017）第 210418 号

出 版 人	赵剑英
责任编辑	卢小生
责任校对	周晓东
责任印制	王　超

出　　版	中国社会科学出版社
社　　址	北京鼓楼西大街甲 158 号
邮　　编	100720
网　　址	http://www.csspw.cn
发 行 部	010-84083685
门 市 部	010-84029450
经　　销	新华书店及其他书店
印　　刷	北京明恒达印务有限公司
装　　订	廊坊市广阳区广增装订厂
版　　次	2020 年 9 月第 1 版
印　　次	2020 年 9 月第 1 次印刷
开　　本	710×1000　1/16
印　　张	18.25
插　　页	2
字　　数	272 千字
定　　价	96.00 元

凡购买中国社会科学出版社图书，如有质量问题请与本社营销中心联系调换
电话：010-84083683
版权所有　侵权必究

总　序

　　大学德育是一个常研常新的领域。这是因为，大学是培养中国特色社会主义事业合格建设者和可靠接班人的摇篮，是为各行各业输送专门人才的阵地；学校教育必须坚持贯彻党和国家的教育方针，在德智体美诸育中坚持德育的主导地位，才能顺利完成立德树人的根本任务。随着国内外形势的发展变化，党和国家中心任务的与时俱进；随着大学一届届毕业生走向社会，一级级新生又入学，都必然要求大学德育适应新形势，研究新情况，解决新问题。因此，对大学德育理论和实践的研究，从来都受到学术界的高度关注。

　　新中国成立60多年来，大学为国家社会主义建设各条战线培养输送了大批人才，许多大学毕业生在实践磨炼中成长为各行各业的精英或各级各地的骨干。在社会主义高等教育发展史上，大学德育做出了应有的贡献，也积累了丰富的经验。认真总结大学德育的历史经验和新鲜经验，能促进我们更好地认识和掌握客观规律，不断地加强和改进工作，从而推进大学德育的实践创新和理论创新。

　　思想政治教育学是一门应用学科，在重点开展应用研究的同时，也要注意加强基础研究。大学德育就是对大学生开展的思想政治教育，即对大学生开展的思想教育、政治教育、道德教育和心理健康教育的总称。正是由于大学德育的突出地位，所以，在思想政治教育研究中长期受到重点关注。"现代大学德育创新研究丛书"专题开展新中国成立以来大学德育创新发展的研究，专题开展我国高等教育走向现代化过程中的大学德育面临的新课题研究，其中《新中国高校德育史论》《现代大学德育创新论》《现代大学德育方法论》侧重于德育基础理论研究，《大众文化影响下大学生生命价值观教育研究》《文化多样化背景下大学生志愿服务育人功能研究》《价值多元背景下大学生价值观引导研究》《大学生生态德育新论》《大学生道德认同与培育研究》《非意识形态化思潮对社会主义核心价值体系的影响及其对策研究》等则侧重于应用研究。

　　本套丛书的各位作者长期工作在思想政治教育的第一线,坚持以马列主义、毛泽东思想和中国特色社会主义理论体系指导研究,特别注重以习近平总书记系列重要讲话精神指导新的实践和研究。习近平总书记高举中国特色社会主义伟大旗帜,在治国理政中提出了许多新理念、新思想、新战略,如"以人民为中心""敢于担当""创新、协调、绿色、开放、共享"的发展理念,"两个一百年"的奋斗目标和中华民族伟大复兴的中国梦,"五位一体"的总体布局和"四个全面"的战略布局等。习近平总书记特别关怀大学生的成长,对大学生培育和弘扬社会主义核心价值观等也有直接的教导和深刻的论述。这一系列新理念、新思想、新论述既是我国高校德育创新发展的指导思想,也是现代大学德育重要的时代内容。在五大发展新理念中,创新居于首要和核心的地位。习近平在2013年8月19日中央宣传思想工作会议上的重要讲话强调了理念创新、手段创新、基层工作创新;2015年2月19日在新闻舆论工作座谈会上的重要讲话中指出要以创新为要,实现理念、内容、方法、手段、体制机制等的全面创新。之所以如此强调创新,是因为我国的改革、发展进入了深水区和攻坚期,发展已从主要靠资源投入转向主要靠创新驱动转变。高校的改革、发展同样要适应和顺应经济新常态;在经过世纪之交大学扩招的规模急速拓展之后,同样需要通过全面深化教育改革,重点抓好结构优化调整和质量效益提升的工作,因此,同样应当重视创新,主要靠创新驱动发展。创新从来就是事物发展的不竭动力,在大众创业、万众创新的时代更是如此。因此,大学德育及其研究也要以创新为要,推进理念创新、手段创新和基层工作创新,适应新常态,引领新常态,推进新常态。本套丛书便是为此而作的一次新尝试。

　　当今在校就读的大学生基本上是20世纪末以后出生的"95后",很快"00后"也将进入大学校园。在国内外复杂多变的形势下,在国家仍将处在社会主义初级阶段，仍要坚持基本经济制度的背景下，以公有制为主体、多种所有制共同发展，必然反映到观念上层建筑领域，思想文化、价值取向也必然呈现"一元主导，多元并存"的态势，大学生也不例外。因此，以社会主义核心价值体系和核心价值观引领现代大学德育创新发展就显得十分重要；提高德育的实效性也势必对德育创新提出新要求。相信本套丛书的出版，将会对高校干部、教师有所启迪。

"现代大学德育创新研究丛书"的编撰出版，是我所在的华中师范大学思想政治教育研究所加强思想政治教育学科建设的又一个重点项目。研究所自1994年成立以来，为社会培养了一大批思想政治教育专门人才，有的已经成为各级思想政治教育管理部门的领导，有的已经成为思想政治教育学科领域的中青年专家，更多的成为思想政治教育实践领域中的优秀工作者。学校110周年校庆之际，我的学生罗爱平捐资设立"张耀灿思想政治教育学术研究基金"，让我感到十分欣慰。正是因为有了该基金的资助，"现代大学德育创新研究丛书"才得以顺利出版。当然，该丛书的出版也得到了学校和马克思主义学院领导的大力支持，得到了中国社会科学出版社卢小生等同志的无私帮助，我们全体丛书作者是不会忘记的。

张耀灿

2016年3月

前　　言

　　文化多样化已经成为当今社会的客观现实和历史发展趋势。文化多样化实质上是价值观念、思维方式的多样化。文化多样化的不断发展给思想活跃、身心尚未完全成熟的当代大学生带来了难得的发展机遇，但也对他们的理想信念、价值取向、道德观念、心理状态以及行为方式等产生了深刻影响。主要表现在个性日趋明显，主体意识不断增强，他们不再轻易相信和接受外来的理论灌输。在这种形势下，单靠课堂理论教学难以收到良好的育人效果，因而实践育人的作用日益凸显。而大学生志愿服务是高校实践育人的重要方式，在大学生的健康成长中起着不可忽视的作用。因此，立足文化多样化时代背景，系统探讨大学生志愿服务的育人功能，深入分析我国大学生志愿服务育人的现状，总结和借鉴国外大学生志愿服务的先进经验，进而提出发挥我国大学生志愿服务育人的有效对策，具有重要的理论价值和现实意义。

　　为了更好地分析文化多样化对大学生志愿服务育人的影响，我们除对个别学生进行访谈之外，还对我国华南、华中、西南、西北、中南、东南、东北、华北等不同地区的理工类、人文类、综合类、艺术类、政法类、师范类、高职类等21所代表性高校的1650名大学生进行了问卷调查。21所高校分别是山东大学（97份）、山东科技大学（100）、中国石油大学（107份）、东营职业学院（80份）、上海外国语大学（贤达学院）（87份）、清华大学（22份）、东北大学（59份）、海南琼台师专（45份）、海南医学院（44份）、兰州大学（90份）、贵州师范大学（94份）、聊城大学（148份）、重庆邮电大学（11份）、华中师范大学（66份）、华东师范大学（89份）、南京大学（100份）、南京师范大学（86份）、陕西师范大学（63份）、甘肃政法大学（60份）、西安音乐学院（102份）和哈尔滨工业大学（100份）。在调查过程中，我们采用随机发放调查问卷、现场回收的方式，最后采用SPSS软件进行数据统计和分析。

在详细分析问卷和访谈资料的基础上，围绕"文化多样化背景下大学生志愿服务育人"这一主题展开系统研究，从而形成了本书，本书的部分内容被东营市共青团市委采纳，应用于指导该市的大学生志愿服务育人工作。

本书分为五章：第一章对文化多样化和大学生志愿服务育人进行理论概述。一是概述了文化多样化的时代背景，阐明了文化多样化的含义、特点、实质和动力。二是简述了大学生志愿服务育人的含义、特点和类型。三是阐述了文化多样化对大学生志愿服务育人的影响。四是阐明了文化多样化背景下大学生志愿服务育人的特点。

第二章主要研究文化多样化背景下大学生志愿服务的育人功能。本章从大学生志愿者、服务对象和其他社会成员三个维度论述了文化多样化背景下大学生志愿服务的育人功能。

第三章研究了我国大学生志愿服务育人的现状与趋势。一是归纳了我国大学生志愿服务育人的发展历程，包括20世纪六七十年代末的兴起期、20世纪70年代末至90年代初期的缓慢发展期和20世纪90年代初期至今的加速发展期。二是通过全国范围的实证调查，分析了我国大学生志愿服务育人的现状，即取得的成就和存在的问题。三是揭示了我国大学生志愿服务育人规范化、法制化、常态化和国际化的发展趋势。

第四章研究了国外和我国港台地区大学生志愿服务育人的经验与启示。一是简要论述了美洲、欧洲和我国港台地区的大学生志愿服务育人情况。二是分别从政府层面、社会层面、高校层面、志愿者组织建设层面、志愿服务形象建设层面和目标定位层面总结了国外和我国港台地区大学生志愿服务育人的经验。三是从社会参与、政府支持、高校引领、组织自身建设等角度深入阐发了国外和我国港台地区大学生志愿服务育人的启示。

第五章提出了促进大学生志愿服务育人持续健康发展的对策。一是加快国家层面立法步伐，为大学生志愿服务育人提供法律保障。二是完善大学生志愿服务管理体制，提高志愿服务育人的实效性。三是加强志愿者的动员、招募、培训、激励机制建设，吸引更多大学生参与志愿服务。四是加强志愿服务专业化和常态化建设，充分发挥大学生志愿服务的育人功能。

本书研究的特点和创新点主要有：第一，本书以文化多样化为视角，以"育人功能"为切入点，深入探讨了我国大学生志愿服务育人的相关问题，研究视角较为新颖。第二，本书突破学术界相关研究不够系统和完整的局限，全面论述了文化多样化对大学生志愿服务育人的影响、大学生志愿服务的育人功能、育人现状、国外和我国港台地区经验及有效途径等问题，并提出了诸多有价值的新观点，研究具有系统性和整体性。第三，本书弥补了学术界相关研究理论分析多于实证研究的缺陷，运用实证研究方法将理论分析与实证调查结合起来，使本书既有理论分析，又有调查研究，研究方法具有创新性。

目 录

第一章 文化多样化和大学生志愿服务育人概述 … 1

第一节 文化多样化的特点、实质和动力 … 1
  一 文化多样化的含义 … 2
  二 文化多样化的特点 … 7
  三 文化多样化的实质 … 10
  四 文化多样化的动力 … 12

第二节 大学生志愿服务育人的含义、特点和类型 … 22
  一 大学生志愿服务育人的含义 … 22
  二 大学生志愿服务育人的特点 … 23
  三 大学生志愿服务育人的类型 … 27

第三节 文化多样化背景下大学生志愿服务育人受到的影响 … 30
  一 大学生志愿服务育人面临的机遇 … 30
  二 大学生志愿服务育人面临的挑战 … 32

第四节 文化多样化背景下大学生志愿服务育人的特点 … 34
  一 活动形式日益丰富 … 34
  二 组织机构逐渐完善 … 34
  三 志愿者心态二重性凸显 … 35
  四 国际合作不断发展 … 36

第二章 文化多样化背景下大学生志愿服务育人功能 … 37

第一节 大学生志愿服务对志愿者的育人功能 … 37

一　了解国情民情，增长社会知识 38
　　二　获得服务经验，提高个人能力 41
　　三　养成奉献精神和乐于助人的品德 44
　　四　增强挫折承受力，磨炼意志品质 46
　　五　培养协作精神和人际交往能力 49
　　六　培育改革精神和创新思维能力 51
　　七　树立崇高的理想信念和正确的价值观 54
　　八　培育现代公民意识和公民理念 58
　第二节　大学生志愿服务对受助者的教育功能 61
　　一　唤醒服务和反哺社会意识 62
　　二　强化对社会的热爱和归属感 64
　　三　增强社会责任感和奉献意识 65
　　四　推动融入社会，扩大社交圈子 66
　　五　提高知识素养和生产生活能力 68
　第三节　大学生志愿服务对其他社会成员的教育功能 70
　　一　认同志愿服务文化 71
　　二　争做道德模范 72
　　三　增强社会担当 75
　　四　培养互助精神 76
　　五　增加人际信任度 78

第三章　文化多样化背景下我国大学生志愿服务育人的现状与趋势 80
　第一节　我国大学生志愿服务育人的发展历程 80
　　一　第一阶段（20世纪60年代至70年代末期）：以学雷锋活动为主的起步阶段 80
　　二　第二阶段（20世纪70年代末至90年代初期）：市场经济条件下的缓慢发展阶段 82
　　三　第三阶段（20世纪90年代初期至今）：共青团中央青年志愿者行动开启的快速发展阶段 83

第二节　我国大学生志愿服务育人的基本现状⋯⋯⋯⋯⋯⋯ 87
　　　　一　我国大学生志愿服务育人取得的成就⋯⋯⋯⋯⋯⋯ 87
　　　　二　我国大学生志愿服务育人存在的问题 ⋯⋯⋯⋯⋯⋯ 108
　　第三节　我国大学生志愿服务育人的发展趋势⋯⋯⋯⋯⋯⋯ 123
　　　　一　大学生志愿服务育人向规范化发展 ⋯⋯⋯⋯⋯⋯⋯ 123
　　　　二　大学生志愿服务育人向法制化发展 ⋯⋯⋯⋯⋯⋯⋯ 125
　　　　三　大学生志愿服务育人向常态化发展 ⋯⋯⋯⋯⋯⋯⋯ 126
　　　　四　大学生志愿服务育人向国际化发展 ⋯⋯⋯⋯⋯⋯⋯ 129

第四章　文化多样化背景下国外和我国港台地区大学生
　　　　志愿服务育人的经验启示 ⋯⋯⋯⋯⋯⋯⋯⋯⋯⋯⋯ 131

　　第一节　国外和我国港台地区大学生志愿服务育人概况 ⋯⋯ 131
　　　　一　美洲国家大学生志愿服务育人概况 ⋯⋯⋯⋯⋯⋯⋯ 133
　　　　二　欧洲国家大学生志愿服务育人概况 ⋯⋯⋯⋯⋯⋯⋯ 137
　　　　三　亚洲国家大学生志愿服务育人概况 ⋯⋯⋯⋯⋯⋯⋯ 141
　　　　四　大洋洲国家大学生志愿服务育人概况 ⋯⋯⋯⋯⋯⋯ 147
　　　　五　我国港台地区大学生志愿服务育人概况 ⋯⋯⋯⋯⋯ 148
　　第二节　国外和我国港台地区大学生志愿服务育人的
　　　　　　经验启示 ⋯⋯⋯⋯⋯⋯⋯⋯⋯⋯⋯⋯⋯⋯⋯⋯⋯ 152
　　　　一　政府高度重视大学生志愿服务育人功能 ⋯⋯⋯⋯⋯ 153
　　　　二　国家和地区制定出台大学生志愿服务育人政策法规 ⋯ 154
　　　　三　全社会广泛参与和支持大学生志愿服务育人活动 ⋯ 156
　　　　四　高校注重拓展大学生志愿服务育人途径 ⋯⋯⋯⋯⋯ 158
　　　　五　大学生志愿者组织注重加强自身建设 ⋯⋯⋯⋯⋯⋯ 161

第五章　文化多样化背景下实现大学生志愿服务育人功能的
　　　　途径 ⋯⋯⋯⋯⋯⋯⋯⋯⋯⋯⋯⋯⋯⋯⋯⋯⋯⋯⋯⋯ 168

　　第一节　加强国家层面的相关立法，为大学生志愿服务育人
　　　　　　提供法律保障 ⋯⋯⋯⋯⋯⋯⋯⋯⋯⋯⋯⋯⋯⋯⋯ 168
　　　　一　确立大学生志愿服务立法的基本宗旨和原则 ⋯⋯⋯ 170

二	规范政府在大学生志愿服务育人事业发展中的职责 …	172
三	规定大学生志愿者组织和志愿者的主体法律资格 ……	174
四	明确大学生志愿者的权利和义务 ………………………	177
五	确定大学生志愿服务的范围和类型 ……………………	179

第二节 完善大学生志愿服务组织管理机制，增强其
志愿服务育人的有效性 …………………………………… 180
  一 构建富有活力的大学生志愿服务动员机制 ………… 181
  二 完善大学生志愿者招募、注册和培训机制 ………… 190
  三 健全大学生志愿服务育人考评和激励机制 ………… 197
  四 优化大学生志愿服务育人活动的经费筹措机制 …… 203
第三节 调动大学生志愿服务育人的各方力量，形成其
志愿服务育人合力 ………………………………………… 209
  一 发挥好政府对大学生志愿服务育人事业的引导和
监管作用 …………………………………………………… 209
  二 提升高校对志愿服务育人项目的管理和实施水平 … 212
  三 增强大学生志愿者组织的自我管理和服务能力 …… 214
第四节 加强大学生志愿服务的专业化、常态化和
社会化建设，促进其育人功能长效发挥 ………………… 217
  一 强化大学生志愿服务育人活动的专业化 …………… 218
  二 实现大学生志愿服务育人活动的常态化 …………… 222
  三 推动大学生志愿服务育人活动的社会化 …………… 227

结　　语 ……………………………………………………………… 233
附　　录 ……………………………………………………………… 235
参考文献 ……………………………………………………………… 267
后　　记 ……………………………………………………………… 277

第一章　文化多样化和大学生志愿服务育人概述

文化多样化已成为当今社会的客观现实和历史趋势，是大学生志愿服务育人面临的既定文化背景。随着文化多样化的不断发展，我国大学生志愿服务育人活动受到全方位、多维度的影响。这就要求学术界和教育者进行深入的相关研究，以期能够准确把握文化多样化时代背景和大学生志愿服务育人的发展特征及基本规律，因势利导，积极应对，做好新形势下我国大学生志愿服务育人工作。而要准确把握我国大学生志愿服务育人的发展特征和基本规律，就要全面了解和正确阐释文化多样化与大学生志愿服务育人的基本概念和基本理论。

第一节　文化多样化的特点、实质和动力

文化是一个民族的灵魂和精神标志。文化多样化符合自然界和人类社会发展的规律。自古以来，无论是自然界还是人类社会都是多元的。自然界因为有数以万计的生物共存才如此丰富多彩、生机盎然；人类社会因为有不同民族和文化同在才格外瑰丽多彩。因此，"多元共存"是文化多样化的一种价值追求，也是文化发展的内在规律和要求。无论是孔子的"仁者爱人"、墨子的"尚同""大同境界"，还是霍布斯、卢梭的"社会契约论"，都以自我与他人的同时共在为前提。21世纪的今天，文化多元共存不仅是重大的客观现实，是必然的历史趋势，而且还是未来文化存在发展的方式。正如胡锦涛在耶鲁大学演讲时所说："文明多样性是人类社会的客观现实，是当今世界的基本

特征，也是人类进步的重要动力。"

一　文化多样化的含义

要探讨文化多样化的含义，首先需要搞清楚文化的内涵。古今中外，许多社会学家和人类学家曾经给文化下过定义。美国学者克罗伯和克拉克洪在《文化：概念和定义的批判回顾》中列举了欧美学者对文化的160多种定义。那么，什么是文化呢？

"文化"一词在西方来源于拉丁文cultura和colere，原义是指农耕及对植物的培育。直到15世纪，人们才把对人的品德和能力的培养也称为文化。在中国古籍中，"文"既指文字、文章、文采，又指礼乐制度、法律条文等；"化"是"教化""教行"的意思，就是以伦理道德教导世人，使人"发乎情，止乎礼"的意思。正如冯友兰在其《中国哲学小史》中引述德克·博德（Derk Bodde）的观点："中国文化的精神基础是伦理（特别是儒家伦理）不是宗教（至少不是正规的、有组织的那一类宗教）。"

从社会治理角度而言，"文化"是指以礼乐制度教化百姓。孔子曾极力推崇周朝的典章制度，他说，"周监于二代，郁郁乎文哉！吾从周。"这里的"文"已经有文化的意味。汉代刘向在《说苑》中说，"凡武之兴，为不服也；文化不改，然后加诛"。此处，"文化"一词与"武功"相对，含教化之意。南齐文学家王融在《三月三日曲水诗序》中说："设神理以景俗，敷文化以柔远"。其"文化"一词也为文治教化之意。"文化"一词的中西两个来源，殊途同归。

人类学的鼻祖——英国的E. B. 泰勒是第一个给"文化"一词下明确定义的学者。他认为："文化或者文明就是由作为社会成员的人所获得的、包括知识、信念、艺术、道德法则、法律、风俗以及其他能力和习惯的复杂整体。"[①] 英国人类学家B. K. 马林诺夫斯基发展了泰勒关于文化的定义，在20世纪30年代出版的《文化论》一书中，他认为："文化是指对那一群传统的器物、货品、技术、思想、习惯

---

① ［美］马文·哈里斯：《文化·人·自然——普通人类学导引》，顾建光等译，浙江人民出版社1992年版，第136页。

及价值而言的,这概念包容着及调节着一切社会科学。我们亦将见,社会组织除非视作文化的一部分,实是无法了解的。"他还进一步把文化分为物质的和精神的,即所谓"已改造的环境和已变更的人类有机体"两种主要成分。

英国人类学家 A. R. 拉德克利夫·布朗认为,文化是一定的社会群体或社会阶级在与他人的接触交往中习得的思想、感觉和活动的方式。文化是人们在相互交往中获得知识、技能、体验、观念、信仰和情操的过程。他强调,文化只有在社会结构发挥功能时才能显现出来,如果离开社会结构体系就观察不到文化。例如,买者与卖者、统治者与被统治者的关系,只有在他们交往时才能显示出一定的文化。法国人类学家 C. 列维·斯特劳斯从行为规范和模式角度给文化下了定义。他提出:"文化是一组行为模式,在一定时期流行于一群人之中……并易于与其他人群之行为模式相区别,且显示出清楚的不连续性。"[1] 英国人类学家 R. 弗思认为,文化就是社会。社会是什么,文化就是什么。他在1951年出版的《社会组织要素》一书中指出,如果认为社会是由一群具有特定生活方式的人组成的,那么文化就是生活方式。

美国文化人类学家 A. L. 克罗伯和 K. 科拉克洪在1952年发表的《文化:一个概念定义的考评》中,通过分析考察先前的100多种文化定义,对文化下了一个综合定义:"文化存在于各种内隐的和外显的模式之中,借助符号的运用得以学习与传播,并构成人类群体的特殊成就,这些成就包括他们制造物品的各种具体式样,文化的基本要素是传统(通过历史衍生和由选择得到的)思想观念和价值,其中尤以价值观最为重要。"[2] 克罗伯和科拉克洪的文化定义为现代西方许多学者所接受。

马克思主义经典作家也对文化的定义和本质进行过重要论述。早

---

[1] 红旗大参考编写组:《建设社会主义核心价值体系大参考》,红旗出版社2007年版,第212页。

[2] 罗珉:《现代管理学》,西南财经大学出版社2004年版,第96页。

在19世纪40年代，马克思、恩格斯就在《德意志意识形态》中运用唯物主义的基本观点，提出文化起源于人类物质生产活动的思想。1876年，恩格斯在《劳动在从猿到人转变过程中的作用》中指出，文化作为意识形态，借助于意识和语言而存在，文化是人类特有的现象和符号系统，文化就是人化，人的对象化或对象的人化，起源于人类劳动。

中国古代的《易经》中就有"观乎人文以化成天下"的说法。《中国大百科全书》从广义和狭义上解释了文化，认为："广义的文化包括人类物质生产和精神生产的能力，物质和精神的全部产品。狭义的文化是指精神生产和精神产品，包括一切社会意识形态。"《现代汉语词典》给文化下的定义是："人类在社会历史发展过程中所创造的物质财富和精神财富的总和，特指精神财富，如文学、艺术、教育、科学等。"这里侧重于从狭义上解释文化。北京语言大学的李庆本认为，"它是流淌在每个民族的心灵中，体现着不同民族特征的东西，它既是一种思维和行为模式，同时它还包括民族信仰和价值倾向等"[①]。因而，构成文化核心的是那些在全球范围内将不同民族文化加以区别的文化的根本性特质，即本尼迪克特所说的："文化是通过某个民族的活动而表现出来的一种思维和行为模式，一种使该民族不同于其他民族的模式"[②]，即价值系统。它是隐藏在深层结构的核心文化，具有超意识形态的特质。就像一位中国的马克思主义者会致力于反对封建主义、资本主义制度，但这绝不会妨碍他对中国传统文化的认同，而对传统文化的认同也绝不意味着它对传统的生产方式、社会制度的拥护一样。当社会的政治经济发生变革时，文化的价值核心一般不会被摧毁。只有在一个民族的价值信仰以及思维、行为模式彻底发生变异的情况下，这个民族的文化传统才彻底断裂、消亡。余秋雨先生也在自己的博客里为文化做了定义，他说："文化是一种精神价

---

① 李庆本：《全球一体化与文化多元化》，《中国文化研究》1999年第1期。
② ［美］露丝·本尼迪克特：《文化模式》，张燕等译，浙江人民出版社1987年版，第45—46页。

值以及与此相呼应的生活方式，它的最终成果是集体人格。"

　　综观中西方近现代人类学家、社会学家和社会心理学家对文化含义的论述，可以得出：广义的文化是指人类在改造世界的对象性活动中取得的物质和精神成果。它的实质是人化，是一个人为的过程，表现为一种社会运动，它包括物质文化、行为文化和精神文化。而狭义的文化则是特指以观念形态为主要内容的观念体系，是由人们的价值信仰、风俗习惯、道德理念、思维方式、行为模式、社会心理和民族精神等核心特质以及政治、法律、思想、道德、艺术、宗教、哲学等意识形态所构成的领域。本书使用狭义上的文化概念，即指能深刻影响人们的思想和行为方式的价值伦理观念等方面的精神文化。

　　文化多样化的含义也是多层次的，学术界有多种理解。它不仅仅是指在全球范围内不同民族文化的共存共荣，而且它也意味着在某一民族国家中各民族文化的多元共存。最重要的是，文化多样化还是一种新思维方式，它要求人们从传统的一元式思想方法转变到多元式思想方法，从绝对论转变到相对论。因此，有学者认为，文化多样化是指不同民族、国家的文化共存的一种状态。即在同一时间，同一个社会、国家或民族中存在的多种文化之间并非孤立存在，而是处于相互联系、相互影响的状态。并指出，文化多样化按照不同的划分方法有不同的表现形态①。另有学者认为，"文化多样化是指各民族在现代化发展过程中形成的生活方式，分为有形的和无形的两种类型。有形的包括建筑、饮食、工具与民族文化相联系的历史文献。无形的包括生活方式、传统习惯、信仰意识和价值观念、思维和行为模式等。"② 这些多样化的文化资源既是各民族生存与发展的重要条件，又是人类文化得以延续和保存的重要前提。这两种文化类型，实际上就是李庆本先生所说的表层文化和核心文化。文化多样化对某民族的表层文化影响较大，而对其核心文化影响较小。还有学者认为，所谓文化多样

---

① 张珍：《文化多元化背景下当代中国青少年价值观教育研究》，硕士学位论文，广西民族大学，2007年。
② 温雪梅：《文化全球化与文化多元化的辩证关系》，《天津市工会管理干部学院学报》2003年第4期。

化，是指在坚持社会主流文化的前提下，允许多种文化交织、兼容、发展的态势①。国内持这种观点的学者比较多。这种观点更多地考虑了文化中的意识形态因素。因为任何一个国家和民族的文化中都有其特有的核心价值和属于上层建筑的文化表层结构，后者实质上是一种意识形态，它必须与政治、经济的发展相适应。

联合国教科文组织在2001年9月11日通过的《文化多样性宣言》中指出，文化多样化是指"文化在不同的时代和不同的地方具有各种不同的表现形式，具体表现为构成人类群体和各社会的独特性及其全部独特性所构成的多样化"②。这个宣言提出："文化多样性是交流、革新和创造的源泉。它对人类来讲就像生物多样性对维持生态平衡那样必不可少。从这个意义上讲，文化多样性是人类的共同遗产，应当从当代人和子孙后代的利益考虑予以承认和肯定。"由此，我们可以清楚地看到三点：首先，文化多样性是人类各群体和各社会的特征所具有的"独特性和多样性"。反言之，就抹杀或破坏了文化多样性，即抹杀或破坏了人类各群体和各社会的独特性。其次，文化多样性是"交流、革新和创造的源泉"，也就是说，丧失了文化多样性也就切断了人类各群体和各社会交流、革新和创造的源泉。最后，应从人类发展角度把文化多样性当作人类的共同遗产来保护。

可见，文化多样化首先是一种坚持主流文化前提下，允许多种文化并存、交融和共同发展的状态及趋势。在阶级社会里，就某一个国家和民族来说，它总有自己的主流文化和主流价值观，为了阶级统治的需要，它们势必要坚持、倡导其主流意识形态，就像社会主义国家坚持和倡导以马克思主义为指导的社会主义文化、资本主义国家坚持和宣扬资产阶级文化一样。在这样一个前提下，允许多种在不同国家和民族中生长起来的文化共存共生，使自己的主流文化在与其他文化相互碰撞、交融过程中吸收借鉴其他文化的优势因子以取长补短，使

---

① 杨雪英等：《论文化的多元化与高校思想政治教育》，《中国高教研究》2006年第6期。
② 杨金玲：《如何正确认识全球化下的文化多元化》，《理论界》2007年第11期。

自身文化得以更新和发展，并保持旺盛的生命力。而这恰恰是一种文化在激烈的竞争中获得重生的唯一路径。同时，文化多样化又是一种各民族在现代化发展过程中形成的生活方式。文化的核心和灵魂就是其中的价值观和思维方式，正是不同的价值观、思维方式，塑造了不同民族各具特色的生活方式和行为模式。从这个意义上讲，文化是人们的生存方式或"生活样式"。从狭义的文化内容来看，文化多样化是各个民族在社会发展过程中形成的带有深深的民族烙印的文化共生的一种生活方式。这里特别强调的是，文化多样化是人化的过程，是在社会劳动中形成又在社会生活中共生的，是各民族生存与发展的重要条件，又是人类文化得以延续和保存的重要前提。文化多样化还是"构成人类各群体和各社会的独特性及其全部独特性所构成的多样化"。这是从文化的民族特质出发来界定文化多样化。某一民族的文化具有不同于其他民族文化的独特性。而文化中的价值观念、文化心理往往是一个民族文化中"最稳固"也是最"保守"的核心内容，它们维系、延续着一个民族文化的命脉，塑造着一个民族的行为方式、生活习惯，也保持着民族文化的独特性。具有本民族独特性的多种民族文化共生在一起，相互交流、融合和创造，构成了一种百花齐放、百家争鸣的多样性体系或结构，即为文化多样化。

上述三种观点，从不同的侧面和角度阐释了文化多样化的内涵。它们各具特色，都具有合理性。笔者在本书中主要从第一层含义（文化多样化是一种坚持主流文化前提下，允许多种文化并存、交融和共同发展的态势）上使用文化多样化的概念。

二 文化多样化的特点

当今世界，文化多样化已经成为社会的现实背景和必然的历史趋势，并以五彩缤纷的姿态呈现在世人面前。总的来说，文化多样化具有以下基本特点。

（一）多元共存

多元共存是指各种文化都有平等的生存权利和发展空间，互相之间应该平等共处、和谐发展。它是文化多样化的价值追求和基本特征，也是文化发展的内在规律和内在要求。经济全球化是文化多样化的基础和前提。自20世纪80年代以来，随着经济全球化的不断发展，世界文化多样化成为历史发展趋势；而信息网络时代所带来的各民族人民交往的便捷和网络特有的欺骗性，激发和增强了人民的民族意识与对民族文化的认同感。同时，每一种文化都具有其稳定的特质。在全球化过程中，这使一种文化在另外一种文化语境中不可能完全被同化，而只能是有选择的借鉴，即通过自己的文化眼光取所需之物，这体现了一种主体选择和解读的意义，使文化的多元共存成为可能。可见，尽管全球化已成为当今世界发展的总趋势，但它却无法摆脱各国文化独立发展的合理性。文化多元共生仍是全球化语境下文化发展的真实状态和普遍现象。另外，因为每一种民族文化都具有其他文化所没有的优势因子。因此，文化的多元共存为各种文化的相互交流、取长补短提供了条件。它们在彼此交融过程中产生了互相依存的共生性，从而形成了多姿多彩、魅力无穷的人类文化景观。

（二）和而不同

和而不同是中国传统文化的源头《论语·子路》所载孔子的一句名言。这一思想认为，世界上的各种文化和民族之间应和谐而又不千篇一律，不同而又不相互冲突；和谐以便于共生共长，"不同"以利于相辅相成。按照这一思想，世界各种文化应在和平竞争中取长补短，在求同存异中共同发展。我国著名社会学家费孝通先生曾经用"各美其美，美人之美，美美与共，天下大同"[①]来概括"和而不同"的思想。这就是说，多元文化的和谐共存，并不是具有不同价值观、思维方式和行为模式的多元文化的趋同，而是"各美其美，美人之美"，允许各具特色的文化尽可能地彰显自己的魅力和特色，并对其他文化的特色抱以宽容和欣赏的态度，进而做到"美美与共，天下大同"，即"和而不同"，这实质上是对异质文化的一种尊重和宽容。因为每一种文化都是一个民族的基本象征，蕴含着一个民族特有的价

---

① 1990年12月费孝通在"东亚社会研究国际研讨会"上做了"人的研究在中国——个人的经历"主题演讲时概括的十六字"箴言"，2016年2月12日，http://baike.baidu.com/view/2965927.htm，2016年8月23日。

值观念和行为方式,凝聚着一个民族的精神实质。而正如马克思所说:古往今来,每个民族都在某些方面优越于其他民族①。因而,文化多元主义者认为,没有任何一种文化比其他文化更加优秀,不能将自己的文化标准强加于其他文化②。只有允许每一种民族文化中的优势因子得到彰显,鼓励其在多元文化的交流中不断创新,才能形成多姿多彩的文化宝库。然而,在挟政治、经济、军事强大实力的西方文明中心论面前,其他文明都面临被覆盖、彻底丧失文化个性而湮灭的危险。美国强势文化产业依托其超级大国的经济、军事实力,通过好莱坞电影、迪士尼动画等载体大肆推销其价值观念、意识形态和生活方式,对世界文化多样性造成威胁。在此形势下,倡导"和而不同"的文化共存理念具有重要的现实意义。汤因比强调文化的同时代性和等价性,在他看来,一切文明和历史,在某种意义上说,都是平行的和同时代的,各种文化都有自己的优长和相对的真理性,应该共存发展。

(三) 融合创新

在文化多样化的过程中,处在同一时代、同一文化体系中的多元文化,虽然各自具有鲜明的民族特色,但各种文化之间并非互不来往,不发生任何关系,而是彼此之间时刻进行着相互交流和相互作用,即为融合。融合不是混合,也不是取消差异和民族特色,而是你中有我,我中有你。在相互融合的过程中,每一种文化都按照自己的价值观念和标准进行着自主选择,吸纳着来自异质文化的精髓,不断丰富和发展自己。因此,文化在任何时候都是一个动态的、开放的、不断变化的系统,它的发展壮大永远离不开与其他文化的交流、沟通和传播。多元文化在融合过程中也会伴有冲突,没有冲突就没有融合,而且融合本身就包含着冲突或矛盾。它们之间不是一种天然对立的关系,而是一种相互渗透、对话、融合、竞争的关系。多元文化保

---

① 《马克思恩格斯全集》第2卷,人民出版社1957年版,第194页。
② [英]C.W.沃特森:《多元文化主义》,叶兴艺译,吉林人民出版社2005年版,第13页。

持其生命力的途径并非是对自身文化的顽固守成和盲目排外，而是正视冲突、吸收借鉴其他文化的有益成分，使自身得以更新和发展。一种文化要想在不利于自身存在的条件下获得生存的机会和可能性，就只有通过吸收其他文化的优势因子以取长补短，迎接挑战。而对于整个文化世界来说，也在各种文化的交流、创新、发展中不断繁荣。

（四）长期稳定

长期性和稳定性也是文化多样化的显著特征。文化多样化作为文化发展的态势，以多元文化的共存与发展为前提。多元文化是随着不同民族的产生而形成的。一个民族在其漫长的繁衍、发展历程中为适应各自的生存环境，从一开始就生成和发展出了自己的一套价值观念和生活方式，即各自的文化。一个民族的文化是一个民族全部历史的创造物，是民族生命与民族精神的不竭源泉。它是在该民族人民长期的生产与生活中逐渐形成，并在该民族的发展过程中不断发展的。因此，从某种意义上说，人类的发展史就是多种文化长期并存、交流、创新和发展的历史。另外，一个民族的传统习俗、宗教信仰、思维方式、价值观念不管被别人视为怎样的落后，至少它是适应本民族人民的一种文化形态，而且是在本民族的社会生产和生活实践中逐渐形成和发展起来的。这种文化形态一经产生就会在该民族的发展过程中长期存在并起作用。它虽然不是一成不变的，但相对于政治、经济的变化而言，则具有更大的稳定性。

三 文化多样化的实质

要想准确地揭示文化多样化的实质，必须要从深入分析文化的整体结构入手。

（一）文化的结构

文化是一个整体性的概念，它由表层结构与深层结构（文化核心）构成，但两者在文化整体结构中的地位与作用不同。诸如饮食文化、服饰文化、居住文化、语言文化等构成文化的表层结构，但它们并非文化的核心；因为即使全世界所有的人吃同样的饭、穿同样的衣服、住同样的房子，也不会使文化导向单一。正像歌曲中所唱的那样:"洋装虽然穿在身,我心依然是中国心。"构成文化深层结构的是那些在全球范围内将不同民族文化区别开来的文化的根本特质,即流淌在每个民族的心灵中、体现着不同民族特征的东西,它既是一种思维和行为模式,同时它还包括民族信仰和价值倾向等(李庆本语)。它隐藏在表层文化的背后,体现着民族的特性,具有一些超意识形态的特质和相当的稳定性,是民族文化的核心。

(二) 文化多样化的实质

既然文化的深层结构包括该民族的思维方式、民族信仰和价值倾向等,那么每个民族文化的核心就是蕴含在文化深层的价值观和思维方式。正是各民族不同的价值观、思维方式,才塑造了不同民族各具特色的风俗习惯、文化心理、生活方式和行为模式等,从而使各民族文化保持着其独特性和稳定性。因此,从这个意义上讲,文化多样化实质上就是价值观、思维方式的多样化。本书就是在这个意义上使用文化多样化实质的。

多样化是事物发展的基本样态。世界是多元的,世界上的万事万物都具有自己的特点,人也如此。成长于不同地域、人文环境、风俗习惯、历史传统中的人,他们的价值观念、思维方式和行为模式也会存在很大差异。这符合世界多元发展的规律。而不同性质、特点、产生背景的价值观和思维方式处于同一个领域中,彼此之间也会产生冲突,这也是正常的。因为事物就是在彼此交流、冲突、融合中不断发展的。我们应该正视多元价值观的存在以及它们之间的冲突,并以积极的态度接受,允许多元价值观和思维方式共存。这不仅是社会、文化和谐发展的必然要求,也是世界发展的客观现实。因此,在面对千姿百态的大自然时,我们千万不能要求玫瑰花散发出和紫罗兰一样的芳香。只有百花争艳,才能春色满园。

价值多样化是时代与个体发展的必然趋势和结果,它的实质就是容纳不同的价值标准与价值追求。随着经济全球化进程的加快,国际互联网的迅速发展,先进的文化、落后的文化、保守的文化、开放的文化、民族的文化、外来的文化等交织在一起,从而在社会各个领域同时树立起了多种价值观,为人们提供了更多的选择机会。而每个人都有自己的选择与追求，并可以成为不同的价值主体，从而使价值观呈现多元化倾向。

我国社会正处于一个转型时期，随着文化多样化趋势的不断发展，传统的价值体系在消解，新的价值体系还没有完全建立起来，人们不再局限于过去所接受、所理解、所追求的那些传统价值观念和标准，而是以更多的价值判断标准和多样的价值取向去选择适合自己个性和趣味的文化，使奉献与索取共处于一体，在一定程度上追求私利者得到了人们的认可，享乐主义在部分人中也有了一定的生存空间。这就导致了价值取向的异质性、多样性和复杂性。即价值多样化以及思想体系、道德规范上的分歧和冲突，对我国传统的一元价值观产生了严重冲击。我国是社会主义国家，集体本位的无产阶级价值观是我国的主流价值观，我们在教育中必须倡导和使用这种统一的价值观念，提倡传统美德、终极观念、集体主义精神和爱国主义精神。毕竟，教育不仅仅要传授知识，而且也要起着价值导向的作用。

四 文化多样化的动力

自20世纪80年代以来，世界文化逐渐趋于多样化。时至今日，文化多样化已成为不争的事实。在此形势下，深入探究文化多样化的成因、动力及发展趋势等问题就具有了重要的现实意义。

（一）全球化推动了文化多样化进程

伴随着全球化的推进和信息化时代的到来，不同形态文化间的交流日益广泛，文化多样化的态势日趋明显。自20世纪90年代以来，全球化的快速发展促进了世界各国不同文化之间的交流与沟通。美国著名学者保罗·肯尼迪指出，全球化进程实际上已"结束了长期以来的单边的文化和政治的流动"。而信息高速公路的建立和完善，加速了文化多样化的发展。可见，全球化是文化多样化的主要动力。

全球化是20世纪80年代以来在世界范围日益凸显的新现象，是当今时代的基本特征。作为一个客观的历史进程，它始于1492年哥伦布发现美洲大陆所开启的地理大发现，以及随之而来的现代性的全球扩张。从物质形态来看，货物与资本的越境流动是全球化的最初形态。全球化经历了跨国化、局部的国际化及全球化等发展阶段，在此过程中出现了风俗习惯、文化传统、价值观念、生活方式、意识形态等精神力量的跨国交流、碰撞、冲突与融合。总的来看，全球化是一个以经济全球化为基础的涉及经济、技术、制度、文化乃至人们日常生活的全方位的在世界范围内相互影响、相互作用的整体进程。今天，人们无论认同还是批判，也无论是欣赏还是拒斥，全球化都已成为与每一个民族、每一个人的生活密切相关且又无法回避的客观事实。人类文明已经进入了一个全球化的新时代。

  全球化浪潮为文化的多样化发展提供了重要契机。随着全球化的不断发展，不同文化相互交融、补充和渗透，为世界各民族文化的发展提供了难得的机遇和广阔的空间。在此过程中，以美国为首的西方发达国家凭借其经济、政治、技术乃至军事实力，不断向全球推销其价值观念和意识形态，谋求其"文化霸权"，从而使其他国家的民族经济、民族文化、民族精神等受到威胁，使人们产生了失去民族文化的心理恐惧。人们越是担心丧失本民族的民族性，其民族自觉意识就越强，就越注意维护本民族的文化传统和文化"独特性"。正是全球化所带给人们的这种精神缺失以及由此产生的需要，才能为文化多样化提供可能性和合理性，文化多样化的呼声因此而日益高涨，这是非西方国家应对西方列强推行文化霸权主义的一种策略和手段，从而也使文化多样化植根于全球一体化这一现实土壤之中。同时，全球化背景下，通信和交通领域的新技术变革使国家与民族间的文化交往更加便捷，文化交流的密度和广度、速度和强度也极大地提高了。这就为不同文化之间的互相学习、取长补短提供了便利条件。它促使各民族进一步打破原有的孤立、封闭、保守状态，重新审视自己的传统文化，充分利用文化的互补性对自己的传统文化进行扬弃，使自身文化得以进一步更新与发展。当然，在文化交融的同时，也加剧了不同文明之间的矛盾和冲突。正如萨义德所说，在全球化过程中，"文化成了一种舞台，上面有各种各样的政治和意识形态彼此交锋。文化决非什么心平气和、彬彬有礼、息事宁人的所在；毋宁把文化看作战场，里面有多种力量崭露头角,针锋相对"①。

全球化对民族文化的影响是逐层进行的。当全球化浪潮涌向民族国家的时候,首先发生变化的是它的物质生产、生活方式和条件。这就直接改变了民族文化的物质层。一段时间之后,与物质层直接相连的理论、制度层,也会根据变化了的物质现实,在一定限度内做出某些调整。这时,尽管经济全球化的浪潮还难以对民族文化的心理层产生实际的影响,但文化的全球性发展却已经现实地发生了。因为文化的全球性发展绝不意味着民族文化发生根本性的、质的变化,它所要求的仅是增进不同民族文化之间的交流和对话,使它们面对相同或类似的问题,在一定范围内达到彼此的相通。因此,当文化的物质层、乃至理论、制度层发生变化的时候,文化的全球性发展即已发生。

在全球化不断发展的今天,文化多样化已经成为一种强大的历史趋势。每个国家、民族和个人都不得不顺应之。西方国家谋求的"一元文化"和"普世文明"的企图已经破灭。因为任何一种文化都有其他文化所没有的优势和特质,都有其在同一层次上共存的依据和价值,都表现出自身的特殊性和内在的亲和力,任何一种其他文化都不能取代之,即便是对人类文明做出重要贡献的希腊文化、希伯来文化、中国文化、印度文化和阿拉伯文化,其辐射和影响都是限定的,都不能取代其他文化。为此,美国、加拿大、澳大利亚等许多西方国家也不得不接受文化多样化的现实。美国前总统克林顿不仅承认:"种族和文化的多样性"乃是美国的历史现状,而且还认为美国应该成为全世界"种族文化多样性的楷模"②。美国的学者亨廷顿认为:我们不要做"普世文化"之梦,因为"未来不会出现一种普世皆准的文化,人类仍然生活在一个不同文化并存的世界"③。加拿大政府在

---

① [美]爱德华·W. 萨义德:《文化与帝国主义》,生活·读书·新知三联书店 2003 年版,第 16 页
② 孙景峰:《经济全球化对全球文化的影响——兼论中国文化发展战略》,《思想战线》2002 年第 3 期。
③ 吴富恒等:《面临挑战的文化建设——文化问题纵横谈》,《文史哲》1994 年第 4 期。

1971年就实行"多元文化主义政策",目的在于"破除歧视态度以及文化猜忌"①;澳大利亚政府制定的《移民政策纲要》第9条指出:"移民将成为澳大利亚多元社会的一分子,成为多元民族","将传播他们的种族文化及特色"②。前马来西亚首相拿督斯里马哈迪针对华人在马来西亚占人口三分之一这一情况,认为:"各民族可以维护自己的文化特征","当然我们希望华人能同化,但这是不可能的,我们必须接受现实"。因为"华人是个不易被同化的族群"③。这充分说明,面对文化多样化的现实和趋势,世界各国已经在不自觉中接受了它,不论是西方发达国家,还是发展中国家。

(二) 社会现代性转型促成了文化多样化趋势

所谓转型时期,即旧的衰败与新的形成之间的间隔期,这里是指由前现代性向现代性转变的时期。我国的现代性转型始于1978年的改革开放。由于社会转型期内解构了前现代社会所持守的价值、思想系统,而新的价值思想体系又没有很快形成,在这种情况下,人们失去了原有的精神家园,人们备感精神世界的空虚和无助。因而转型期必定是一个不确定、混乱、错位的时期,也是一个野性和极为狂热的时期④。转型时期的这种特点在文化上的表征就是思想迷茫和文化歧出。因此,随后的80年代中期兴起了西化论、儒学复兴论,21世纪初又出现了"保守主义儒化论"等思潮⑤。它们偏离了中国特色社会主义物质文明和精神文明建设的方向,陷入了思想迷茫和价值观混乱的状态,竟企图以新儒学取代马克思主义。这是时代转型所必然伴随的文化后果。

在社会现代性转型的过程中,新的价值系统逐渐形成,前现代社会那种具有崇高和神圣地位的一元思想及价值观逐渐被多元文化价值

---

① 孙景峰:《经济全球化对全球文化的影响——兼论中国文化发展战略》,《思想战线》2002年第3期。
② 同上。
③ 郭瑞明:《厦门侨乡》,鹭江出版社1998年版,第43页。
④ [美]戴维·哈维:《后现代的状况——对文化变迁之缘起的探究》,阎嘉译,商务印书馆2003年版,第119页。
⑤ 伍世文:《文化多元化的三个动力维度》,《社会科学论坛》2008年第6期(下)。

取而代之。现代性的本质，按照马克斯·韦伯的看法，就是"祛魅"，即现代性以新的价值诉求——理性、科学、市场经济、民主自由、个人主义、世俗意识——解构了各种"魅"以及由它而来的价值准则的合法性。这种"祛魅"对人们的价值世界产生了深刻影响。一是"去中心化"。由于"魅"的消失，"一切都四散了；再也保不住中心了"[1]。个体自身因此而成为终极价值源，他必须从自我状况出发构造出生命的意义和价值。因为"人的存在主要是由他在经济的、社会的和政治的状况中的生存所构成。其他一切事物均依赖于这些状况的现实性"[2]。而由于现代性转型时期所必然存有的制度和体制的失范，使人们的存在状况趋向分化，进而形成了多样化的生活方式，而文化不过是人的生活方式。因此，现代人自行构造的人生观、价值观就必然因人的存在境遇的分化而有了多样化的趋向。二是"崇高的弱化"。文化的崇高性是指它应该引领人超越他的生物需要和实际利益对他的限定（卡西尔语）或远离他自然而然地栖息于其中的纯粹的娱乐价值的现象世界而抵达超越性的理念世界，人因此而获得自身的崇高性。但在现代性的"祛魅"作用下，人被还原为还具有不可避免的错误和各种现实性追求的存在物，再加上现实与完美理念之间的巨大反差给每个人的思想所带来的持续性影响，便决定了现代人不再对理念世界的完美抱有诉求，也不再祈求多种形式的超越。但生活世界中的崇高并未因此而完全消失，因为社会中的先进阶级总是对崇高进行追求、诠释和信守，并试图将之作为全社会的共有精神家园来建构。不过，对普通人来说，开始流行两种思想倾向：一是既不崇高也不低俗的小市民思想倾向具有了正当性。二是以纯粹的简单性、娱乐性为价值取向、以追逐利益为本质的大众文化的信奉也获得了合法性。这样，人们的价值观趋向了多元化[3]。

---

[1] 转引自［英］马·布雷德伯里、詹·麦克法兰编《现代主义》，胡家峦等译，上海外语教育出版社1992年版，第11页。

[2] ［德］雅斯贝斯：《时代的精神状况》，王德峰译，上海译文出版社2005年版，第18页。

[3] 此处吸取了伍世文《文化多元化的三个动力维度》中的相关观点。

综上所述，现代性对前现代性的解构所带来的对人们思想的影响是巨大的，并由此决定了文化多元趋向的必然性。

（三）科技和现代传媒的发展加速了文化多样化进程

科学技术的迅猛发展为文化多样化发展创造了条件。科学技术与文化在人类社会的发展历程中始终相互参照、相互影响，因为两者都是人类的创造。始于远古时代的"钻木取火"这一伟大发明将人类从黑暗带进了光明，将人类从茹毛饮血的荒蛮生活带进了科学饮食的门槛，继而形成了后世丰富多彩的饮食文化。随着人类历史进入21世纪，科学技术的国际化趋势日益明显。众所周知，科学无国界。新科学技术的全球化在21世纪将越来越完善，而科学技术的全球化势必引发世界文化的进一步融合。随着科学技术的广泛应用，人类生活的空间距离在迅速缩短，文化交流的密度和广度、速度和强度不断提高，不同文化间的交流与互动日益频繁。美国学者亨廷顿认为："21世纪是作为文化的世纪开始的，各种不同文化之间的差异、互动、冲突走上了中心舞台，这已经在各个方面变得非常清楚。"[1] 的确，21世纪科学技术合作日益频繁。来自不同国度、不同民族、不同文化背景的科学家，其生活方式、所处的社会体制以及家庭观念都存在着或多或少的差异，他们在科学研究中必然有意无意地夹杂着本民族文化或个体文化的因子。所以，在科技合作过程中，免不了产生多种文化的交流、碰撞与融合。科学家只有坚持"和而不同"的原则，本着互相尊重的态度，尽量理解他人的文化而淡化自己原有的文化信条，融合不同的文化形态，达成共识，才能在和谐的研究氛围中合作，圆满完成课题的研究任务。从这个意义上说，科技的发展与交流为文化多样化的产生和存在提供了条件。同时，新科学技术还为文化产品的生产提供了技术支持。例如，风靡全球的好莱坞电影和科幻影片的拍摄就是借助于高科技来完成的。同时，新科学技术的发展还促进了不同文化产品的传播。各个国家、各个民族在接受新科学理念、新技术方式的同时也在吸纳新的文化样式。比如，信息科学技术已渗透到通

---

[1] ［美］塞缪尔·亨廷顿：《再论文明的冲突》，《新华文摘》2003年第5期。

信、电脑、电视、摄影、音响等行业。这些行业要么担负着文化传播的重任，要么直接作为文化的载体。尤其是网络教育和网络科学研究的开展，互联网和信息高速公路的建设，不仅能够跨地域、跨时空地传播或接受某种文化，而且能够使人们冲破权威的控制对文化做出自由选择。因此，在科技迅速发展的今天，任何人想阻隔不同国家、不同民族的文化交流都是不可能的。可见，科学技术在文化多样化进程中起到了催化剂的作用。

现代传媒在文化多样化中也起到了推波助澜的作用。现代传媒与文化的结合，催生了新的文化形象和文化形式。经过媒体炮制的文化，经过预谋、策划、包装、宣介，俨然成为社会时尚。特别是网络的登场，加剧了文化的分殊趋势。

网络媒体推动了文化多样化进程。所谓网络媒体，就是借助国际互联网这个信息传播平台，以电脑、电视机以及移动电话等为终端，以文字、声音、图像等形式来传播新闻信息的一种数字化、多媒体的传播媒介。与传统媒体相比，它具有三大优势：第一，信息的丰富多样性与无限性。即在信息传输量上具有无限的丰富性；在信息形态上具有纷繁的多样性。第二，传递信息的迅捷性。信息来源广泛，传播速度快捷，制作发布信息简便。尤其对突发性事件和持续发展的新闻事件报道的"滚动播出"，具有很强的时效性。第三，信息传受的交互性。它带来了传受双方的双向互动传播，使公众与媒介的传受地位发生了重大变化。"'推'送比特给人们的过程将变为允许大家（或他们的电脑）'拉'出想要的比特的过程。这是一个剧烈的变化，因为以往媒体的整个概念是通过层层的过滤之后，把信息和娱乐简化为一套'要闻'或'畅销书'，再抛给不同的'受众'。"[1] 由"推"到"拉"不仅仅是一个动作的变化，更重要的是，它把网上信息变成一个世界范围的"信息超级市场"，网民在其中可按自己的意愿各取所需。因此，在网络世界里，一方面不同国家的政治制度、思维模式、风俗习惯、价值取向等借助于图文并茂的网络传播手段和方式，对广

---

[1] ［美］尼葛洛庞帝：《数字化生存》，海南出版社1996年版，第103页。

大网民的精神世界产生持续性影响；另一方面，由于网络具有虚拟性、匿名性和参与性，广大网民在从网络中主动获取文化信息的同时，还可以成为网络信息的发布者、传播者、评价者及反馈者，自由地参与网络文化交流。

值得注意的是，在网络"信息超市"里，90%以上的产品是由美国等西方资本主义国家制造的，并以此向中国等发展中国家宣扬其腐朽思想文化和生活方式，美国前国务卿奥尔布赖特曾经妄言："有了互联网，对付中国就有了办法！"① 当前，我国等发展中国家越来越多的人成为网络媒体的受众。据中国互联网络信息中心2020年4月28日发布的第45次《中国互联网络发展状况统计报告》显示，截至2020年3月，我国网民规模达9.04亿，互联网普及率达到64.5%，过半数中国人已接入互联网，互联网对于整体社会的影响已进入新阶段。这在某种意义上为西方敌对势力的文化渗透提供了条件。据此，发展中国家应积极采取应对措施，充分发挥网络在文化传播中的积极作用，一方面，加大民族文化宣传力度，增强民族文化的国际影响力和竞争力；另一方面，提高警惕，积极抵制西方敌对势力的文化渗透和侵略，推动文化多样化的不断发展。

平面媒体在文化多样化中起着重要作用。平面媒体主要是指报纸、期刊、教材等通过印刷文字来传播信息的媒体。由于其存在和影响的持久性，与电视、广播、电脑等媒体相比，它更能揭示事物的本质、人的内心、抽象哲理等。特别是其深度报道，不仅能够系统报道、整体反映和深刻透视新闻事件，而且能够在报道事件之外提供给受众更多资讯。比如，说明新闻事件的因果关系，提供新闻事实的背景材料，宣传不同民族的人文风俗、生活方式、行为模式、政治制度、价值取向。从而为人们传递和提供了丰富的各具特色的民族文化、多元价值取向和学术理论，不断推动着文化多样化趋势的发展。

影视媒体主要是指电视、广播、电影等媒体。它的出现对人类生

---

① 葛韶峰：《加强党的执政能力建设案例萃编》，海南出版社2007年版，第109页。

活产生了重大影响。德国社会学家 M. 格林斯把影视与原子能、宇宙空间技术的发明并列，称其为"震撼现代社会的三大力量之一"，具有划时代的意义。影视媒体自产生以来一直是主要的大众传媒。它不仅是人们了解和认知世界的窗口，获得外界新闻和信息的手段，而且是丰富多彩的文化娱乐生活的主要提供者。据调查，在日常生活中，人们掌握的信息有 80% 以上来自影视节目，人们 68.7% 的购买行为受到电视广告的影响。据另一项调查，成人平均每天看 4 小时电视，青少年每天看电视的时间也平均达到 1.5 小时。影视媒体已成为人们生活的重要组成部分。影视节目作为社会信息产品，包含着特定的思想观念、价值取向和意识形态的东西，向人们传递着世界各地的人情风俗、人文地理、民族信仰、价值取向、思维方式等异质文化因素。西方发达国家抓住影视的这一特点，借助其强大的影视媒体力量向全世界进行文化渗透。美国前国务卿基辛格有一句名言："一座电台，比一个 B-52 战略轰炸机中队更能有效地对某个国家施加影响。"[1] 在这个领域，"美国之音"（VOA）可谓表现非凡。它从建立之日起就是美国"政府的一只臂膀"。里根时期，联邦政府压缩所有开支，却投资 15 亿美元进行"美国之音"的技术现代化改造，其特大功率的短波发射机发射的强大信号覆盖了全世界。今天的"美国之音"每天编发 280 条左右的新闻报道，以貌似客观公正的口吻发布"美国观点"；同时还有名目繁多的文化性专题和服务性节目，竭力塑造美国"自由民主"的形象，炫耀美国的物质文明，宣传美国文化和生活方式，贬损各国的政治制度和社会意识形态[2]。随着美国影视传媒模式的全球扩张，其社会认知、价值、态度和行动模式也传向其他国家，并在一定程度上引导控制着人们的观念、情感和价值判断。因此，著名传播学者哈·莫尼斯指出："一种媒介不是某种文化借以发挥作用的中立机构。由于其特殊方式，它是价值的塑造者，是感官的按摩

---

[1] 孟彦：《以"三个代表"重要思想为指导深刻把握新形势下军事出版工作的特点规律》，《军事记者》2003 年第 12 期。

[2] 于洪卿：《论文化安全视角下的思想政治教育》，《求实》2006 年第 6 期。

师，是意识形态的倡导者，是社会格局的严格组织者"①。为此，发展中国家也要重视媒体的传播功能，加大民族文化的宣传力度，增强民族文化的国际影响力，以此推进文化多样化潮流。

（四）跨文化交际促进了文化多样化趋势

自古以来，人类就非常注重不同国家和民族之间的科技、文化及人员的交流。中国历史上的张骞、玄奘、郑和，印度高僧大德、波斯的扎马鲁丁、欧洲的马可·波罗都是国际文化交流的历史见证人。随着全球化的迅猛发展，人类跨文化交流日益频繁。

当今世界，国际交流与合作的领域和人员规模不断扩大。如政治、经济、文化、教育等各个领域国际交流的广度和深度不断扩大。在交流的过程中，来自不同国家、不同民族、不同文化背景的专家学者，频繁地穿梭在不同国家和民族之间，扮演着不同民族文化使者的角色，在整个人类文化体系中有意无意地、或多或少地传播着不同民族、不同国家的文化形态、风俗习惯、价值观点、思想意识、生活方式以及行为模式。当然，在不同文化之间也会发生碰撞、融合和冲突。学者只有坚持"和而不同"的原则，本着互相尊重、相互理解的态度，淡化自己原有的文化信条，融合不同文化形态，才能在和谐的氛围中通力合作，完成既定的目标任务。从这个意义上说，国际交流与合作加速了文化多样化的发展和趋势。

在全球化的大趋势下，每个国家内部的各地区和各民族之间也发生着频繁的交流与合作。来自不同民族、不同地区的交流与合作人员也存在着思想观念、风俗人情、生活方式、价值取向等方面的差异。在交流与合作过程中，伴随着不同民族人员的交往，各民族文化之间也会发生交流与碰撞。在这种情况下，各种文化既相互融合，又各自保持着特色，从而加剧了文化多样化的趋势。

---

① 王艳玲：《在无序中探索有序——20世纪90年代中国电视文艺批评理论研究》，新华出版社2007年版，第250页。

第二节 大学生志愿服务育人的含义、特点和类型

一 大学生志愿服务育人的含义

(一) 大学生志愿服务的内涵

志愿服务作为一项高尚的社会公益事业,在中国近几十年中得到了长足发展。参加志愿服务的人数日益增多,志愿服务领域不断拓展和深化,志愿服务机制逐步完善,志愿精神不断发扬光大。大学生作为社会中最富有朝气的群体,在国家和社会的指引下,踊跃参与各项志愿服务活动,成为志愿服务的中坚力量,为我国志愿服务发展做出了重要贡献。由于世界上各国志愿服务发展的情况各不相同,不同国家和地区的人们对志愿服务的内涵有着不同的理解。在一些国家被认定为志愿服务的事情,在另一些国家可能只被认为是互相帮助和关心。不同政治、经济、文化、环境背景下的人们对志愿服务的界定也不同。我国学术界对志愿服务的界定虽然表述略有差异,但对志愿服务本质的认识是基本一致的。正如有学者所说:"所谓志愿服务,是指志愿者出于自愿意志,秉承以自己的知识、技能、体能与财富等贡献社会的宗旨,不以获得报酬为目的,而以提高公共事务效能和增进社会公益事业为己任,所从事的各项活动。"[1]

大学生志愿服务指的是由全日制在校大学生在正式组织框架下提供的志愿服务。在校大学生不仅包括专科生、高职生、本科生,也包括硕士研究生和博士研究生,他们通过高校、志愿者组织参与志愿服务。志愿者组织是指那些以开展或推广志愿行为、传播志愿精神为业务范围的群体、团队、组织和机构[2]。大学生志愿者就是为社会提供

---

[1] 沈杰:《志愿行动:中国社会的探索与践行》,人民出版社2009年版,第30页。
[2] 北京志愿者协会:《志愿者组织建设与管理》,中国国际广播出版社2006年版,第4页。

志愿服务的大学生。

志愿精神是大学生志愿者在志愿服务中体现和弘扬的一种内在精神特质。关于志愿精神的含义，学者基本上认同或采用联合国志愿人员组织的定义："志愿精神是指一种自愿的、不计报酬的、参与推动人类发展、促进社会进步和完善社区工作的精神，是公众参与社会生活的一种非常重要的方式，是个人对生命价值、社会、人类和人生观的一种积极的态度。"大学生志愿服务倡导的是"奉献、友爱、互助、进步"的志愿精神。

（二）大学生志愿服务育人的含义

志愿服务育人是通过开展志愿服务活动提高志愿者综合素质和实践能力的活动，也是通过志愿服务活动提升受助者境界，使其反哺回馈社会的活动，还是运用志愿服务活动辐射带动其他社会成员自觉服务社会的活动。它是一种从理论到实践、从课堂到社会的动态过程。大学生自愿选择志愿服务，就是要在实践中应用理论和专业知识的实践过程，也是承担更多的社会责任的过程，是弘扬志愿精神的过程。

大学生志愿者通过参加大型赛事、社区服务、帮贫扶困等志愿服务活动，既了解了社会现状和我国国情，又培养了自己的奉献精神和社会责任感。在志愿服务活动过程中，大学生不仅能了解社会，开阔视野，加快社会化进程，而且能够磨炼意志，形成协作精神、互助意识和社会责任感。这是一个助人与育人有机结合的过程，大学生志愿者在助人的过程中提高了自身的思想素质和实践能力，完善了自我。同时，在大学生志愿者的感化和带动之下，受助者和其他社会成员也投入志愿服务活动中，使他们的境界得到提升。

二 大学生志愿服务育人的特点

大学生志愿服务属于复合型的社会实践活动。它是通过志愿服务活动，对志愿者、服务对象和其他社会成员的思想、能力等方面施加影响，从而达到育人目标的教育过程。因此，它具有以下四个特点。

（一）实践性

实践性是大学生志愿服务育人的基本特征。主要表现在以下两方面：

第一，大学生志愿服务育人行为的实践性。理论教育是通过讲道理、摆事实的方法来说服受教育者遵循社会道德，提高思想水平，把受教育者培养成社会所需要的人。而实践育人则是通过让实践者参加实践服务活动，在实践活动过程中使实践者和他人的思想、能力、意志等方面受到潜移默化的影响和教育，从而自觉提升境界的教育过程。大学生志愿服务育人是实践育人的重要类型。因为"服务"本身就是一种实践行为和实践过程。它是通过大学生志愿者自愿参加志愿服务实践活动，用自己的知识、劳动、时间为他人提供帮助和服务，在此实践过程中使自己的境界得到提升、能力得到提高、阅历得到丰富、意志得到磨炼等，并在此基础上带动受助者、其他社会成员参与志愿服务活动。因此，大学生志愿服务育人就是使大学生志愿者在实践服务活动中学习，在实践服务活动中认知，在实践活动中受到教育，并在实践活动中带动他人素质提高。因此，实践活动是志愿服务育人的重要方式，没有实践活动和实践行为就没有志愿服务育人。

第二，大学生志愿服务育人的场域是由实践活动构成的社会生活。志愿服务活动把大学生从相对封闭的课堂空间解放出来，使其置身于广泛而生动的社会生活中进行实践活动，这本身就是从理论到实践的转换。大学生通过参加服务社会的实践活动，感知了解社会，实现了对现实生活的回应，从而促使他们快速融入社会生活。另外，大学生开展志愿服务活动的场所是社会生活领域，而社会生活本身就是一种实践活动，社会生活是由各种各样的实践活动组成的。大学生通过开展社会实践活动——志愿服务活动，在实践服务活动中受到锻炼和教育，形成良好的人生观和价值观，磨炼意志品质，提升思想境界，增强其社会化进程，同时通过实践服务活动使他人受到感染和教育，进而参加到志愿服务实践活动中。可见，大学生志愿服务育人具有很强的实践性特点。

（二）渗透性

志愿服务育人的价值追求就是在服务活动过程中培育人。因此，渗透性是大学生志愿服务育人的一个重要特征。

第一，环境熏陶。环境在育人过程中起着潜移默化的作用。大学生志愿服务育人是通过开展各种志愿服务活动，如支农支教、社区服务、扶贫帮困、服务大型赛事等，创造一种互助、奉献、服务的教育环境，通过渗透教育的方式方法，使身处其中的志愿者、受助者和旁观者的思想受到潜移默化的熏陶与影响，将志愿服务文化和志愿精神传播开来，进入人们心灵，通过"润物细无声"的熏陶使人们的心灵在无意识中得到净化，思想得到提升，意志得到磨炼，能力得到提高。

第二，媒体感化。网络、广播、报刊、电视等媒体都是传播志愿服务思想的媒介，也是向所有公民进行志愿精神教育的主要渠道。大学生志愿服务育人，不仅通过志愿服务活动创设教育环境，达到环境育人的目的，而且还通过新闻媒体对志愿精神、奉献精神、乐于助人精神进行宣传，如在志愿服务之前，向大学生宣讲志愿服务的精神实质、志愿服务的意义等，激发大学生参加志愿服务活动的积极性和主动性；在志愿服务过程中，进行优秀志愿者的榜样宣传，以鼓励广大志愿者克服困难，做到善始善终；在志愿服务完成之后，对志愿服务活动中涌现出的服务模范进行嘉奖和媒体宣传，发挥志愿服务的辐射带动作用，在全社会营造志愿服务的良好氛围，带动更多的人积极投身到志愿服务队伍中来，自觉帮助他人，奉献社会，从而达到舆论育人的效果。

第三，学校引导。学校在大学生志愿服务育人中起着决定性作用。学校对志愿服务的宣传动员、组织管理、激励引导直接关系着大学生志愿服务的育人效果。由学校的自然环境、人文环境、制度环境、舆论环境组成的校园文化，对大学生的思想品德的养成起到潜移默化的影响和不可估量的作用。在志愿服务文化氛围的熏陶下，学校加强引导，优化组织管理，有意识地对大学生的思想施加影响，增强志愿服务育人的主动性和渗透力，能够最大效能地发挥志愿服务的辐射和带动作用。因此，这就要求上至校长下至普通教师都增强全员育人意识，共同营造良好的育人氛围，使生活在其中的大学生耳濡目染，沐浴志愿精神和志愿文化，在不知不觉中形成志愿服务的思想和行为习惯。

（三）辐射性

由于志愿服务是在社会生活领域中和社会成员之间进行的，因而大学生志愿服务育人活动具有很强的延展性和辐射性。

自 20 世纪 80 年代志愿服务兴起以来，经过 30 多年的时间，我国大学生志愿服务迅速发展，2008 年奥运会达到顶峰。我国大学生志愿服务之所以发展如此迅速，不仅得益于我国政府的高度重视，相关部门的组织推动，信息时代便捷的传播手段，同时还得益于志愿服务育人具有的强辐射功能。由于大学生志愿服务是在社会人群中进行的，是志愿者自愿向受助者提供的无偿帮助和服务，志愿者的无私奉献精神强烈地感染着受助者和旁观者。受助者和旁观者受到感化与教育，也产生了为社会为他人提供力所能及的帮助的愿望和想法，从而积极参与到志愿服务的队伍中来，更多的人在志愿服务过程中受到教育和锻炼，志愿精神也不断传播和弘扬。在当今社会，志愿服务育人的辐射性特点越来越明显，主要由于以下因素助推。

第一，现代媒体宣传工具的应用。多种多样的现代网络传媒被应用到大学生志愿服务的宣传中。比如，媒体采用新闻报道、新闻专题片、人物专访等方式跟踪报道大学生志愿者的生活和工作，并将其拍成纪录片，增加志愿者曝光率；网络、广播、报刊、数字信息化平台的广泛宣传报道，激发和带动了更多的人参与到志愿服务中去，并在志愿服务中学习到新知识，磨炼意志品质，锻炼技术能力。

第二，政府机关的重视。党的十七届六中全会从深化文化体制改革、推动社会主义文化大发展大繁荣的战略高度，提出要广泛开展志愿服务活动，壮大文化志愿者队伍。党的十八大报告进一步指出："深化群众性精神文明创建活动，广泛开展志愿服务，推动学雷锋活动、学习宣传道德模范常态化。"党的十八届三中全会又号召全社会"支持和发展志愿者组织"。党的十八届四中全会决议又将志愿服务应用于普法教育，指出，应"加强普法讲师团、普法志愿者队伍建设"。党的十九大报告进一步提出，要"推进诚信建设和志愿服务制度化，强化社会责任意识、规则意识、奉献意识"。2019 年 10 月 21 日，中国志愿服务研究中心成立，决定将志愿服务相关课题纳入国家社会科学基金。党的十九届四中全会提出了"推进新时代文明实践中心建设"和"健全志愿服务体系"的重大举措。可见，大学生志愿服务得到了政府的高度重视和支持，不仅内容不断丰富，形式逐渐灵活多样，并且也形成了一系列常规的、有较强认同感的志愿服务活动，这使参与志愿服务的大学生人数急剧增加，使更多的大学生在志愿服务中受到教育，充分体现了志愿服务育人的辐射性特点。

(四) 延续性

自古以来，我国就传承并弘扬着与人为善、助人为乐的志愿精神。而"志愿服务"是从西方舶来的词。中国的志愿服务可以追溯到20世纪60年代的学雷锋活动（从实质上讲，当时的学雷锋活动就是志愿服务），从那时开始，学雷锋、做好事就在社会上蔚然成风，培育了一大批乐于奉献的人才。20世纪80年代中期，志愿服务在我国悄然兴起。1993年，在共青团中央的倡导下，大学生志愿服务"西部计划"形成并启动，从而推动了大学生志愿服务迅速发展。在此计划的感召下，在校大学生几乎人人都或多或少地参与过志愿服务，越来越多的大学生因受到志愿者奉献精神和先进事迹的感染而纷纷投入到志愿服务活动中去。在大学校园中，共青团、学生会、学生社团组织都有计划地从大学生中招收新志愿者参与志愿服务活动。在此过程中，指导老师或高年级学生将自己在志愿服务活动中形成的服务技能、积累的经验、得到的感悟传授给新的志愿者，许多常规的志愿服务活动也从老的志愿者手中传递到新的志愿者手中，志愿服务就在一届届新老学生交替中不断地传递和延续，充分诠释着志愿者服务育人的延续性。

三 大学生志愿服务育人的类型

大学生志愿服务育人的种类繁多，按照不同的标准有不同的划分方法。比如，志愿服务育人活动，根据育人功能分，可以分为个人能力提高型、公民意识培养型、道德境界提升型、意志品质磨炼型、情操陶冶型等；根据志愿服务育人活动的性质分，可以分为义务劳动、扶贫济困、抢险救灾、公益慈善、助弱助残、敬老助老、支教助学、支边戍边、劳动锻炼、支农兴农等；根据志愿服务育人的地域分，可以分为海内志愿服务育人和海外志愿服务育人；根据志愿者服务形式分，可以分为正式和非正式的志愿服务育人活动、个人和集体的志愿服务育人活动；等等。从"育人"的角度来看，根据志愿服务育人目的或功能分，可分为以下五种类型。

（一）个人能力提升型

个人能力提升型志愿服务的主要目的是通过相应的志愿服务活动提高志愿者的实际工作能力、交往能力、合作能力、组织协调能力和应变能力，拓宽学生的视野和思路，其突出特色是专业性强。例如，理工、农林、文史哲以及医学等专业的学生参加与专业相关的支农支教等具有专业性质的志愿服务活动，以此提升学生对专业知识的实际应用能力，同时磨炼大学生的意志品质，增强其团队合作意识。又如，医学院和教育学院的学生深入农村或不发达地区，送医送药，进行义诊活动，参加受灾现场的紧急救援、心理疏导工作；这些工作具有急迫性和专业性，一方面，要求志愿者要有扎实的专业知识，较高的应变能力、协调组织能力、决断能力、心理素质和坚强的意志；另一方面，志愿者在志愿服务活动中使所学专业知识得到应用，实践能力得到提高，意志品质得到磨炼，心理素质得到提升。

（二）公民意识培养型

志愿服务是一种公民参与形式。大学生志愿服务也就是大学生作为一种公民参与社会活动的方式。公民意识培养型志愿服务育人旨在通过志愿服务活动引导志愿者增强公民意识和社会责任感，使他们意识到作为一个社会公民应该做些什么？如参与环境保护和普法宣传，遵守社会公德，帮助弱势群体等。它不仅能够使大学生了解社会，开阔眼界，提高社会参与能力，而且能够唤醒大学生的公民意识，引导他们对自身在社会生活中扮演的角色，发挥的作用进行思考定位。又如大学生志愿者通过参加"学雷锋"等社会公益活动，可以感悟到社会是由一个个社会公民组成的，每个公民都应为社会发展付出努力，做出贡献，而且懂得做事情需要很多社会成员的相互协作。只有这样，社会才能进步，民族才能复兴。在此基础上，引导大学生志愿者认识到自己作为社会主义事业的接班人和建设者的历史责任，进而努力学习科学文化知识，积极关注社会发展，为社会发展和民族复兴做出自己应有的贡献。据统计，2010年上海世界博览会，约7.2万名在校大学生遍布全市1000多个志愿者服务站为各国来宾提供了优质服务，这种大规模的志愿服务活动，充分表明了当代大学生公民意识的觉醒，用实际行动告诉人们什么是真正的公民参与。

（三）道德境界提升型

志愿服务活动的精神实质是奉献、友爱、互助、进步，这种精神深刻体现了中华民族的传统美德，反映了社会发展进步的时代要求，是志愿服务活动的内核，是志愿者奉献社会的内在驱动力。道德境界提升型的志愿服务育人旨在通过志愿服务活动引导志愿者自愿和无偿参与志愿服务活动，在服务过程中增强奉献和服务意识，培养高尚的道德情操，使志愿者树立正确的理想信念与人生价值取向。例如，大学生通过参与"三支一扶"、社区服务、环境保护、普法宣传、扶贫救困、帮助他人、社会援助、照顾鳏寡孤独老人等社会公益活动和志愿服务，不仅能够提高其集体意识和社会责任感，而且有利于提高其道德水平和思想觉悟，同时还可以辐射、感染他人，使更多的人心灵受到净化，境界得到提升，逐步养成高尚的道德情操和良好的行为习惯。

（四）意志品质磨炼型

意志品质磨炼型的大学生志愿服务育人是旨在通过参加志愿服务活动磨炼大学生志愿者的意志，培养他们攻坚克难、永不放弃的精神，使其形成坚强的意志品质。它表现为从内到外从无形意识到有形行动的发展变化过程。在参加志愿服务活动的过程中，志愿者常常会遇到许多自己从未经历过的困难和从未想到过的难题，这就需要他们去认识困难、解决困难、克服困难和战胜困难，以完成志愿服务的任务，实现自己的人生追求。在此过程中，志愿服务活动为大学生意志品质的培养和磨炼提供了亲身经历和实践体验，有助于大学生志愿者形成健康的心态、乐观的生活态度、较强的情绪控制能力、良好的社会适应能力和不达目的永不罢休的意志品质，克服犹豫、懒惰，抑制消极情绪与冲动行为，防止不良人格和负面情绪的形成。

（五）情操陶冶型

情操陶冶型的大学生志愿服务是旨在通过参加志愿服务育人活动陶冶大学生的情操，培养他们美好的情感和道德操守，使他们心灵得到净化，思想境界得到提升，道德情操得到陶冶，形成良好的性情。在志愿服务活动中，大学生用自己的时间、智慧、才能和知识帮助他人，奉献社会，充分阐释着"奉献，互助，进步，友爱"的志愿精神，并努力营造出人与人之间真诚相待、互帮互助的良好社会风气。在这种社会氛围中，一方面，大学生志愿者在帮助他人、奉献社会的过程中感受到了自己的社会价值，获得了自我价值实现的心理满足感；另一方面，在这种人与人之间互助、友爱、和谐相处的氛围中，大学生志愿者的心灵得到净化，思想境界不断提升，道德情操得到陶冶，形成了健全的人格，逐渐成长为中国特色社会主义的合格建设者和可靠接班人，从而充分发挥了大学生志愿服务的育人功能。

第三节　文化多样化背景下大学生志愿服务育人受到的影响

一　大学生志愿服务育人面临的机遇

文化多样化背景下，各民族文化之间的交流日益频繁。这不仅有利于各民族文化在互通有无、取长补短中不断发展，而且为我国大学生志愿服务育人提供了广阔的视野和可借鉴经验，使其获得了良好发展机遇。主要表现在以下三个方面。

（一）使大学生志愿服务育人更具有灵活性

随着文化多样化的不断发展，大学生的思想观念受到多种因素的影响，导致其价值观念日趋多元化，思想水平呈现层次化；同时，由于每个大学生志愿者对志愿服务的期望不同，因而其自身服务能力也存在着一定差别。另外，经过多年的不断发展，大学生志愿服务涉及的范围也越来越广阔，服务的形式也多种多样，从时间短、任务相对较轻的社区服务和扶危济困，到时间长、任务艰巨的支农支教、西部服务、大型赛会服务和海外服务计划等，都为热心于志愿服务活动的大学生提供了多样化的选择空间，使其志愿服务育人活动更具有灵活性。他们可以根据自己的专业特长、兴趣爱好、服务能力和实际情况选择适合于自己的志愿服务形式，尽其所能，以自己的知识、技能、时间和财富等为社会提供力所能及的志愿服务，帮助需要帮助的人，从而不断提升自己的思想境界和实际能力，也影响带动更多的人参加到志愿服务中来，进而营造了良好的社会氛围。

（二）为大学生志愿服务育人提供了成熟经验

19世纪初，志愿服务起源于西方国家，19世纪末和20世纪初，志愿服务逐渐得到了政府的重视和鼓励。第二次世界大战以后，西方国家开始进一步规范志愿服务工作和活动，使其逐渐迈入了组织化、规范化和系统化的发展轨道，目前已形成了一整套较为成熟的运作机制和制度惯例。相比较而言，我国的志愿服务起步较晚。自20世纪50年代起步以来一直发展缓慢，直到80年代，我国的志愿服务才在对外交往中逐步发展起来。90年代后，特别是1993年共青团中央启动青年志愿者西部服务计划后，我国的志愿服务获得了快速发展，大学生志愿服务也随之蓬勃发展起来。随着多样化文化的不断交流，国外志愿服务从服务的内容、形式，到运行模式、管理方式等方面都为我国大学生志愿服务提供了许多先进经验，尤其是在一些规模大、环节多、运作复杂的大型志愿服务活动的开展、运行、管理、激励等方面更是为我国提供了宝贵经验。例如，2008年北京奥运会在大学生志愿服务的宣传发动、招募选拔、教育培训、组织管理等环节上就是参照了国外大型赛会运用志愿服务的某些做法。实践证明，北京奥运会期间，我们组织的大学生志愿服务活动是成功的，收到了良好效果。

（三）促进了大学生志愿服务文化的发展

一种文化的形成总有一个逐渐酝酿、长期积累的过程。志愿服务文化是志愿者在长期的志愿服务过程中，在自身特点和周围环境的综合影响下形成的一种能够表现志愿精神的特殊文化。志愿服务文化是我国改革开放进程中出现的一种舶来品，其形成的重要背景就是文化多样性的发展。当然，也与志愿服务活动的开展也密切相关。在志愿服务文化的形成过程中，大学生志愿服务是其积极的推动者。根据中国青年志愿者协会统计，截至2019年7月，中国志愿者有1.98亿人，其中青年尤其是大学生占大多数。我国开展志愿服务以来，志愿服务文化有了长足的发展，这既体现在实体层面，也表现于观念层面。大学生志愿者通过奉献个人的时间、精力、知识和技能等从事社会公益和社会服务活动本身就是一道亮丽的文化风景线。同时，大学生志愿者在志愿服务过程中弘扬了志愿精神，普及了志愿服务理念，有利于促进广大公众对志愿服务的了解、认同和参与，从而使倡导奉献社会、关爱他人、帮助弱势群体的志愿服务文化在社会上悄然兴起。

二 大学生志愿服务育人面临的挑战

文化多样化是一把"双刃剑"。它在给大学生志愿服务育人带来难得发展机遇的同时，也使大学生志愿服务育人面临着巨大冲击和严峻挑战。

（一）使大学生志愿者的服务意识减弱

志愿服务的基本精神之一是互助。互助不仅包含志愿者和被服务者之间的互相帮助，也包含每个志愿者之间的互相帮助。志愿服务任务的完成依赖于每一个参加活动志愿者的付出和奉献，需要志愿者彼此之间团结合作、齐心协力。随着文化多样化的发展，部分大学生志愿者受西方极端个人主义、功利主义、拜金主义等思想的影响，其主体意识和功利心态不断增强，他们更容易从自身利益获得的角度来考虑志愿服务，而无偿为他人奉献和服务的意识有所减弱。如前文所述，在调查中，有56.1%的大学生志愿者是本着"锻炼自己"的目的去参加志愿服务活动的，"帮助有需求的人"并非是他们参加志愿服务活动的真正目的，甚至还有20%的被调查者认为"应该付给相关的报酬或者实质性的嘉奖"。而大学生志愿者的这种心态在一定程度上减弱了他们在志愿服务活动中以"需要者的需要"为出发点、以"满足需要者的需要"为宗旨的服务意识，从而违背了志愿服务的原本含义。

(二) 使大学生志愿者的奉献意识缺乏

奉献是志愿精神的精髓。没有奉献，没有为他人的付出，就谈不上志愿服务。对外开放以来，西方多种思想观念和价值取向涌入我国，其中不乏西方资产阶级的价值观念和思想意识。这些腐朽、落后的思想意识对我国青少年产生了极大的消极影响。在个人主义、拜金主义、享乐主义思潮的影响下，有些大学生把个人利益放在第一位，片面追求自我价值的实现、个人的安逸享乐，忽视个人所承担的社会责任，缺少为他人和社会服务的奉献精神。部分大学生参加志愿服务活动时也带有明显的功利性目的。他们参加志愿服务不仅仅是为了服务和奉献，在某种意义上更是想获得回报，从而有悖于志愿精神和志愿服务活动开展的初衷。笔者曾对500名大学生志愿者进行了问卷调查，当问到"您参加志愿服务的目的是什么？"时，选择"增长社会阅历"的大学生志愿者占33.12%，选择"充实课余生活"的大学生志愿者占26.31%，选择"提高自身素质和能力"的大学生志愿者占32.43%，选择"认识更多朋友"的大学生志愿者占30.34%，选择"服务社会"的大学生志愿者仅占28.26%。由此，大学生志愿者在志愿服务活动中的奉献精神可见一斑。

(三) 导致大学生志愿服务育人质量下降

正如前面所述，在文化多样化背景下，部分大学生志愿者的服务意识减弱、奉献精神缺位，而其志愿服务的功利心态明显。在此情况下，有些大学生志愿者在服务过程中表现出工作态度懈怠、服务意识不高、责任感不强等现象。部分大学生志愿者甚至为了应付和完成学校及有关部门的任务而参加志愿服务活动，从而在工作中敷衍了事；还有的大学生志愿者虽然参加志愿服务的热情比较高，但对志愿服务过程中可能出现的困难估计不足，缺乏思想准备，加之服务能力过低不能适应服务要求，因而一旦遇到某些问题和困难就产生畏难情绪，缺乏面对困难的勇气和从容应对问题的能力，往往半路打退堂鼓，不能做到善始善终，坚持到任务结束，从而降低了大学生志愿服务的质量和效果。同时，大学生志愿服务质量下降也折射出志愿服务在组织和管理方面存在的不足。如对志愿者的动员不到位、服务方式较为单

一、培训不专业、组织不严密、管理存在漏洞、运行机制不健全等,这些都导致大学生志愿服务的质量下降,不能满足服务现实的需要。

第四节 文化多样化背景下大学生志愿服务育人的特点

随着文化多样化的不断发展,大学生志愿服务育人出现了许多新特点。概括起来,主要包括以下四个特点。

一 活动形式日益丰富

20世纪80年代以来,文化多样化趋势不断明显,世界各民族文化相互交流、融合,彼此取长补短。随着跨文化交际的不断深入,美国、德国、法国、日本等国家较为成熟的大学生志愿服务逐渐为我国所了解。他们的大学生志愿服务起步比较早,发展比较快,在志愿服务的组织开展、运行管理、形式创新、激励保障等方面也积累了丰富的实践经验,志愿服务育人的效果也发挥得比较好,为我国大学生志愿服务育人活动的开展提供了有益借鉴,推动了我国大学生志愿服务育人的健康发展。经过30多年的不懈努力和探索,我国志愿服务服务育人的形式越来越丰富,出现了社区服务、环境保护、支农支教、应急救助、帮扶弱势群体、西部服务计划、大型赛会服务等丰富多彩的志愿服务活动,为大学生志愿服务育人提供了重要活动载体,充分发挥了大学生志愿服务的育人功能,提高了大学生志愿服务育人的实际效果。

二 组织机构逐渐完善

组织机构是志愿服务活动开展的前提和保障。在志愿服务育人活动开展初期,我国没有专门的志愿者组织,当然也不存在大学生志愿者组织。改革开放以来,随着志愿服务思想在中国的广泛传播,我国的志愿服务事业迅速发展。20世纪80年代后期,我国逐步建立起社区志愿者组织。1993年年底,共青团中央组织实施了中国青年志愿者行动。1994年12月,共青团中央成立中国青年志愿者协会,我国首次出现了全国性的青年志愿者组织。随后，我国各级青年志愿者协会逐步建立起来，高校也成立了大学生志愿服务育人机构。截至2010年年底，由中国青年志愿者协会、35个省级协会、5000余个地市和区县协会、近2000个高校成立志愿者组织以及13万个志愿者服务站（服务中心、服务基地）组成的全国性青年志愿服务工作网络基本形成[1]。由此可见，在全国高等院校中，大学生志愿服务机构已经具有相当的规模，为大学生志愿服务育人提供了组织基础和组织保障。

三 志愿者心态二重性凸显

在志愿服务发展初期，大学生参加志愿服务活动的目的较为单纯，在热情高涨与纯真善心的激励下，他们积极投入志愿服务活动中，使大学生志愿服务迅速发展起来。同时，在志愿服务过程中，大学生志愿者也受到了深刻的思想道德教育。然而，随着多元文化和多样价值观的不断发展，大学生的理想信念、道德观念、价值取向、心理状态和行为模式等方面都发生了巨大的变化。多数大学生志愿者具有奉献精神，积极投身到志愿服务活动中。但部分大学生志愿者原本单纯的助人之心掺杂了某些功利性成分，他们在积极奉献社会的同时，也想趁机获得入党、评先、评优的砝码，具有二重心态。在调查中，当问到"您为什么要参加志愿服务"时，选择"帮助有需求的人"的大学生志愿者仅占被调查者的54.4%，选择"锻炼自己"的大学生志愿者占56.1%，同时选择两项的大学生志愿者占47.3%[2]。另有调查显示，有16.3%的大学生志愿者认为做志愿者的主要目的是"增加就业竞争力"，有3.6%的大学生志愿者认为是"为了获取各种荣誉"[3]。这说明，当前部分大学生参加志愿服务的动机带有了明显的功利主义色彩。对于具有二重心态的志愿者，我们也应热情欢迎他们

---

[1] 吴佳佳：《我国注册青年志愿者超过3124万人》，《经济日报》2010年12月6日第4版。

[2] 刘珊：《高校志愿服务的动机、类型及问题》，《广东青年干部学院学报》2005年第3期。

[3] 王泓、邓清华：《大学生志愿服务活动：参与状况与长效机制的构建——基于全国性大型问卷调查的思考》，《中国青年研究》2012年第8期。

参加志愿服务，并引导他们在志愿服务过程中接受教育，认清并正确处理个人与他人、个人与集体、个人与社会之间的关系，不断提高自己的思想境界。

四　国际合作不断发展

随着经济全球化和文化多样化的发展，各国之间的文化交流日益频繁，大学生志愿服务活动也开始走出国门，具有了国际化色彩。目前，我国的大学生志愿服务活动与一些国际组织如联合国人口基金会、联合国艾滋病规划署、联合国儿童基金会、国际红十字会等有着密切联系，开展的志愿服务活动包括国际志愿者年系列活动、世界奥运会志愿活动、世界艾滋病防治信息宣传志愿活动等国际合作服务活动。需要特别提到的是，由共青团中央、中国青年志愿者协会发起实施的"中国青年志愿者海外服务计划"是一个长期重点项目，大学生是该服务项目的积极参与者之一。该服务项目从2002年5月开始启动，时至今日，已经先后向多个亚非拉发展中国家派遣了许多青年志愿者，前去开展教育、医疗、农业、管理、文体等方面的志愿服务活动。同时，按照对等原则也引进了许多外国志愿者到我国中西部贫困地区开展志愿服务。在志愿服务活动中，大学生志愿者得到了锻炼和提高，从而使我国大学生志愿服务育人具有国际化特色。

第二章 文化多样化背景下大学生志愿服务育人功能

文化多样化背景下，大学生的主体意识不断增强，他们不再轻易相信和接受外来的理论灌输与宣传教育。在此情况下，单靠课堂理论灌输等显性教育难以收到良好的教育效果，因而使实践育人等隐性教育的作用不断凸显。大学生志愿服务是高校实践育人的一种重要方式，不仅在大学生志愿者的成长中发挥着重要作用，而且对受助者和旁观者也具有重要的教育功能。近年来，我国的大学生志愿服务活动蓬勃发展，从"5·12"汶川地震的抗震救灾到北京奥运会，再到上海世博会、广州亚运会等大型赛事的成功举办，大学生志愿服务都发挥了重要作用。同时，在各种形式的志愿服务活动开展中，不仅有力地弘扬和传播了以"奉献、友爱、互助、进步"为主要内容的志愿精神，而且极大地提高了大学生志愿者的综合素质和实践能力，还带动受助者和旁观者积极投身到志愿服务活动中。

第一节 大学生志愿服务对志愿者的育人功能

大学生志愿服务是一种助人自助的活动。在志愿服务活动中，大学生志愿者不仅能够帮助他人摆脱困境，融洽人与人之间的关系，促进社会和谐，而且能够使自己开阔视野，了解社会，增长才干，净化思想，磨炼意志，增强互助意识，提高人际交往能力等，从而使自己成长为德才兼备的社会主义建设人才。具体来说，大学生志愿服务对大学生志愿者具有以下教育功能。

一 了解国情民情，增长社会知识

大学生是青少年中知识较为丰富的群体，是我国社会主义现代化建设的接班人。大学生的主要任务是学习科学文化知识，提高自己的综合素质和实践能力。他们通过课堂教学学到各种科学知识，专业技能不断提高，思想素质得到提升。但是，作为未来社会主义事业的建设者和接班人，大学生只有科学知识和专业技能还远远不够，因为这容易使他们脱离实际，犯教条主义错误，因而大学生还需要深入了解我国国情和社会现实，提高社会实践和人际交往能力。然而，大学生主要生活在校园里，普遍存在社会生活阅历较浅、社会实践经验较少的问题。这就需要大学生在认真学习各种专业理论知识的同时，关注世界形势的变化，关心我国社会发展的动态，通过社会实践，了解国情民意，不断提高社会实践能力，加快社会化进程。而大学生志愿服务，作为社会实践的重要方式，在大学生成长成才中发挥着重要的育人作用。它使大学生志愿者通过参加志愿服务活动，深入社会生活，了解国情，把握社会现实，分析社会热点问题，不断开阔视野，增强才干，加快其社会化进程，弥补课堂教学的不足。

（一）了解国情民情

毛泽东曾经说过，认清中国国情，是认清中国革命和一切问题的基本依据。大学生志愿者通过广泛参与社区服务、西部开发、大型活动、环境保护、社会管理、文化建设等多种形式的志愿服务活动，深入了解国情、社情和民情，不仅提高了综合素质和实践能力，而且为其融入社会打下了坚实的基础。在志愿服务活动中，大学生志愿者的活动范围遍及全国各地，这使他们有机会接触社会和广大人民群众，使其能够全面了解我国的国情、社情和民情，领略各地的风土人情，亲身感受和体会我国社会主义现代化建设的伟大成就，在此过程中，接受爱国主义和集体主义教育，从而加深对所学书本知识的理解，坚定对我国社会主义建设事业的必胜信念。与此同时，大学生志愿者前往祖国的西部，深入到基层农村、革命老区、少数民族地区、边远地区和贫困地区，真实地感受到中国不是只有像北京、上海、广州那样的繁华都市,也并不是所有人都过上了衣食无忧的小康生活,在偏远的山区和农村还有许多人没有解决温饱问题,许多贫困地区的孩子还因缺乏营养而导致发育不良。全国妇联、国家卫计委2015年发布的《中国贫困地区0—6岁儿童营养及家庭养育状况》显示:中国处于极端贫困状态的3597万人群中,0—6岁的儿童有330万—400万人,贫困地区农村儿童的"低体重率"和"生长迟缓率"为城市地区的6—8倍,贫困地区儿童早期锌缺乏比例高达50%以上,维生素A缺乏率是大城市同龄儿童的6倍多。虽然经过近几年的精准扶贫,大量贫困人口脱贫,但在贫困地区还存在学校和师资匮乏、校舍陈旧、教师年龄及知识结构老化、教育配套设施跟不上等问题。大学生志愿者的支边支教等服务为当地弱势群体带去温暖,为孩子带去教育,为村民带去帮扶,使边疆地区、革命老区、贫困山区、农村地区的群众感受到社会主义大家庭的温暖,获得发展的动力和支持。同时,大学生志愿者在服务过程中也会目睹某些地方存在的雾霾、环境污染、植被破坏等现象对当地居民生存环境、日常生活和身体健康带来的不良影响,而因当地群众法律知识缺乏、维权意识不强,他们的合法权益得不到有效保护。大学生志愿者在向当地群众宣传环境保护、法律维权、卫生保健等方面知识的同时,也使自己提高了环境保护意识、遵纪守法意识、社会服务意识等。在不同的志愿服务活动中,大学生志愿者更加全面和客观地了解和把握我国的现实国情,对我国社会主义初级阶段面临的困难有更加理性的认识,从而激发他们投身社会主义现代化建设的历史使命感和社会责任感。

因此,面对在文化多样化背景下成长起来的主体意识较强、个性明显的大学生,大学生志愿服务活动克服了课堂理论灌输和机械说教较为枯燥的弊端,使志愿者在生动的志愿服务活动中真实地感受人民群众的生活状况,增进对国情民情的了解,开阔视野,增长才干,努力成长为社会主义现代化建设的合格建设者和可靠接班人。

(二) 增长社会知识

志愿服务使大学生志愿者走出封闭狭窄的课堂,置身于广阔的社会生活中,在与其他志愿者、服务对象和社会公众的接触交流中,学到许多在课堂上学不到的知识和经验，不断完善和丰富自身的知识结构和社会阅历。

第一，能够增加大学生志愿者的人文地理知识。大学生志愿者常常深入我国的不同民族地区进行志愿服务，他们在服务过程中可以学习到不同民族的地理环境、风土人情、历史传统、民族信仰、生活习惯等方面的知识，增长他们的人文地理知识。例如，北京大学自1995年创立"爱心万里行"志愿服务团队以来，21年里该团队跨越超过了27个省份，足迹几乎遍及全国，在欠发达地区义务支教，开设了经济学、法律、地理、心理、历史、礼仪、天文等课程，在帮助当地居民的同时，也学习到许多当地的人文地理知识和风土人情，提高了志愿者的人文素养。

第二，能够提高大学生志愿者的生存安全知识。《2015年大学生志愿服务西部计划实施方案》确定投身到国家西部计划的大学生志愿者达到18300人，致力于西部地区基础教育、农业科技、医疗卫生、基层青年工作、基层社会管理、服务新疆、服务西藏等工作。由于西部部分地区地理环境复杂，气候条件恶劣，大学生志愿者在参加志愿服务前必须经过系统的专业安全培训，这使他们增长了自身的生存安全知识，提高了自救和救人的相关技能，保证了他们在恶劣环境下的生命安全，使其更好地投身到西部志愿服务中去。

第三，能够增长大学生志愿者的社会实践知识。作为社会主义建设事业的接班人，大学生不仅要有丰富的理论知识，而且还要有扎实的社会实践经验。只有这样，他们才能在将来的社会主义建设中将理论与实践有机结合，在社会实践中实现创新。而大学生志愿服务为志愿者了解社会，获取社会实践知识和经验搭建起了良好的平台。例如，安徽师范大学数学计算机科学学院志愿者于2007年创立的"平民电脑学校"，它是旨在面向乡村社区的广大群众开展普及电脑知识、排除电脑故障、宣传网络文明等的志愿服务活动。在服务活动中，志愿者不仅将所学电脑专业知识服务于广大人民群众，而且了解了社会市场需求，积累了社会知识和社会经验。目前，"平民电脑学校"已经初步形成了一个总校和23个分校，覆盖全国8个省，全国十余所高校近 500 余名大学生志愿者加入。该志愿者组织的志愿者累计服务社区和乡村 150 个，服务超过 3000 小时，服务群众 5000 余人[①]。

二 获得服务经验，提高个人能力

随着改革开放的深入和文化多样化的不断发展，大学生志愿服务从无到有、从小到大，志愿服务理念在全社会得到了广泛传播，参与志愿服务逐渐成为新的社会风尚。进入 21 世纪以来，大学生志愿服务活动领域不断扩展，在国家政治生活和社会重大活动中都发挥了积极的推动作用。在参加不同形式的志愿服务活动中，大学生志愿者积累了各种服务经验，服务水平不断提高，逐渐具备了在志愿服务中应对各种复杂情况的能力。与此同时，大学生志愿者也积极利用志愿服务这一平台，实现了理论知识到实践技能的转化，个人能力也在服务实践中逐步提高。

（一）获得丰富的服务经验

南宋著名诗人陆游的《冬夜读书示子聿》中有"纸上得来终觉浅，绝知此事要躬行"的诗句，其意思是说，从书本上获得的知识毕竟比较肤浅，要透彻地认识事物，需要亲自进行实践。人们从幼年到成年的过程，既是身体成长、发育成熟的过程，也是学习科学文化知识、增加知识储备的过程，还是适应社会环境、增加社会阅历的过程，从懵懂无知到世事练达，需要几十年的磨合与锻炼，不断从社会中获得经验与教训。从小学、中学到大学，大学生获得了相对较为丰富的科学文化知识，但是，与其他社会上的同龄人相比，其经历的社会事务少，社会经验欠缺。大学生要想把停留在感性层面的书本知识变成自己实际掌握的本领就需要躬行实践。毛泽东说过："一个人从那样的小学一直读到那样的大学，毕业了，算有知识了。但是他有的只是书本上的知识，还没有参加任何实际活动，还没有把自己学得的知识应用到生活的任何部门里去。"[②] 因此，大学生要参加到实际工作

---

① 高瑞敏、张顺：《大学生结合专业志愿服务问题探讨》，《辽宁农业职业技术学院学报》2011 年第 3 期。

② 毛泽东：《毛泽东选集》第三卷，人民出版社 1991 年版，第 816 页。

中去，将学到的知识应用到实际生活中去，在自己的亲身实践中接受锻炼。

　　志愿服务为大学生投身实践提供了良好的机会，是大学生参加社会实践活动的重要形式之一。大学生志愿者在志愿服务活动中逐渐知晓志愿服务项目的策划与设计、志愿团队的组建、志愿服务项目的组织实施、志愿服务项目的评估反馈等志愿服务开展的程序，逐步了解志愿服务活动组织运行的整个流程。近年来，大学生参加各种大型赛会志愿服务的人数日益增多，志愿者在圆满完成志愿服务任务的同时，积累了大量宝贵的志愿服务经验。在笔者的问卷调查中，对于"您在过去的一年里参加过多少次志愿服务"的回答，参与1—2次志愿服务的大学生最多，占47.3%，参与3—4次的占15%，参加5次以上的志愿服务的大学生占14.4%，这说明大学生对志愿服务参与的热情不断提高。以北京奥运会的志愿者为例，报名参加奥运会志愿者的首都高校学生占总人数的50%，在最终确定被录取的志愿者中，首都高校学生也占75%以上[1]。在其他大型赛会中，如2010年5月举办的上海世博会、2010年11月举办的广州亚运会、2011年8月举办的深圳世界大学生运动会等，也都有许多大学生参与其志愿服务工作。在这些赛会期间，大学生志愿者承担了各种各样的工作任务，如清扫比赛场地，提供各种后勤服务，为社会公众提供相关赛事知识，担任赛会翻译，维持现场秩序等，他们的辛勤付出是赛会得以正常进行的重要条件。在志愿服务中，大学生志愿者逐渐熟悉了服务的各种相关事务，获得了丰富的志愿服务经验，也积累了其他方面的社会生活经验，丰富了自己的人生阅历。同时，大学生志愿者通过赛会期间与各国人员的接触，了解到世界各国的民族文化、价值观念、风俗人情、社会现状、发展变化等，在不断提高自身志愿服务经验的同时，对世界各国的政治、经济、文化等有了新的认识。

　　（二）提高个人实践能力

　　《中华人民共和国高等教育法》明确指出，高等教育的任务是培

---

[1] 张晓红：《高校志愿者服务教育课程化路径探索》，《思想教育研究》2011年第5期。

养具有创新精神和实践能力的高级专门人才,这为高校人才培养工作指明了方向。因此,我国高校培养的人才应该既要具有扎实的专业知识,又要具有较强的实践能力。大学生在高校课堂中学习了丰富的专业理论知识,具备了较高的知识素养。然而这只是一种潜在的能力,要把这种潜在的能力转换为现实技能,就需要把知识应用到实际工作中,把知识优势转化为解决问题的实际能力。因此,实践是大学生健康成才的必修课,是我国高等教育发展不可或缺的组成部分。

志愿服务活动既是大学生志愿者运用所学知识为服务对象提供帮助的过程,也是锻炼和提高自己能力的过程。大学生志愿者通过参加志愿服务活动,将所学知识运用到实践中,促进了知识向能力的转化,提高了自身的实践能力,激发了个人潜能。志愿服务的形式多种多样,对大学生产生的锻炼作用是不同的,即便是在同一项志愿服务活动中,由于每个人承担的任务不同,所以,志愿服务对大学生志愿者能力的锻炼和提高也会有所不同。具体来说,志愿服务活动对大学生志愿者个人能力的提高表现在以下三个方面。

第一,志愿服务活动可以提高大学生志愿者的认知能力。认知能力是指人们对事物的构成、特征、发展动力、与他物的关系以及基本规律的把握能力。志愿服务活动是一个知行合一的学习过程,在这个过程中,可以提高大学生志愿者自我认知和认识社会的能力。在通常情况下,志愿者从事的服务工作都是以前没有做过的。面对新情况和新问题,他们将所学的知识设法运用到服务实践中,学会对失败进行科学合理的归因,逐渐认识到自身的知识水平、意志信念、品格缺陷等,通过在实践中不断反思来认识提高自己。同时,大学生志愿者通过近距离地接触社会,深刻地认识社会,理性地看待和分析各种社会现象及社会问题,从而更好地把握是非、善恶的标准,提高他们认识社会的能力。

第二,志愿服务活动可以提高大学生志愿者的工作胜任能力。工作胜任能力包含多个方面,如在志愿服务活动中对服务程序的设计、行动方案的组织策划能力,自主管理志愿服务活动的管理能力,按照一定服务计划组织实施的执行能力,活动结束后的评估总结能力等。

大型志愿服务活动对志愿者能力的提升效果尤为明显。北京奥运会中，志愿服务活动共分为赛会志愿者项目、前期志愿者项目、城市志愿者项目、社会志愿者项目、"迎奥运"志愿服务项目、志愿者成果转化项目和"微笑北京"主体活动，每个项目都需要志愿者根据所参加活动的主题展开服务，每一个服务环节对志愿者的要求都非常高，志愿者需要认真准备，努力克服遇到的各种困难以达到服务岗位的要求，在这个过程中，大学生志愿者的工作胜任能力得到了很大提高。

第三，志愿服务活动可以提高大学生志愿者的应急能力。志愿服务活动形式多样，每一种活动都有可能面临不同形式的风险。因此，应急能力成为大学生志愿者必须具备的能力。例如，大学生志愿者在帮助灾区人民抗震救灾的志愿服务过程中，为了保护服务对象与自身的安全，就必须掌握一些急救措施，具备一定的应急安全防范能力，以协助医护人员进行包扎、急救等工作，这使他们具备了一定的医疗护理能力；同时，对心灵受到创伤的服务对象进行相应的心理疏导，使大学生志愿者具备了一定的心理疏导能力。这些都有助于培养志愿者自己应对突如其来灾难的能力。

通过参加各种社会志愿服务活动，使大学生志愿者不断积累成功的经验和失败的教训，发现自身的缺点与不足，从而不断学习，努力实践，提高个人的实践能力和综合素质。这对加快大学生志愿者的社会化进程和提高其就业创业能力都具有重要作用。

三 养成奉献精神和乐于助人的品德

大学生处于世界观、人生观和价值观形成的重要时期，具有很强的可塑性。在多元文化的影响下，大学生的价值取向也呈现多样化发展趋势，部分大学生选择了追求个人利益、贪图享乐的价值观，影响了大学生的健康成长。而志愿服务的本质特征是无私奉献和乐于助人，大学生志愿者在参加志愿服务的过程中受到感染和教育，能够逐渐养成无私奉献的精神和乐于助人的品德。

（一）养成奉献精神

从含义上看，志愿服务是指人们自愿无偿奉献自己的时间及精力，为推动人类发展、社会进步而提供的服务。志愿精神包括"奉献、友爱、互助、进步"四个方面的内容。其中，奉献处于首要地位，是志愿精神的精髓。奉献精神是指对某种事业的全身心投入，并且对这种事业的付出不计回报。没有自愿奉献，就谈不上志愿服务。正因为如此，志愿服务才具有自愿性、无偿性、利他性的特征。自愿性是指志愿者通过不同方式自愿奉献自己的知识和技能，为社会和他人提供不计回报的服务，虽然其服务动机有所不同，但其志愿服务都是自主自愿的。无偿性是指大学生志愿者不以获得回报为目的为社会和他人提供服务，体现了志愿服务的奉献精神。利他性是志愿者行为的本质特征，是大学生志愿者将自己的时间、精力甚至金钱奉献给他人和社会。在历史发展长河中，中华民族形成了乐善好施、扶贫济困的奉献精神。古代墨家强调的"视人之国若视其国，视人之家若视其家，视人之身若视其身"就是倡导相互帮助、相互扶持精神的历史见证。

多元文化背景下，受西方个人主义、拜金主义、享乐主义思潮的影响，部分大学生片面追求个人私利和自我价值的实现，忽视了自己本应承担的社会责任，其行为选择和行为方式带有明显的功利性，奉献精神和助人精神缺失。大学生志愿者在参加志愿服务过程中逐渐被身边其他志愿者的无私奉献精神所感染，在服务他人的过程中逐渐体会到自我价值实现带来的快感，领悟到志愿精神的精髓，从而逐渐养成了无私奉献的精神和乐于助人的品德。如在2008年北京奥运会期间，大学生志愿者顶着炎炎烈日，奔波在各个比赛场地上，在礼仪接待、交通服务、即时翻译、医疗卫生、清扫赛场、后勤服务等各种场合都能看到他们忙碌的身影；在汶川大地震救灾期间，许多大学生志愿者不顾生命危险为灾区人民提供各种帮助和服务；在志愿服务西部计划中，大学生志愿者奔赴祖国西部边远、贫困地区，不顾环境的恶劣和生活条件的艰苦，为孩子们带去教育，为当地居民无偿提供科技、卫生等服务。在志愿服务过程中，大学生志愿者以自己默默付出的实际行动诠释了志愿服务甘于奉献的理念，也从中领悟到奉献是成就一番事业必不可少的条件。这种行为在以后的志愿服务及其他社会活动中经过多次反复、不断强化之后，逐渐形成乐于奉献的精神和健康向上的生活习惯。

（二）养成乐于助人的优良品德

志愿服务的迅速发展，使人们对志愿服务的认知程度不断提高，志愿服务不但促进了我国公益事业的发展和社会的进步，也促进了公民道德素养的提升。大学生是志愿服务的积极倡导者和主要参与者。随着大学生对志愿服务参与程度的提高，大学生志愿服务成为高校思想品德教育的重要形式之一。

从本质上说，志愿服务是一种助人的行为，大学生在产生助人的动机之前，首先在于内心动机的形成和道德品质的提高，志愿服务为大学生提供了道德实践的机会，是培养大学生良好道德品质的有效载体。笔者为本课题研究所做的调查问卷显示，关于"大学生参与志愿服务活动最主要目的"："为了帮助别人"的占63.7%，"积累社会经验，为就业做准备"的占61.1%，"为了认识朋友"的占26.7%，"为了完成学校布置的加分任务"的占21%，这说明大学生有很强的利他行为，有高尚的情操和无私奉献的精神，在帮助他人的基础上实现自助。他们参加扶贫开发、社区建设、环境保护、大型赛会、应急救助等志愿服务，是服务他人、奉献社会的过程，也是参加道德实践和养成助人品德的过程。在志愿服务过程中，大学生志愿者从自身的服务活动及与其他志愿者、服务对象和社会公众的交往中感受到志愿服务的力量，体验到奉献精神的高尚，对志愿精神有了更加深刻的认识，使自己的心灵受到很大的触动，从而产生积极向上的心理要求，逐渐培养出对他人、对社会的深厚情感，逐步由对自我负责的思想认识转变为对家庭的责任感，进而升华到对整个社会的责任意识，进而决心为促进社会进步奉献自己的力量。通过引导大学生积极地投身到帮助他人的志愿服务中，使他们不断地进行情感体验和提高思想认识，在潜移默化、耳濡目染中受到教育，进一步强化其服务意识和奉献精神，逐步养成乐于助人的优良品德。

四 增强挫折承受力，磨炼意志品质

从个人的层面来说，具有坚强的抗挫折能力和意志品质是创业的必要条件之一。若是遇到困难就胆怯，遭受失败就气馁，受到打击就放弃，经受不起挫折和磨难的考验，是很难担当重任和有所作为的。当代大学生大多出生于20世纪末和21世纪初，大多数生活在相对安逸的环境中，从小受到父母无微不至的照顾，几乎没有经受过任何坎坷。相对优越的环境和父母的过分保护导致大学生的独立性相对较差，心理承受能力不强，缺乏坚定的恒心和顽强的意志，无法形成自觉承担责任的意识，这些都不利于大学生的健康成长和成才。然而，人生道路不可能永远是一帆风顺的，尤其是在市场经济条件下，社会竞争日趋激烈，如果缺乏坚强的意志品质，就难以在激烈的市场竞争中立足。而我国正处于全面深化改革的关键时期，国家的改革发展面临着诸多难题，这就需要我们继续保持这种迎难而上、艰苦奋斗的精神，以便早日实现中华民族伟大复兴的中国梦。因此，作为社会主义事业接班人的大学生，更需要具有不怕失败、越挫越勇的抗挫精神和坚强的意志，正视成长过程中遇到的各种困难，勇于承担起国家富强、民族振兴、人民幸福的历史重任。

我国志愿服务目前涉及的领域非常广泛，涉及经济、文化、社会、教育、环境等多个领域。不同形式的志愿服务活动会对大学生志愿者带来不同的经历和考验。在这个过程中，大学生志愿者难免会遇到意想不到的挫折和失败，要完成服务任务，就必须要克服各种困难和挫折，不断提高自身的挫折承受能力。因此，大学生志愿服务活动既是一个增长社会实践能力和经验的过程，又是一个引导大学生敢于面对失败和挫折、增强心理承受力的过程。例如，西部地区支教活动是大学生志愿服务活动的重要组成部分，在支教过程中，志愿者会面临着前所未有的困难和挑战。华中师范大学研究生支教团李小睿在其支教日记中这样写道："343天，2万多字的支教点滴记录；343天，摸索着当好7个班的政治老师，290个可爱孩子的大姐姐；343天，精心准备640堂政治课、9堂大学梦励志分享班会，加班加点批改2320份作业；343天，筹备、参与校内外30余次大型活动，主持和组织约40次升旗仪式、学生会检查；343天，当温度从30多度到零下20多度，低温加上用嗓过度使喉咙痛到必须吃大量的咽炎药、上班必须顶着刺骨寒风、步履薄冰时，我想家了，然而寒假返乡却大病一场、再回疆则安然无恙,让我终于意识到你已然是我生命的一部分。"① 志愿者通过日记的形式给人们展现了在支教过程中面临的各种困难和如何克服困难及挫折的心路历程。参加志愿服务可以磨炼大学生志愿者的精神意志,增强大学生志愿者的心理承受能力和抗挫折能力,使他们的内心逐渐强大起来,并在实践中成长成才。

志愿服务自愿性、公益性、社会性的特点符合大学生身心发展的需要,得到大学生的广泛认同,对于提高大学生抗挫能力和磨炼意志品质具有重要价值。其主要表现在以下两个方面。

第一,克服参加志愿服务的各种阻碍。首先,大学生作为在校学生,不可能像专职志愿者那样全身心地投入到志愿服务中去,他们还要克服学习与志愿服务的矛盾。对于大学生来说,如何处理好在校学习和参加志愿活动是一个心理磨炼的过程。中国海洋大学研究生支教团成立于2001年,截至2015年,已经有十六届支教团参加西部支教工作,支教队员需要投入一年时间的支教工作,对于学习时间宝贵的大学生来说,需要拿出足够的勇气和魄力去迎接艰苦的支教生活,对他们的心理是一个考验。其次,克服亲人朋友的反对。对于部分家庭来说,大学四年的花费已经成为沉重负担,家长望子成龙心切,期望孩子能够全身心地投入到学习中去,因而部分家长对大学生参加志愿活动甚至到西部支教多持反对态度。此时,大学生志愿者就要设法克服来自家庭的阻力,投入到志愿服务中来。获得"感动中国"2004年度人物的徐本禹则为志愿者树立了榜样。徐本禹出生在山东聊城的一个贫困家庭,2003年刚刚大学毕业的他顺利考取本校的硕士研究生。此时他却做出了一个惊人的决定:放弃读研究生的机会,去贵州省大方县大水乡大石村支教。他的想法一开始遭到家人的反对,但是,他成功地说服了父亲,并获得了家人的支持,毅然踏上了支教之路,学校也破例为他保留学籍两年以支持他的支教行为。

第二,克服志愿服务过程中遇到的各种困难。笔者调查显示,在

---

① 李彦龙:《支教日记:在新疆的343天我是这样度过的》,2016年6月15日,http://www.youth.cn/,2016年9月3日。

参加志愿服务过程中，如果遇到从未经历过甚至出乎意料的困难和挫折时，59.2%的大学生选择抑制消极情绪，自觉调节和控制自己的言行，克服困难，努力完成志愿服务的任务，37.9%的大学生会接受教训，继续工作，只有6.9%的大学生会感觉深受打击，选择退出活动。在西部支教和"三支一扶"等志愿服务活动中，大学生要在边远、贫困地区或者自然条件恶劣的地区开展工作，当地艰苦的自然、经济条件时刻考验着大学生的意志品质。面对艰苦的生存条件和层出不穷的新问题，志愿者要想圆满完成服务任务，就必须迎难而上，不断坚定自身的信念，在克服困难和挫折的过程中磨炼意志，锻炼自己不怕困难、艰苦奋斗、勇往直前的革命精神和顽强意志。

五 培养协作精神和人际交往能力

在科技高度发达、跨文化交际日益频繁的当今社会，许多工作都需要众多人的团结协作才能完成。志愿服务作为一种群体性活动，大多数服务工作都需要多人共同参与，相互协作。志愿服务的这种群体性特质，有利于培养大学生志愿者的协作精神和人际交往能力。

（一）培养协作精神

人不仅有自然属性也有社会属性。人的自然属性是指人的肉体特征和生物特性，如吃喝需要、防卫本能等。而人的社会属性是指人作为社会存在物而具有的特征，如劳动、交往和意识及其所形成的各种社会关系等。"人的本质不是单个人所固有的抽象物，在其现实性上，它是一切社会关系的总和。"① 人的最根本特性是人的社会性。就作为个体的人来说，他是社会中的个人，他的生存和发展离不开社会。俗话说，"人生之，不能无群"。社会为个人的存在和发展提供了社会大环境，生活于社会中的个人在与其他人的交往中产生了经济、文化等方面的关系。

受文化多样化背景的影响，当代大学生的主体性意识逐渐增强，在学习和生活中，许多大学生表现出个性鲜明、独立性强等特征，但在团队协作和人际交往方面却有所欠缺，从而阻碍了他们参与组织性

---

① 《马克思恩格斯选集》第1卷，人民出版社1995年版，第56页。

和规范度较高的社会活动。有些大学生虽然具有强烈的实干精神和奉献意识,乐于从事一些公益活动,但由于协作意识不强,人际交往能力较差,最终未必能够实现其参与志愿服务的愿望。同时,随着经济社会的快速发展和科技水平的提高,社会化大生产的规模不断扩大,许多社会活动和复杂工作的集约化程度较高,要想圆满完成任务必须众人协作。因此,团结协作精神是当代大学生所必须具备的素质。

现代志愿服务活动的开展大多依靠团队进行,团队成员配合程度与协作能力的高低直接关系到志愿服务任务完成的效率和质量。这就要求大学生志愿者在志愿服务活动中既要有分工,又要互相协作,通过彼此的支持和帮助,共同寻找解决问题的办法,完成服务任务。例如,在2008年北京奥运会、残奥会期间,北京主赛区共使用奥运会赛会志愿者77169人,残奥会赛会志愿者44261人,其中约70%为北京高校学生。他们分布于竞赛场馆、非竞赛场馆、独立训练场馆和服务场所的80多个业务口,提供观众服务、交通服务、安全检查、竞赛组织支持、医疗服务、场馆管理支持、媒体运营支持、体育展示、颁奖礼仪等服务。累计上岗200余万人次,累计服务1600万小时,每日出勤率始终保持在99.5%以上[①]。面对规模如此庞大的体育赛事,只有通过各志愿者岗位之间以及岗位各成员间的相互配合、分工协作,才能保证北京奥运会取得圆满成功。通过参加志愿服务活动,大学生志愿者逐渐认识到完成志愿服务任务需要依靠全体志愿者的努力,只有将众人的力量汇聚起来,发挥各自的特长优势,才能够达到"1+1>2"的效果。这有助于帮助大学生志愿者克服"自我为中心"等不良思想倾向,逐渐形成大局观念和协作精神。

(二)提高人际交往能力

人际交往能力是人们在社会生活中应当具有的基本能力之一。它是指人们妥善处理组织内外关系的能力,包括与周围环境建立广泛联系和对外界信息的吸收、转化能力,以及正确处理上下左右关系的能

[①] 梁绿琦:《"80后"青年志愿服务与公民意识》,社会科学文献出版社2013年版,第151页。

力。良好的人际交往能力能够使人们恰当地调整自己与周围群体的社会关系，有助于营造健康的生活环境，促进个人事业的发展。由于大学生大部分时间在校园里学习与生活，活动范围较小，社会交际圈子较为单一，从而导致大学生人际交往能力相对较弱。同时，部分大学生存在"与人交往会占用学习时间，耽误自己学业"的错误观点，忽视了日常人际交往能力的培养，导致部分学生踏入社会后面临着人际交往的障碍。因此，积极培养大学生的人际交往能力对他们的全面发展具有重要意义。

志愿服务具有的自愿性、参与性、开放性特点，为大学生志愿者培养人际交往能力提供了有效的平台。在大多数情况下，志愿服务活动都是团队项目，需要成员之间相互配合、各司其职。大学生在志愿服务活动中既要面对不同生活背景和年龄阶段的服务对象，又要与来自不同院校、不同城市甚至不同省区的志愿者共同参与服务活动，同时还要与具有不同性格特征、不同风俗习惯的社会各界人士打交道，这对他们的社会交往能力提出了挑战。对于服务对象，大学生志愿者需要用恰当的方式消除服务对象的戒备心理，赢得对方的信任，找到开展服务的切入点，在彼此的配合中开展好志愿服务工作。这对于许多原本腼腆、沉默的大学生志愿者来说是一种很好的锻炼。对于志愿者成员之间，他们通过工作中的相互配合和交流，逐渐了解彼此性格和行为习惯，当出现意见相左或行为不一致的情况时，也能通过互相沟通和彼此包容，在协商之中共同完成志愿任务。与此同时，志愿者还需要同政府部门、其他社会组织等不同群体打交道，在与不同社会群体交往的过程中，大学生志愿者能够学到人际交往技巧、文明礼仪知识等，从而提高了自身的语言表达能力和人际交往能力。

六 培育改革精神和创新思维能力

改革精神是中华民族革故鼎新、自强不息、团结奋斗、昂扬向上精神的集中展现。创新是人们在认识世界和改造世界的过程中，在总结实践成果的基础上对原有理论、观点的突破和超越。创新是人类所特有的认识能力和实践能力的体现，是一个民族进步和国家发达的动力和源泉。江泽民提出："创新是一个民族进步的灵魂，是一个国家兴旺发达的不竭动力。"① 胡锦涛强调："把建设创新型国家作为面向未来的重大战略选择，更加自觉、更加坚定地走中国特色自主创新道路。"② 习近平进一步指出："坚持创新发展，就是要把创新摆在国家发展全局的核心位置，让创新贯穿国家一切工作，让创新在全社会蔚然成风。"党的十八大以来，在习近平的系列讲话和报道中，"创新"一词出现超过千次，可见其受重视的程度。

推动科学技术的进步和创新，关键在于人才，需要造就一支富有创新能力的高素质人才队伍。青年人精力充沛、思维活跃，最富创造热情，最具有创新活力。联合国教科文组织在《对世界青年问题的分析》中指出："青年一向是变革的动力，重大的社会变革都是在他们身上并通过他们实现的。事实上，正是在培养性格的年代里，一个人才最容易在新的问题面前形成勇于创新的考虑问题的态度和作风。"大学生是青年的重要组成部分，文化多样化发展更是开阔了大学生的视野。而具有创新意识和改革精神是时代发展对当代大学生提出的要求，是高校培养人才面临的一项重要任务。高校要特别重视大学生创新意识和改革精神的培养，为他们创造施展才华、勇于创新、大展宏图的良好社会环境。

大学生志愿服务是培养大学生创新思维和改革精神的重要载体，是理论与实践相结合、学习与锻炼并存的活动。生活在改革开放和文化多样化时代的当代大学生，接触了丰富的新知识和新观念，思维活跃，敢于创新。随着我国志愿服务的不断发展，服务活动内容不断更新，服务需求逐渐提高，服务领域逐渐扩大，当然，对从事志愿服务的志愿者也提出了更高的要求。大学生志愿者在开展志愿服务过程中，服务环境复杂多变，服务内容不尽相同，服务对象也经常变化，他们会遇到各种各样的问题。在这种情况下，大学生志愿者的积极性被充分调动起来，他们容易打破思维定式，激发创新能力，产生创造

---

① 《江泽民文选》第三卷，人民出版社2006年版，第64页。
② 胡锦涛：《在中国科学院第十四次院士大会和中国工程院第九次院士大会上的讲话》，《人民日报》（海外版）2008年6月24日。

性的成果。他们通过参加形式多样的志愿服务活动，逐渐学会创造性地学习，努力挖掘自身潜能，利用各种资源，寻找解决问题的办法，在实践学习中努力培养敢于质疑、敢于向权威挑战的创新精神，促进了创新意识的培养和创新能力的提高。例如，在"阳光助残"志愿服务活动中，湖北农业大学一名大学生看到一位盲人因撞到凳子而受伤的情景，想到若是有一种能识别障碍物的拐杖，就可以帮助盲人走路。于是，他与同学合作对现有的拐杖进行改进，经过多次试验，终于研制出一种能够识别障碍物的智能拐杖。这位同学说："如果没有志愿服务活动，我不会有创造这种拐杖的激情。"可见，志愿服务成为启发大学生进行思考和创新的出发点。2007年9月举行的国际盲人门球邀请赛是北京残奥会之前唯一一场残疾人项目邀请赛，也是绝大部分大学生志愿者第一次接触残疾人比赛项目。在服务过程中，志愿者进行积极创新，在赛场四角设立自制的分贝显示器，使裁判直观地了解环境声音的大小，决定赛事的进展，也使观众能够自觉保持安静；看台区志愿者制作了写有"静"字的警示牌，在每场比赛开始前向观众展示，提示观众赛场需要安静。他们的创造得到了多方人士的赞誉，国际残奥委场馆运行专家称赞："这是残奥会历史上最出色的一次赛前大检验。"国际盲人运动协会官员、赛事技术代表也表示，以志愿者的表现，这里"明天就可以举办正式的残奥会"。在北京奥运会期间，遍布全市的550个城市志愿服务站点，几乎每一个站点都独立地推出了自己的特色服务项目[①]。

在志愿服务之后，大学生志愿者还可以不断总结服务经验，对志愿服务工作提出建设性意见和建议，进一步改善志愿服务的环境和条件，提高服务的水平和质量，这有助于培养大学生志愿者勇于探索的改革精神。如大学生志愿者参加环保志愿服务时，可以就改善环境提出自己的建议；参加扶危济困志愿服务时，志愿者可以提出完善社会保障制度和体系的措施，提高我国的社会保障水平；等等。

[①] 梁绿琦：《"80后"青年志愿服务与公民意识》，社会科学文献出版社2013年版，第185页。

七 树立崇高的理想信念和正确的价值观

习近平总书记在庆祝中国共产党成立95周年大会的讲话中指出："理想信念动摇是最危险的动摇,理想信念滑坡是最危险的滑坡。"在多元文化思潮的冲击下,当今大学生出现了马克思主义理想信念动摇和主流价值观形成受阻的现象,大学生理想信念教育面临着前所未有的挑战。志愿服务所奉行的无私奉献、乐于助人的理念和精神与社会主义核心价值观的价值导向是一致的,因而逐渐成为大学生理想信念教育的有效载体。在志愿服务的过程中,大学生志愿者通过奉献他人的服务活动,逐渐树立起共产主义理想信念和集体本位的社会主义核心价值观。

(一) 形成崇高的理想信念

理想信念作为一种观念形态,是人类特有的精神现象。就其本质而言,理想信念是人们对未来的向往和追求,是一个人的世界观和立场在奋斗目标上的集中体现,是确立人生价值取向的最高准则[①]。邓小平曾经说过:"我们这么大的一个国家,怎样才能团结起来,组织起来呢?一靠理想,二靠纪律。"因此,理想信念教育对我国社会主义现代化建设具有重要意义。然而,随着我国改革开放的深化,各种经济成分、利益主体日趋增多,多元文化间的碰撞日趋激烈,给人们的思想观念和行为方式带来了巨大影响。

高等教育的任务是培养具有创新精神和实践能力的高级专门人才,高校不仅向学生传授专业知识和专业技能,而且要对大学生进行思想道德教育,培养大学生积极向上的理想信念。中共中央、国务院《关于进一步加强和改进大学生思想政治教育的意见》中指出,加强和改进大学生思想政治教育的主要任务之一,就是"以理想信念教育为核心,深入进行树立正确的世界观、人生观和价值观的教育"。可见,坚定大学生的社会主义理想信念,是高校思想政治建设的核心内容,是高校开展思想政治教育的根本任务。因为高校培养的大学生应是既具有精湛的专业技能,又具有正确理想信念和积极向上价值观念

---

① 张耀灿等:《现代思想政治教育学》,人民出版社2006年版,第150页。

的、德才兼备的社会主义建设人才。

当前，多数大学生的生活条件优越，特别是独生子女更是受到父母无微不至的照顾，这体现了我国经济社会的发展和人们生活水平的提高。但是，这也容易使大学生产生独立性较差、心理承受能力不强、以自我为中心等问题。在拜金主义、享乐主义、个人主义等不良社会思潮的影响下，部分大学生感到精神空虚、迷惘，出现了共产主义理想信念淡化、对社会主义缺乏信心等问题，大大降低了大学生对我国社会主义主流意识形态的认同度，阻碍了大学生正确价值观念的形成，从而增加了高校思想政治教育的难度，也不利于大学生的成长成才。

志愿服务符合大学生身心发展的要求，理论与实践相统一的形式也得到了大学生的广泛认可，是高校开展理想信念教育的有效途径。教育部在《关于深入推进学生志愿服务活动的意见》中要求，高校要把志愿精神作为进一步加强和改进大学生思想政治教育的重要内容，纳入思想政治理论课的教育教学中。作为一种具体的社会实践活动，大学生志愿服务不仅能够提高大学生志愿者的知识和技能，而且能够激发他们的内在力量，使他们在实践中更加全面和深入地了解中国共产党领导全国各族人民在社会主义现代化建设中所取得的伟大成就，进一步认清党的先锋队性质和领导核心地位，获得精神上的进步与升华。同时，志愿服务奉献社会的行为使大学生感受到志愿服务的力量，体会到志愿服务为社会进步带来的变化，从而加深了大学生对志愿服务"奉献、友爱、互助、进步"理念的理解。通过志愿服务这种奉献爱心、服务社会的活动，使大学生在实践中获得自我反省、评价、激励和提高的机会，使其内心世界得到净化和升华，自觉抵制各种不良思想观念的侵扰，不断增强社会主义道路自信、理论自信、制度自信和文化自信，培养正确的思想认识，树立科学的世界观、价值观和人生观，提高其服务社会的积极性和主动性。例如，大学生志愿者在参与抗震救灾过程中，看到救灾军队和其他人员冒着生命危险抢救伤员，他们身上所体现出的"毁家纾难，舍身救国"的情怀使大学生受到了深刻的爱国主义、集体主义和社会主义教育，使大学生志愿者更真实地感受到中国特色社会主义道路和制度的优越性,从而进一步坚定实现中国梦的理想,以及对中国特色社会主义的信念和共产主义的信仰。

(二) 形成积极向上的社会价值观

所谓社会价值观是指社会生活中起主导作用的价值观。志愿服务是人类社会普遍存在的一种美好理念和精神追求,它所倡导的价值理念对引领社会风尚,凝聚积极向上的社会价值观念具有重要作用。因此,大学生在志愿服务过程中能够养成爱国、敬业、诚信、友善等社会价值观。

爱国是中华民族的优良传统,它是在人类社会发展过程中形成和巩固起来的对祖国的一种最深厚的情感,是人们忠诚、热爱和报效祖国的一种集情感、思想和意志于一体的社会意识。大学生参加各种服务他人、奉献社会的志愿服务活动都以热爱自己的国家为最终的归宿。在志愿服务过程中,大学生为他人和社会提供了服务,获得了他人和社会的肯定与赞扬,从而意识到自己能够给别人带来温暖,激发出由衷的自豪感和自信心,产生精神上的愉悦和兴奋。这种道德情感经过不断强化和提升,就会转化成为积极向上的社会价值观,促进大学生进一步为社会进步做出自己的贡献。例如,在大型赛会志愿服务中,大学生志愿者从盛大的赛会场面、国外人士对赛会的赞誉中感受到我国综合国力的增强、国际地位的提升,激发出他们的爱国主义情感,增进他们对社会主义制度优越性的认同感,更加坚定他们走社会主义道路的信心和决心。同时,志愿服务为大学生了解我国国情提供了载体。在服务过程中,他们既能领略到改革开放以来我国现代化建设所取得巨大成就,又能对我国当前经济社会发展不平衡的现状有更深刻的认识,使他们更加懂得知识的价值,激发他们的爱国热情和学习动力,进而确立为祖国的进步发展而奋斗终生的崇高目标和理想信念。在北京奥运会结束以后,《人民论坛》通过网络和现场两种采访方式对近2600名青年进行了调查,结果显示,90.88%的受调查者认为,国家的未来跟他们休戚相关;80.16%的受调查者认为"鸟巢一代"能够承担起国家的未来;32.18%的受调查者认为,作为"鸟巢一代",自己选择的人生价值观是"为国家与民族的崛起而努力"①。

敬业体现了人们对自己所从事职业的高度负责和热爱。与不同受助者的接触过程会激发志愿者自身的责任感,他们会牢记自身的使命,认真地对待所承担的工作,尽自己所能去帮助他人,从而逐渐形成尽职尽责的敬业精神。如广州铁路职业技术学院春运志愿服务团队,从2001年开始连续多年组织80%的学生、共计2.4万人次、300多万小时投入到广州的铁路春运之中,主要从事的乘务、票务、站务、安保、导购、安检、验证、乘降、客服等志愿服务岗位。在每年四十天的春运期间,学生除每天必须坚持12小时的志愿服务外,一般还要克服两个小时以上的上下班车程等困难。子夜下班的学生有的就在寒冷的工作地"恭候"天亮,有的还要继续奔赴"战场";不少学生还放弃了与家人团聚的机会,自觉选择坚守岗位;"2008 冰灾"之年,许多学生付出的艰辛更加彰显了他们无私无畏的敬业精神②。

诚信是中华民族的优秀传统美德,是志愿服务活动的内在精神要求。志愿服务是志愿者在志愿精神的感召下开展的无偿公益性服务活动,大学生所参与的环境保护、扶贫济困、社区服务、应急救援、西部计划等活动都蕴含着诚实待人和言而有信的诚信精神,大学生在帮助他人的同时,也能养成诚信的优秀品质。如在安徽省第11届运动会上,为了避免大学生志愿者裁判为个人或家乡人的利益造假篡改数据,影响运动会的客观公正,省运会组委会请青年志愿者担当打造诚信赛会的重任,要求志愿者诚信工作,结果在运动会期间没有出现一项错误,没有发生一起争议,将志愿者活动与诚信品质培养完美地融合起来③。

友善是人们在日常交往中不可缺少的道德品质,是指人与人要和

---

① "千人问卷"调查组:《国家振兴赋予"鸟巢一代"更大自信》,《人民论坛》2008年第17期。
② 林姚、丁文胜:《社会主义核心价值观引领下大学生志愿服务水平提升路径探赜》,《学校党建与思想政治教育》2014年第2期。
③ 张伟娟:《刍论完善志愿服务活动与培养大学生社会主义核心价值观》,《理论导刊》2014年第8期。

谐相处，友善相对，用爱人之心和为善之心对待周围的人和事。当代大学生中有众多独生子女，父母的长期溺爱使部分学生缺乏处理人际关系的能力。通过志愿服务活动，可以引导大学生学会尊重和理解他人，使他们常怀爱人之心、常存为善之念，和善地处理问题，懂得换位思考，充分理解"我为人人，人人为我"的真谛，逐渐形成健全的道德人格。如在广州亚运会期间，来自广东外语外贸大学的一年级学生吴怡担任礼仪志愿者，在做引领工作时，不管工作有多辛苦，她一直保持着温馨的微笑，她温柔的笑容也被电视镜头所捕捉，令广大观众所动容。因此，网友给她起了一个"微笑姐"的名字，赞扬以她为代表的志愿者的良好形象。

八 培育现代公民意识和公民理念

公民意识是指公民个人对自己在国家中地位的自我认识，即公民自觉地以宪法和法律规定的基本权利与义务为核心内容，以自己在国家政治生活和社会生活中的主体地位为思想来源，把国家主人的责任感、使命感和权利与义务观融为一体的自我认识。公民意识作为一种现代社会意识，是现代公民社会的基本特征。它围绕公民的权利与义务关系，反映了公民对待个人与国家、个人与社会、个人与他人之间的道德观念、价值取向、行为规范。从本质上说，公民意识是公民对于自身角色及其价值的理性认同，它使现代人对公共生活、公共利益、公共价值有了更为深刻的理解和认识，能够自觉参与公共生活，承担公民的责任[1]。志愿服务活动经过不断的发展、演进，逐渐与宗教活动相分离，更多地表现为参与社会公共事务，缩小群体间的利益差距，保障一定程度的社会公正。在西方发达国家，志愿服务制度与体系已经相当成熟和完善，在一定程度上表现出其公民素质高于发展中国家。以促进社会进步和社会公益为目标的志愿服务，离不开具有较高素质的公民；反过来，通过影响较大的志愿服务可以唤醒社会大众的公民意识，使更多社会群体和不同阶层的人参与志愿服务。

---

[1] 汪倩倩：《社会治理视域下我国公民意识培育研究》，《理论与改革》2015年第3期。

第二章 文化多样化背景下大学生志愿服务育人功能

志愿服务作为公民社会的重要组织形式，对于志愿者个体具有良好的发展价值，对整个社会的发展也具有很大的推动作用。志愿服务和公民意识是两个不同的概念，两者在内涵和外延上也有很大差异，但是两者存在正相关关系。有学者研究认为："志愿者组织是公民社会的组织形式，它的发展催生了公共领域的形成与公民社会的发展。因此，志愿服务被公民社会研究学者普遍看作是公民社会的主体和核心要素，更有学者将公民社会等同或狭义为志愿者组织。毋庸置疑，志愿者组织是公民社会结构要素中最为主要、最具活力的部分，它的成长对培育公民社会有着重要的作用和意义。"① 志愿服务与公民意识具有内核上的一致性。首先，志愿服务与公民意识在终极目标上具有同一性。联合国志愿人员组织将志愿精神定位为"在无报酬或收入的条件下基于自愿意志而参与促进人类进步、推动社会发展、改良社区环境的工作精神"，是在自愿和奉献的前提下，友爱和互助的基础上，实现社会进步的价值追求。公民意识是公民对于自身作为公民应享有的权利及应该履行的义务的认同，是对自身权利和义务的理性认识。两者都主张自觉承担自身所担负的责任，以实现社会发展和人类进步。其次，公民意识的培养以志愿服务为载体。公民意识的政治性教育不能只通过灌输和说教的方式进行，还需要寓于各种社会实践当中。在志愿服务中，可以运用预先设计的公民教育计划，按照一定的教育方法，通过内容生动、形式活泼的志愿服务活动来影响社会成员的世界观、人生观和价值观，使受教育者在庄严、激奋和愉悦等情感中自发进入公民意识教育的话语场中，从而潜移默化地对其思想品德、意志情感、价值观念及行为准则产生影响。

志愿服务是社会文明进步和人们公民意识觉醒的表现，反映了人们追求自由、美好、和谐生活的良好愿望。作为社会发展重要推动力量的志愿服务，其在中国的发展，特别是在当代大学生群体中的影响日益广泛而深远。大学生志愿者参加志愿服务活动，积极关注国家和民族的发展，为他人和社会提供服务与帮助，为社会进步和社会公益

---

① 沈杰：《志愿行动：中国社会的探索与践行》，人民出版社2009年版，第108页。

做出自己的贡献，这表现出大学生作为公民承担了对社会的责任和义务，展示出了现代公民所应具有的爱国意识、责任意识、参与意识等。通过多年的发展，我国大学生志愿服务的领域逐渐扩展，内容日益丰富，规模不断扩大，频度日渐增加，志愿服务活动越来越多地为社会各界所认可，志愿服务理念也得到广泛传播。大学生志愿者服务社会的行为为社会其他群体做出了榜样，向社会传递着"正能量"，对社会公众产生了示范、带动作用，感召人们以自己的方式服务社会，承担对社会应尽的责任。

具体来说，志愿服务是培养大学生公民意识的重要途径，主要表现在以下两个方面。

第一，大学生在志愿服务中产生了公民意识。公民意识是指对自身公民身份的认可和角色的担当，判断一个人是否具有公民意识，即考虑其是否意识到自己在各种社会关系模式中的权利与义务主体角色，也就是说，任何一个存在于各种社会关系中的公民，都是权利与义务关系的主体[①]。大学生公民角色的认同主要体现为其社会责任意识。大学生志愿者通过志愿服务活动，逐步意识到自己身上所担负的社会责任，将个人价值与社会价值结合起来，不断提高自身的主人翁意识，把自己的命运同祖国的兴衰紧紧联系起来，成为推动社会进步的一分子，发挥自身的公民角色。同时，通过助人，体验到自身对他人和社会的价值，加强对自身社会角色的认同。汶川地震抗震救灾对于唤醒大学生的公民意识起到了很大的推动作用，使年轻人的责任意识被激发出来。很多大学生自己也这样说：以前，眼睛里只有周围的那个小世界，考虑的只是个人的发展、前途，是地震震出了一个"大世界"，突然感受到自己的生命原来和别人的生命息息相关，有无数的和自己一样年轻的生命需要自己去救助，自己的生命只有在和更广大范围内的生命相互依存中才获得意义。这次经历，使其精神境界得

---

① 丁媛媛：《大学生公民意识培养的责任教育维度》，《中国成人教育》2013年第15期。

到提升，个体的生命境界为之扩大①。

第二，大学生在志愿服务中形成了公民理念。公民理念包含着对人的公共性和主体性的确认。公共性是指公民之间地位平等，都具有参与公共事务的权利和义务；主体性是指公民努力维护公共利益实现和个人正当利益不受侵犯。公民社会提倡规范、民主和公正等价值理念，与志愿精神相契合。首先，参加志愿服务有助于培养大学生志愿者的规则意识。志愿服务活动是按照一定的规则组织实施的，需要组织成员之间相互分工和配合才能完成。大学生志愿者通过参加志愿活动，认识到规则的重要性，会自觉遵守各种行为规范，养成遵守规范的习惯。其次，参加志愿服务活动有助于增强大学生志愿者的民主意识。志愿者组织成员之间及志愿者与受助者之间体现的是社会成员之间平等、和谐的互助互惠关系，不是单向度、狭隘化的社会服务，而是力求通过社会互助来实现社会利益共赢，是在民主平等的氛围中进行的，因而有助于提高大学生志愿者的公共意识和民主意识。最后，参加志愿服务有利于培养大学生志愿者的公正理念。某些志愿服务工作要求志愿者必须以公平公正的心态去面对。如体育赛场的报分员，每次比赛结果的报送都涉及冠军的归属；又如大学生法律援助者，他们的工作直接关涉法律的权威。这就要求志愿者必须坚持公平公正的原则，认真对待和完成志愿服务任务，以实现公众对公平正义的追求。在参加上述志愿服务的过程中，大学生志愿者加深了对公正理念及其内在价值的认识，从而在潜移默化中形成了公民理念。

第二节 大学生志愿服务对受助者的教育功能

在文化多样化背景下，大学生志愿服务"体现着公民的社会责任意识，是人们自觉为他人和社会服务、共同建设美好幸福生活的生动

---

① 梁绿琦：《"80后"青年志愿服务与公民意识》，社会科学文献出版社2013年版，第135页。

实践,是现代社会文明程度的重要标志,是新形势下推进精神文明建设的有效途径"[①]。近年来,大学生志愿者经常在全国各地开展志愿服务活动,他们身着统一的服装,佩戴志愿者标志,以从事公益性和社会性志愿服务赢得广大群众的认可和信任,改善了社会风气,营造了团结友爱的社会氛围。对于大学生志愿服务的受助者来说,他们切身感受到志愿者身上无私奉献的精神,体会到志愿服务的巨大力量,在志愿者的帮助下战胜困难,走出困境,获得社会归属感,同时也唤起了其反哺意识和感恩情怀,许多人也加入到志愿服务的行列。因此,大学生志愿服务不仅对大学生志愿者具有教育功能,而且对服务对象(受助者)也具有良好的教育功能。

一 唤醒服务和反哺社会意识

2012年,在中国肯德基曙光基金十周年暨曙光基金公共主页启动新闻发布会上,与常规企业做公益的方式不同,他们提出"让受助大学生反哺社会",即接受帮助的大学生,要以自身的实际能力回馈社会。近年来,越来越多的国内公益组织、团体以及社会公众参加志愿服务活动,大学生更是志愿服务的主力军。随着志愿服务的不断发展,越来越多的志愿服务对象,即受助者,在从志愿服务中受益后又反过来回报和反哺社会,参加到志愿服务队伍中。服务对象是志愿服务的直接受惠者,他们对社会弱势群体的困难和无奈有深切的体会,因而对志愿服务的重要性和紧迫性感受更深,更易于对志愿服务产生认同感。在通过接受帮助解决自身困难之后,他们容易产生"滴水之恩,涌泉相报"的感恩意识和奉献意识,他们也会投入到关心他人、奉献社会的志愿活动中,力所能及地回馈社会和帮助他人。

大学生志愿服务是以服务他人、奉献社会为主要宗旨的,同时这种高尚的行为也具有强大的辐射、带动、示范作用。大学生志愿者通过深入灾区实施救援、支援西部开发、到偏远地区支教、帮扶孤寡老人、为社会公众普及科学知识等多种方式,对服务对象给予真诚的关怀,满足服务对象的各种需求。这种服务行为本身是不图回报的公益

---

① 刘建成:《志愿服务政策法规概览》,山西经济出版社2009年版,第4页。

性活动，是以志愿帮扶他人而奉献自己爱心的义举。然而，大学生志愿者在无私奉献爱心的同时，激起了服务对象强烈的情感共鸣，唤起了他们的服务意识和感恩情怀，从而使其回报和反哺社会。德国哲学家康德说，"感恩是崇高的义务，不仅是以情动情的情感和心态，更是以德报德的行动和责任"①。大学生志愿者在帮助服务对象的过程中所表现出来的奉献敬业、自我牺牲精神使服务对象受到感染，也想以爱心回报社会，用自己的实际行动将志愿精神传承下去，仿效大学生志愿者身上优秀的道德品质和强烈的责任观念，怀着感恩之心，自觉地践行志愿服务的理念，将自身接受的关怀与服务加倍回报给社会和他人，不断向社会传递爱心，传播文明。如在汶川大地震中受到大学生志愿者帮助的女舞蹈教师廖智，灾难使她失去了双腿，也失去了婆婆和女儿，而志愿者的帮助和鼓励使她战胜了所遭受的巨大伤痛，她怀着一颗感恩的心，戴上假肢参加了灾后的新年义演，并在雅安地震发生后赶赴灾区，当起了志愿者，与同伴一起搭帐篷、送食品，她与命运抗争的精神感动和激励了许多人。在采访中，她说："因为自己曾经是个被救助者，现在更加希望用掌握的知识，去帮助地震中受灾的民众，成为一名施救者。"从曾经的被救助者到现在的施救者，她用自己的实际行动回馈社会，她也被网友评为最具传承精神的志愿者。又如来自杭州师范大学理学院的毕业生谢鑫，大学期间他是一名贫困生，每年享受 2500 元国家助学金。在求学期间，他参加了学校"16 小时服务社会"感恩教育项目，坚持每周风雨无阻地为学校后勤职工子女做义务家教，参加全国残运会的志愿服务，还为白血病患儿募集救助资金等。谢鑫在接受采访时表示："人生的真谛是植树，而不是坐享荫凉。贫困生和普通同学一样，有爱心，也有社会责任感，只要学校给他们平台，他们更愿意帮助他人，并在助人中成就自我。""16 小时服务社会"感恩教育项目至今已持续了 9 年，有 600 多名像谢鑫这样的贫困大学生主动参与此项目。他们有的享受国家奖、助学金，有的享受国家助学贷款，有的享受减免学费的待遇，但他们选择

---

① 转引自唐宋《让感恩的阳光驱散阴霾》，《人民日报》2012 年 5 月 30 日第 4 版。

用每周志愿服务1小时的形式来反哺社会,通常一学期有16周。如今,他们的累计服务时数已超过3万个小时[①]。很多曾经受过资助的大学生也热心参与了公益事业,在不断提高自身助人能力的同时,也用自己的行动唤醒了其他受助者的服务意识,积极地反哺社会。

二 强化对社会的热爱和归属感

心理学研究表明,社会中的每个人都希望自己归属于某一个或多个群体,这样,可以从中得到温暖,获得帮助和关爱,即通常所说的归属感。当个体对特定社会群体产生高度的信任和眷恋,并将自己融入群体且把该群体的利益作为自己行动目标时,便会产生社会归属感。具有社会归属感的人,愿意承担作为群体中一员应该承担的责任和义务,并且以主人翁的责任感和成就感在促进群体发展中实现个体的价值。美国心理学家马斯洛提出的需要层次理论也认为,人有归属与爱的需要。社会归属感作为人精神层面的需要,是人对社会的认同感、安全感以及成就感。当前,在多元文化和市场经济的冲击下,拜金主义、极端个人主义和狭隘功利主义等不良思想不断滋生,贫富分化悬殊,由此产生的各种社会不公正现象使很多公众(特别是弱势群体)产生不安全感和不平衡感,逐渐丧失了对社会的归属感。

大学生志愿服务为社会弱势群体提供无偿的服务,体现出一种人道主义的关怀。这种关怀温暖了弱势群体的心灵,使他们在基本生活需求得到满足之外,更感受到来自社会的关爱,体验到社会大家庭的温暖,满足了他们被尊重的需要,从而激发出对社会的热爱之情。如大学生志愿者组织通过对弱势群体的援助,使他们了解到政府和社会在改善弱势群体生活方面做出的多种努力,体会到了国家对他们的关怀和照顾。山东省滨州市有一支名为"南丁格尔"的大学生志愿者队伍,他们27年如一日地为当地敬老院、盲校、农民工等各类人群提供各种服务,包括打扫卫生、量血压、推拿按摩、补习功课,等等,

---

① 王婷、陈鑫、陈凡峰:《昨天人助我,今天我助人——杭师大大学生热心公益反哺社会》,《浙江日报》2015年2月26日第4版。

他们被当地居民亲切地称呼为"孩子""外孙女"等①,他们的服务使残疾人、孤寡老人、农民工等弱势群体感受到了社会大家庭的温暖,增强了自身的社会归属感。山西龙城"小桔灯爱心联盟"关爱环卫工人系列活动获得全国志愿服务"四个100"先进典型的表彰。该活动是由"小桔灯爱心联盟"与太原市青年志愿者协会联合发起的旨在关爱环卫工人的行动。环卫工人工作在城市环卫第一线,不管严寒酷暑,他们都勤勤恳恳地坚守在自己的岗位上,为人们创造了美丽舒适的生活环境。然而,多数环卫工人家庭较为贫困,很多时候得不到足够的社会关注和尊重。志愿服务人员通过制作公益广告、爱心广播微剧、募集保温杯和保温饭盒、召集市民走上街头与环卫工人并肩作战等活动号召大家关爱环卫工人,关注城市卫生,这项活动使广大环卫工人认识到自身的价值,切实感受到了社会的尊重与关爱。在志愿服务中,大学生志愿者通过与服务对象的沟通和交流,使他们走出封闭的自我,参与到社会活动中来,与更多的人进行交往,从群体生活中获得关爱与信任。如我国社会存在着很多癌症患者,他们不但承受着身体上的痛苦,而且在心灵上也存有孤独感,作家陆幼青在《生命的留言》中写道:"癌症病人是孤独的,他们头顶上有一张无形的网。"大学生志愿者到医院慰问癌症病人,带去捐款的同时,也带去了社会的温暖和心灵的慰藉,使他们不再感到无助和绝望。通过志愿服务,大学生志愿者使更多的服务对象走出了孤独与寂寞,重拾对社会的热爱与信心,在社会中找到了归属感。

三 增强社会责任感和奉献意识

社会责任意识是指社会群体或个人在一定社会历史条件下形成的、为了建立美好社会而承担相应责任、履行各种义务的自律意识和人格素质。从德育方面来说,它是指个体对自己在社会和自我发展中所承担责任的意识,是对自己道德行为是否满足道德需要而产生的情感体验。人的责任意识反映的是人的价值问题,即社会对个人的尊重

---

① 张伟娟:《刍论完善志愿服务活动与培养大学生社会主义核心价值观》,《理论导刊》2014 年第 8 期。

和满足，以及个人对社会的职责和贡献。它是社会责任感形成的前提条件，在日常生活中，人们正是对社会具有了深刻的认识，并将这种认识内化为情感（责任感），进而才表现在行为上。

在志愿服务中，大学生志愿者为他人和社会提供帮助和服务，既体现了志愿者身上无私奉献的精神，也体现了其社会责任感。大学生参加扶贫开发、社区建设、环境保护、大型赛会、应急救助等志愿服务活动，为我国贫困地区的人送去教育和科技，帮助老弱病残提高生活质量，为体育赛事的正常进行不懈努力，给地震灾民提供救助，为改善我国生态环境而四处奔波，这种对家事、国事、天下事的关心和参与，正是其较强社会责任感的具体表现。同时，大学生志愿者的服务行为使服务对象也深深体会到他们所具有的强烈社会责任感。俗话说，"将心比心，推己及人"，"人人为我，我为人人"。服务对象被志愿者乐于助人、无私奉献的高尚品质所感染，从而也积极地关注国家和社会公共事业的发展，唤起自己对社会的责任意识，进而勇于承担起更多的社会责任。也就是说，某项志愿活动中的受助者在渡过难关后，也会转变成为敢于承担责任的志愿者。彝族姑娘康胜美是"感动中国"人物徐本禹支教的第一批学生，在她11岁的时候由于家里供应不起姐弟三人同时读书，康胜美因此辍学去贵阳打工。体重仅60斤的她却要挑着30多斤装满臭豆腐的担子走街串巷。志愿者徐本禹的到来彻底改变了她的命运。徐本禹不仅每天给她补课，使她逐渐树立起信心，很快提高了学习成绩，而且长期资助她，使她最终成为徐本禹所资助学生中的第一个大学生。大学期间，康胜美主动加入本禹志愿服务队，参加各种志愿服务活动。2014年大学毕业后，她踏着恩师昔日的足迹，毅然回到大山开始了支教生涯，从一名失学无助的孩子转变成一名坚强的志愿者。可见，大学生志愿者的行动深刻地影响着受助者，使受助者逐渐形成了奉献社会的责任感。康胜美事例就是一种善的传承和爱的接力。

四 推动融入社会，扩大社交圈子

社会交往是指人们在社会生产及其他社会活动中发生的相互联系和交流。在人与人之间的相互交往中会形成一定的社会交往圈。良好的人际交往圈对一个人的工作、生活会产生积极影响，而紧张、消极、敌对的人际关系则会扰乱人们正常的工作和生活。改革开放以来，我国经济社会发生了翻天覆地的变化，人们的生活水平不断提高，但是，也存在着社会贫富差距拉大、社会保障体系不健全等问题。许多社会底层的低收入者、弱势群体，在心理上产生了自卑感和不平衡感，与社会发展格格不入，人际关系紧张，从而孤立于整个社会生活之外。

在大学生志愿服务活动中，志愿者主动为社会中的弱势群体排忧解难，架起了服务对象与其他人员和群体交流的桥梁，服务者对服务对象亲切的关怀和鼓励，是社会成员享有平等权利的体现，能够帮助服务对象减轻甚至消除对他人和社会的疏离感，使他们获得心灵上的慰藉，跨越社会交往的障碍，加强与社会的交流，扩大自己的社会交往圈。在志愿服务活动中，大学生志愿者也培养了服务对象与他人交往的主动性，增强了他们人际交往的能力，有效地树立起服务对象的自尊心和自信心，使他们重拾对生活的热爱和希望，帮助其积极主动地与他人交往，进而融入社会中。大学生志愿服务活动对不同弱势群体进行志愿帮扶，协助他们扩展社交圈子，扩展对自然和社会的认识，增强其对社会的信任，使他们以积极的态度参与社会生活，主动融入社会，扩大自己社会交往的范围。如"蓝色行动"是在2012年4月2日第五个"世界自闭症日"由壹基金（海洋天堂计划）支持举办的关注"自闭症"儿童的大型公益活动。自活动发起以来，众多高校志愿者团体纷纷加入到关爱"自闭症"儿童的"蓝色行动"中。众所周知，患"自闭症"的儿童因为不具备正常的社交能力、沟通能力和行为模式而不能被社会广泛接受，得到的社会关爱也微乎其微。大学生志愿者通过陪伴"自闭症"儿童，辅助医疗机构进行"自闭症"儿童矫治，并通过义卖助演等形式呼吁社会共同关注"自闭症"儿童，努力使患病儿童康复，恢复正常的生活，从而使他们顺利融入社会中来。随着"蓝色行动"影响力的不断提升，更多的患"自闭症"的儿童得到了救助。而"融创英苗助学"计划则是融创集团招募的"助学团"和公司员工共同发起的关爱留守儿童的公益行动，由大学生和其他青年志愿者共同参加。2016年7月18日，志愿团队来到贵州省黔东南苗族侗族自治州一个偏远苗寨——芳武村，在这个大部分家庭年收入仅有1000多元的山村，孩子的上学和生活从一开始就被打上"残缺"的烙印，在心灵上筑起了隔绝外界的"心狱"。志愿团队在给当地学校带来学习和生活物资的同时，还把8名孩子带出深山，带到首都北京。在这个过程中，志愿团队全程照顾孩子的衣、食、住、行，并为他们普及城市生活知识，不断跟他们交流沟通，打开了彼此之间的交流壁垒。通过志愿者的努力，部分孩子的抗拒心理终于被慢慢消除，从认生而内向的"呆木"神情，还原到了一个孩子最初拥有的好奇、活泼状态①。"融创英苗助学"计划使孩子走出了大山，了解了外面的世界，温暖了留守儿童的内心，也促进了他们与外界的交流，扩大了他们的社交圈子。

五 提高知识素养和生产生活能力

大学生志愿服务可以分为专业化服务和非专业化服务。非专业化服务是指技术含量较低的一般性服务，如大型活动中的指引道路、后勤保障等服务。专业化服务是指具有某项专业知识技能或专业资质的人士提供的服务，如翻译、义诊、支教、法律援助、维修等服务。大学生在高校学习科学文化知识，具有一定的专业知识和技能，经过志愿服务培训，会成为综合素质比较高的专业性志愿者。在选择志愿服务项目的时候，很多大学生志愿者喜欢选择与自己所学专业相近的志愿服务项目，以便在服务活动中运用自己的专业知识和特长，提高服务质量，更好地完成志愿服务工作。

大学生志愿者在开展志愿服务尤其是开展一些专业性较强的服务时，利用自己的专业知识帮助服务对象，同时将自身的专业知识传授给服务对象，使受助者也学到许多专业知识，提高了知识素养和生产生活能力。可见，志愿服务的过程实际上也是知识传授的过程。例如，大学生志愿者在科技下乡活动中向农民传授专业化种植、养殖等

---

① 袁雅锦：《让远山里的留守儿童走出"心狱"》，2016年7月22日，http://news.xinhuanet.com/gongyi/2016-07/22/c_129169872.htm，2016年9月12日。

方面的知识,使农民掌握了现代农业科学知识,从而不断增强了他们提高经济效益的能力。2015年7月,由西北农林科技大学组织和牵头发起的为期10天的2015WWF"秦岭青年使者"活动,以"绿动秦岭,行动在我"为主题,有包括120名西北农林科技大学师生以及来自西安交通大学、中国农业大学、长安大学、华中农业大学等国内十余所知名高校的志愿者共同参与。志愿者共成立了7支服务队,分赴秦岭6个国家级、省级自然保护区和渭河流域,开展科技支农、社会调研、义务支教、绿色书架、水质监测及环保宣传等活动。该活动已经开展10年,秦岭青年使者总共深入保护区周边农村180多个,探访农户5000多户,共开展各种农业知识培训200多场,专题讲座18期,参加培训农民达13000多人,支持和指导项目11项,发放各种科普资料和书籍12000多册,光碟600多张,捐赠各类生产、生活用品3000多件,捐赠药品价值约15000元,使周边农民改变了"靠山吃山、靠水吃水"的传统农业作业方式,引入了蜜蜂养殖、农家乐、中草药种植等可替代生计,提高了广大农民的经济收入①。在西部支教活动中,大学生志愿者向学生传授科学文化知识,也讲述自己的所见所闻,使服务对象在学习科学文化知识的同时,也感知了外面世界的精彩,提高了服务对象的好奇心和求知欲,增强了他们学习的积极性和主动性。孙丽倩是"麦田计划"新疆站的志愿者,大学毕业后,她参加了大学生志愿服务西部计划。那一年她了解到"麦田计划"是一个民间慈善公益助学组织,主要是开展资助农村贫困学生和建立农村图书室等活动。她积极参与到"麦田计划"志愿服务中来,从2006年成立至今,孙丽倩和志愿者们共资助了76名家境贫寒的学生,各项资助款达21万元,此外,还募集到图书12000余册,建立了11间"麦田图书室"②。他们的努力在一定程度上改善了当地的教育环境,使贫困学生接触到了更多的书籍,拓展了学生的知识面,激发了

---

① 张琳、刘业、沙影:《青年使者,十年历程》,2015年7月31日,http://news.nwsuaf.edu.cn/xnxw/57161.htm,2016年8月15日。

② 李彦龙:《孙丽倩:行走在新疆"麦田"里的西部志愿者》,2014年10月11日,http://xibu.youth.cn/rwfy/dxrw/201509/t20150915_7119299.htm,2016年7月24日。

他们学习的热情。同时，有些大学生参加了环保方面的志愿服务活动。这些志愿者到各地宣传环境保护知识，让更多的人了解到环境问题的由来以及对人们生活的影响，使很多人意识到日常生活中自身的行为与社会环境息息相关，提高了服务对象的环境保护意识。贵州省大学生环保志愿者联合会，是由贵州省各高校环保社团和关心支持环境保护事业的大学生志愿者自愿组成的区域性高校社团联合会。它以"用生命描绘绿色，用绿色引导生命，将爱心融入环保行列，用行动来呵护环境，用心来关爱世界"为宗旨，积极配合政府部门组织和开展环保法规、环保科普知识的宣传和普及活动，发展和壮大了社会环保领域的志愿者力量。他们向社会公众宣传环保法规，普及环保知识，倡导保护环境，监督环保，有力地促进了自然环境和社会经济的和谐发展。该联合会自2010年创立以来，牵头组织了数十次大型的环保活动，为传播环保知识和环保法律法规，推动社会主义精神文明建设和生态文明城市建设做出了贡献①。另外，在医疗服务、法律援助等方面的志愿服务中，大学生志愿者向服务对象传授相关知识，使服务对象获得了一定的生活技能，在一定程度上提高了受助者的生活能力和生活水平。

第三节　大学生志愿服务对其他社会成员的教育功能

　　大学生志愿服务对其他社会成员的教育功能是指大学生通过志愿服务行为，在社会中营造良好的志愿服务氛围，从而实现对直接的旁观者、间接的旁观者以及受这种社会氛围影响的其他社会成员的教育功能。在志愿服务中，大学生志愿者以独特的方式展现了当代大学生的精神风貌，成为社会上一道亮丽的风景线。他们以其实际行动诠释

---

　　① 《贵州大学生环保志愿者联合会简介》，2010年7月18日，http://blog.sina.com.cn/s/blog_69fa0a8d0100k5ij.html，2016年6月9日。

了无私奉献的志愿精神，在社会上传递着正能量，树立起良好的社会榜样，对其他社会成员产生了强大的辐射和带动作用，使他们从中受到启迪和教育，增强了其服务意识和奉献意识，提高了其社会责任感和信任度，从而有助于营造和谐文明、积极向上的社会氛围。大学生志愿服务对其他社会成员具有以下教育功能。

一 认同志愿服务文化

从狭义上说，文化是人们在实践活动中所创造的精神财富的总和。文化包含思想观念、价值理念、思维方式等方面的内容。志愿服务文化属于价值理念层面的范畴，它是基于对和谐美好生活的追求与向往，在志愿服务的长期实践中形成，以注重社会道义、强调社会责任、体现社会公平、促进人类发展为价值追求，以自愿、奉献、友爱、进步为核心精神的社会心理和行为模式[①]。2014年2月，中共中央精神文明建设指导委员会在《关于推进志愿服务制度化的意见》中明确提出，要弘扬志愿服务文化，弘扬中华传统美德，结合时代条件深入挖掘和阐发，进行创造性转化和创新性发展，赋予志愿服务深厚的传统文化内涵。志愿服务文化根植于志愿者群体，是在志愿者进行志愿服务过程中逐渐形成的。同时，由于志愿服务文化的产生过程和社会基础决定其具有自觉性、创造性、机理性的特点，因而志愿服务文化反过来又影响、塑造着志愿者群体，并在志愿服务过程中使其他社会成员逐步接受志愿服务理念，传承志愿服务文化。塑造和弘扬志愿服务文化对于传播志愿服务精神，普及服务他人、奉献社会的志愿服务理念，让全社会认同志愿文化具有重要意义。

作为全社会志愿服务的重要组成部分，大学生志愿服务对于丰富志愿服务文化的内容，完善志愿服务文化的形式，增强志愿服务文化的活力具有重要作用。大学生志愿服务弘扬了志愿服务理念，促进了其他社会成员对志愿服务文化的认同。具体表现在以下三个方面。

第一，提高了其他社会成员对志愿服务文化的思想认识。随着大

---

① 姜玉洪、李烨：《弘扬志愿文化，促进社会和谐》，《东北农业大学学报》（社会科学版）2011年第5期。

学生志愿服务在社会治理中作用的不断发挥，人们对志愿服务的认识逐步提高，各种志愿者组织如雨后春笋般发展壮大。政府和社会组织开始重视新闻媒体传播社会主流价值观的主渠道作用，通过形式多样的文艺作品和丰富多彩的文化活动，大力宣传志愿服务的进展和成效，充分发挥着志愿服务精神的育人功能，在社会经济发展的各个领域、各个层面都提倡志愿服务，促进全体社会成员对志愿服务的全面认识，形成了有利于志愿服务文化形成和发展的良好文化生态。

第二，深化了其他社会成员对志愿服务文化内涵的理解。由于公众对志愿服务文化的内涵与功能的认识过于简单化和片面化，部分人认为志愿服务活动是富人或者闲人才会参与的事情，因而导致志愿服务活动社会参与度不高。同时，目前的志愿服务大多局限于扶贫救困、大型赛会活动、支农支教等，社会认同度较低。随着社会的发展，大学生志愿服务也不断推陈出新，开始面向全体社会成员提供服务，开拓出社区服务、国际救援、关爱空巢老人、关注母亲健康等新形式，与广大群众日常生活紧密相关，调动了不同年龄段、不同社会阶层的人参与到志愿服务中来，使其他社会成员充分认识和理解了志愿服务文化的深刻内涵，不仅丰富了志愿服务的形式，而且使志愿服务向全民参与转变。

第三，提升了其他社会成员对志愿服务文化服务理念的认知。由于我国志愿服务活动传承于早期的学雷锋活动，因此，志愿服务活动被人们认为是一种献爱心、施舍式的善行，而在大学生志愿服务的感染和带动下，广大其他社会成员逐渐认识到志愿服务活动是公民精神和公民责任的体现，因而自觉进行自我教育和践行，从而提高了整个社会的道德水平，使"讲道德、遵道德、守道德"逐渐成为他们的基本生活方式。同时，大学生志愿服务带动其他社会成员参与志愿服务活动，也激发了广大社会成员对整个社会志愿服务体制和服务理念的反思，引导他们主动把志愿服务当成自己日常生活和工作的一部分，从而促进我国志愿服务文化的形成和发展。

二 争做道德模范

道德品质是一定社会的道德原则和规范在个人思想与行为中的体

现和凝结，是一个人在一系列道德行为中表现出来的比较稳定的特征和倾向，同时又是一个人在处理自己和他人以及社会、集体之间利益关系时所形成的道德行为习惯①。它的形成既离不开道德主体自身道德认识的提高、道德意志的锻炼和道德习惯的养成，也离不开一定社会实践和宣传教育的熏陶，是道德主体内在心理要素和外在激励要素的统一。它是在一定社会道德氛围影响下将外在的社会道德共识内化为个体的道德意识，进而将个体意识转化为道德实践的过程。因而一个人的道德品质需要长期的教育和灌输，整个社会的道德风气也需要精心的培育和营造。从倡导"五讲四美三热爱"到开展"讲文明、树新风"活动、从颁布《公民道德建设实施纲要》到提出树立社会主义荣辱观、从群众性精神文明创建活动的普遍开展到"道德模范"的评选表彰……改革开放四十年来，我国道德建设的脚步从未停歇，从而也涌现出了一大批社会道德模范，产生了巨大的社会效应。

道德模范是指凝聚了特定历史时期人们的共同理想追求，具有较高的道德境界，因而能够对他人具有教化作用的人格典范。它充分体现了一个时代的文化理想和人生追求，同时又能影响和带动大众，对于提高整个民族的思想道德素质起着重要作用②。不同类型的道德模范集聚了社会所提倡的个人品德、家庭美德和社会公德，凝结了社会所提倡的核心价值观。通过对先进模范人物的宣传，可以在社会上树立起标杆和旗帜，为整个社会尤其是青年学生提供积极向上的价值追求和精神导向。

美国学者迈克尔·沃尔泽说，对公共事务的关注和公共事业的投入是公民美德的关键标志。大学生志愿服务所提倡的奉献、友爱、互助、进步的价值理念唤起了其他社会成员对公益事业的关心和对服务社会的热心，与社会道德所倡导的自强不息、见义勇为、尊老爱幼、勇于担当的精神内涵是一致的。2012年3月，中共中央办公厅印发

---

① 张耀灿等：《现代思想政治教育学》，人民出版社2006年版，第155页。
② 成云雷：《当代中国道德建设中的榜样作用》，《毛泽东邓小平理论研究》2005年第5期。

《关于深入开展学习雷锋活动的意见》，将社会志愿服务作为新形势下学雷锋活动的重要载体，把志愿服务活动看成是新时期以雷锋同志为榜样的发展和延伸，同时将雷锋精神与志愿精神相融合，推动学雷锋活动常态化、机制化，形成弘扬雷锋精神、争当先进模范的生动局面。从这个意义上来说，大学生志愿服务既是对中华传统美德的弘扬和继承，又体现了社会主义思想道德建设的基本要求。因此，大学生志愿服务中蕴含和呈现的无私奉献、乐于助人的精神会极大地感染和带动周围社会成员加入到志愿服务的行列中来，他们在各行各业充分发挥模范带头作用，并且争做社会道德模范，从而促进了整个社会风气的改善。具体来说，其带动作用主要表现在以下三个方面。

第一，在社会成员道德规范内化过程中起桥梁作用。道德榜样具有直观性和可视性，当人们在接受一定道德规范的教育熏陶以后，如果在现实生活中有相应人物为榜样，学习者的头脑中就会形成相关的道德表象，进而将其内化为稳定的人格心理定式，进而形成持久的道德品质。在大学生志愿服务中涌现出像徐本禹等一大批榜样人物，他们通过默默付出、无私奉献，为整个社会树立了榜样。其他社会成员通过学习榜样的感人事迹，将志愿精神内化于心、外化于行，提高自身的道德素质。

第二，有助于其他社会成员的人格优化。榜样对个体人格具有很大的感召力。大学生志愿者在各种志愿服务活动中展现出的非凡人格魅力，为广大其他社会成员提供了现实的道德典范，具有很强的感召力和凝聚力。如在汶川和玉树抗震救灾中，涌现出了众多青年志愿者模范人物，他们不怕牺牲，勇往直前，通过自己的行动感染着周围的人，在振奋精神和凝聚人心方面起到了很好的带动作用，有利于推动其他社会成员的人格优化，促使他们积极争做道德典范。

第三，有利于树立正确的道德评价标准。在文化多样化不断发展的今天，道德榜样为人们提供了学习标杆和精神坐标，为整个社会的道德实践提供了现实的道德评价标准。大学生志愿服务涉及扶贫济困、扶老助残、应急救援、环境保护等方方面面，每一个领域的模范志愿者都为其他社会成员提供了道德范式，指引人们进行褒善贬恶的道德评判，促使人们见贤思齐、择善而从，人人争做道德模范。

三　增强社会担当

在文化多样化不断发展的今天，我们需要构建起以社会主义核心价值观为统领的现代思想道德观念。志愿服务是传统美德与现代文明的融合，既传承了我国传统文化中的精华，又是近代西方慈善制度发展的结果，是现代国家文明程度的重要标志，对于促进社会主义精神文明建设具有重要作用，也对辐射带动广大社会成员，增强他们的社会担当具有重要作用。2008年10月，中央精神文明建设委员会在《关于深入开展志愿服务活动的意见》中也指出，应广泛普及志愿服务理念，大力弘扬志愿精神，不断提高全社会的思想道德素质，努力形成良好的社会风尚和融洽的人际关系。

在我国志愿服务的发展过程中，大学生是志愿服务的积极参加者，也是我国志愿服务的中坚力量。大学生志愿者在志愿服务活动中贡献个人的时间和精力，自愿、无偿地服务他人，在帮助被救助者的同时，也在宣扬"助人为乐，无私奉献"的道德理念和敢于担当的社会责任感。他们通过身体力行的榜样作用，一方面传递着助人奉献的爱心，另一方面激发着其他社会成员的正义感和勇于担当的社会责任感，让他们受到大学生志愿服务潜移默化的影响，自觉地参加到社会公益活动中，自觉承担公民应尽的责任和义务，为社会做好事、献爱心。这种关爱行动可以强化社会凝聚力，使整个社会更加团结，使公民的道德素质和社会文明程度不断提高。无数事实证明，无论在扶助弱势群体、承担社会责任方面，还是在辐射带动其他社会成员提高自身社会担当方面，大学生志愿服务的积极作用都是极为明显的。华中农业大学"本禹志愿服务队"是以曾经就读于这所大学的"感动中国"2004年度人物、中国十大杰出青年、中国十大杰出志愿者徐本禹名字命名的一支志愿服务团队。这个团队在徐本禹的感召下，众多志愿者认识到自身担负的社会责任，自觉担当的意识不断增强，涌现出了"用我的声音做你的眼睛"的志愿者鞠彬彬、"舍己救人英雄大学生"张瑜、献身支教的赵福兵等一些先进模范人物。与此相类似的还有"郭明义爱心团队""南京青奥会志愿者"等。习近平总书记在不到一年的时间里，分别回信上述三支志愿服务队，勉励他们要"弘扬奉献、友爱、互助、进步的志愿精神，坚持与祖国同行、为人民奉献，以青春梦想、用实际行动为实现中国梦做出新的更大贡献。"

中国十大杰出青年志愿者冯艾说："其实每个人的力量都是有限的，我们不是太阳，只是一只灯泡，一只灯泡能照亮一间屋子就足够了。当我们一年一年把这个计划接力下去时，我们便可以影响一批又一批的学生和老师，而影响了他们，就可能影响几代人，改变几代人的命运，这是我们志愿者的心愿，也是我们志愿者的幸福。"①曾经被网友称为"最美乡村女教师"的曹瑾出生在一个普通农民的家庭，2010年大学毕业后，她放弃了在重庆发展的好机会，来到了大山深处的平河乡平河小学支教。为了不耽误自己所带的34名六年级学生毕业，她带病坚持工作60多天，将病拖成癌症晚期，并于2011年8月26日医治无效去世。在曹瑾去世之后，学校的孩子又陷入了没有老师教管的境地。就在这时，曹瑾的弟弟曹朝在姐姐精神的感召下，勇敢地承担起这份责任，毅然接过支教的接力棒，成为一名支教的实习老师。他表示，一定会像自己的姐姐那样，敢于担当，努力工作，为乡村的教育事业贡献自己的力量。大学生志愿服务有力地推动了社会公益事业的发展和社会进步，弘扬了"奉献、友爱、互助、进步"的志愿服务理念，产生了强大的道德辐射和整合作用，引导广大社会成员主动承担社会责任，积极为社会奉献力量，营造出"我为人人、人人为我"的社会氛围，培育文明、和谐的社会风尚。

四 培养互助精神

互助精神主要表现为人与人之间的相互帮助和支持。它既是中华民族传统美德的弘扬，又是社会主义人道主义精神的表现。大学生志愿服务是自愿、无偿地为他人和社会提供服务，他们在服务行动中蕴含的互助精神和服务意识对其他社会成员也会产生积极影响，促使他们逐渐形成互相帮助和关怀的意识，主动投身到服务他人、奉献社会的队伍中，对推动我国的社会主义精神文明建设具有重要意义。

进入21世纪以来，大学生志愿服务的形式不断丰富，参加人数

---

① 张文凌：《我只想做只灯泡，照亮一间屋》，《中国青年报》2004年6月18日。

逐渐增加。大学生志愿服务行为是有形的，而在其背后以无形、隐性的方式向人们传递着互助和奉献的精神，体现出作为一个社会成员对人的生命、尊严、价值的尊重和关切。社会是一个整体，生活在社会中的人不可能孤立地存在，都需要他人或社会的关心和帮助，全体社会成员都应该树立起服务意识和互助精神，尽其所能，为他人和社会提供力所能及的服务。在志愿服务中，大学生志愿者不仅是互助精神的践行者，更是互助理念的宣传者，通过志愿服务宣传唤起其他社会成员对公益事业的关心和对帮助他人的热心，增强他们的全民服务意识和互助精神。如内蒙古工业大学毕业生王鉴是一位杰出的志愿者，他大学刚入学时就开始参与志愿服务工作，起初是与义工老师一起当志愿者，负责维护校园和小区内的环境卫生。大学三年级时，他除继续为大学生做一些义务服务之外，开始深入学习中国优秀的传统文化，对孝道、奉献社会有了更深层次的认识和研究。随后，不少老师和学院请他去做励志演讲，他成为内蒙古工业大学唯一一位名师讲堂的学生，学校把他的经历编写到了内蒙古工业大学的机遇学里，后来也被《内蒙古商报》报道过。而后他参加的活动越来越多，影响力也越来越大，在他的影响带动下，报名做志愿者的人数达到4000多人。

近年来，我国社会各阶层成员对志愿服务的认识不断提高，参与热情不断高涨，越来越积极地参与各种形式的志愿服务活动，充分说明我国公民团结互助和勇于奉献精神的不断增强。如2016年3月，广东省组织了以"践行价值观南粤志愿行"为主题的学雷锋全民志愿服务行动月活动，该活动组织全省68个县（市、区）进行加强全民志愿服务基础建设的"益苗计划"活动，在全省扶持了约60个省、市级志愿服务骨干组织，提升了约120个县级志愿者组织，号召广大社会成员积极参与到志愿服务和互帮互助的队伍中来。其中，佛山市禅城区石湾镇的万名志愿者服务村居活动就是一个杰出的代表。截至2013年7月，该镇已经有47支志愿服务队伍，街道注册志愿者超过1.2万人，遍布各个村居，志愿服务已经成为一种常态。该镇在注重志愿服务定点定时常态化的同时，十分注重全方位培养青少年的奉献精神和服务意识，逐渐形成了"家庭、学校、社会、政府""四位一体"的未成年人思想道德建设网络。如今石湾志愿服务领域已涵盖公共文明、文化体育、法律医疗、环境保护等方面,还打造出了"红卫社区爱心学堂""丽豪社区志愿服务集市"等一大批志愿服务品牌,为辖区市民提供免费服务,在传递爱心的同时也传播了文明[①]。

五 增强人际信任度

改革开放以来,我国经济社会发展快,综合国力不断增强,人民的生活水平显著提高。但是,随着改革的不断深化,许多社会深层次矛盾逐渐凸显,加之拜金主义、享乐主义、极端个人主义等多元文化思潮的影响,我国出现了许多亟待解决的问题,如人们的价值观偏移和道德水平滑坡,不同社会阶层和地区之间的收入差距拉大,许多社会成员产生的严重心理不平衡,某些社会群体间矛盾激化,使人际关系越来越功利化和世俗化,从而导致人们之间的信任度不断降低,影响了我国的社会稳定与和谐。2006年,党的十六届六中全会通过的《中共中央关于构建社会主义和谐社会若干重大问题的决定》明确提出:"以相互关爱、服务社会为主题,深入开展城乡社会志愿服务活动,建立与政府服务、市场服务相衔接的社会志愿服务体系。"由此将志愿服务活动纳入社会主义社会建设之中,通过积极倡导志愿精神来营造和谐、友爱、互助的社会氛围,充分发挥志愿服务对缓和社会关系,化解社会矛盾所起到的润滑剂作用。

志愿服务的精神之一是友爱。它提倡志愿者欣赏他人、与人为善、有爱无碍、平等尊重。大学生开展志愿服务的形式虽然多种多样,但是,任何一种志愿服务都关注人的生存和发展,志愿者关心人、爱护人、尊重人的行为体现了人道主义精神,展现出"大爱无疆"的博大情怀,是没有职业和贫富差距、没有文化差异和民族之分、没有收入高低区别的平等之爱。志愿服务作为一个强有力的纽带,把广大社会成员联系起来,减少人们之间的疏远感和不信任感。大学生志愿服务为不同社会阶层和群体的社会成员创造了相互接触的

---

① 关泳仪:《万名志愿者服务村居》,《珠江时报》(数字报刊平台),2013年7月31日,http://szb.nanhaitoday.com/zjsb/html/2013-07/31/node_37.htm,2016年5月8日。

机会，促进了人与人之间的交流和沟通，有助于加深社会不同阶层之间的理解，拉近了他们之间的心理距离，消除了彼此之间的冷漠和隔阂，增进了彼此之间的相互信任。通过参加志愿服务，大学生志愿者发挥了社会"黏合剂"的作用，溶解了其他社会成员之间的矛盾，增强了弱势群体对社会的归属感，密切了人们之间的关系，在个人与个人之间、群体与群体之间、群体与个人之间架起了联系和沟通的桥梁，融洽了社会关系，增强了整个社会的凝聚力，有力地提升了社会的文明、和谐程度。当前，由于传统的政府和社会治理体制已经无法解决所有的社会矛盾和问题，而志愿者组织作为社会治理中的重要组织，可以弥补当前我国因社会保障不健全所带来的许多问题。因此，大学生志愿服务活动还增进了其他社会成员对政府的了解，提高了社会成员与政府之间的信任度，从而在一定程度上缓解了阶层之间的矛盾和社会冲突。

大学生志愿服务关注不同人群的需要，通过引导人们团结互助，倡导健康的生活方式，消除社会矛盾，维护社会和谐。2013年6月，由北京大学、北京师范大学、中央戏剧学院、北京电影学院、中国传媒大学、中国公安大学、北京第二外国语大学和北京青年政治学院八所高校结成的"禁毒教育高校公益联盟"正式启动，该联盟把毒品预防教育与大学生社会实践、专业实习和志愿服务相结合，实现禁毒理念的深入渗透，倡导阳光生活从我做起的健康生活理念和传递正能量的公益志愿精神，从而提高大学生自觉抵御毒品和高危行为的观念，以及主动传播禁毒文化和健康生活方式的意识与能力。同时，利用重点高校和名校的影响力将主题活动与公益文化产品推向社会，扩大禁毒文化和毒品预防教育的辐射范围与传播深度，号召广大学生和全体社会成员自觉抵制毒品的侵害，培养健康的生活方式，从而减少因毒品所造成的悲剧。由于该联盟在维护社会稳定，促进社会和谐方面发挥了主要作用，因而获得了第二届中国青年志愿服务项目大赛金奖[①]。

[①] 千龙网：《首都八所高校启动"禁毒教育高校公益联盟"》，2013年6月26日，http://report.qianlong.com/33378/2013/06/26/2000%408759551.htm，2016年5月13日。

第三章 文化多样化背景下我国大学生志愿服务育人的现状与趋势

在我国，大学生志愿服务已经有几十年的历史。在其发展过程中，大学生志愿服务有力地促进了大学生的成长成才，在育人方面取得了巨大的成就。但是，还存在一些有待解决的问题。随着国际国内形势的变化，大学生志愿服务育人不断发展，其发展趋势有了新变化。

第一节 我国大学生志愿服务育人的发展历程

志愿服务是发挥其育人作用的基础和载体，育人是志愿服务所具有的重要功能之一。大学生志愿服务的发展程度直接关系着其育人功能的发挥。纵观我国大学生志愿服务及其育人的发展过程，大致经历了三个阶段。

一 第一阶段（20世纪60年代至70年代末期）：以学雷锋活动为主的起步阶段

志愿服务最早起源于西方国家的宗教性慈善服务，而在我国传统文化中也包含了某些志愿服务的因素。我国古代的慈善思想源远流长，儒家、墨家、佛教所提倡的仁爱、兼爱、爱无差、慈悲等思想中就蕴含着福泽民众、救人济世的人道主义理念。虽然这些思想与现代志愿服务理念有不小的差距，但是，其为志愿精神在我国的传播提供了一定的思想基础。

我国的志愿服务活动始于20世纪60年代兴起的学雷锋活动。雷锋，一个年仅22岁的普通解放军战士，他短暂的一生谱写了无比壮丽的人生诗篇，创造出巨大的精神价值。1963年3月5日，《人民日报》《解放军报》《光明日报》《中国青年报》等刊登了毛泽东的题词："向雷锋同志学习。"从此，学雷锋活动在全国各地广泛开展，3月5日被定为学习雷锋的纪念日。学雷锋活动的普遍开展，雷锋事迹的广泛传扬，使雷锋成为包括大学生在内的青年人学习的楷模和榜样，全国各地开展了多种形式的无私奉献、助人为乐活动，雷锋精神深入人心，对20世纪六七十年代的青年人产生了深刻影响，体现了人们在那个时代的精神风貌，树起了一座令人敬仰的思想道德丰碑。在雷锋精神的鼓舞下，包括大学生在内的广大青年人树立远大理想、坚定社会主义信念、立志报效祖国，积极投身于社会主义建设事业，展现出高度的工作热情，在为人民服务中锻炼成长，涌现出一大批雷锋式的模范人物。雷锋精神集中体现为为服务人民、助人为乐的奉献精神，干一行爱一行、专一行精一行的敬业精神，锐意进取、自强不息的创新精神，艰苦奋斗、勤俭节约的创业精神[①]。雷锋精神与"奉献、友爱、互助、进步"的志愿服务精神在本质上基本一致，外在表现上有许多共同之处，都提倡自觉自愿地为需要帮助的人提供服务，都愿意为推动人类发展、社会进步做出贡献，两者都具有公益性质。当时，虽然没有志愿服务这个名称，但学雷锋活动就是志愿服务的一种表现，可以说是"有其实，无其名"。因此，学雷锋活动是我国志愿服务的前身或早期表现形式，是我国志愿服务发展的起步阶段，而后来的志愿服务是学雷锋活动的进一步延续和发展，如果没有雷锋精神在中国的历史积淀，就不可能有志愿精神在中国的迅速成长。

半个世纪后的今天，我国社会与20世纪六七十年代已经有很大的差别，不同时代对雷锋精神的理解不同，但雷锋精神中真、善、美的精神内核经久长存，仍然是社会主义精神文明建设的重要动力和精

[①] 中共中央办公厅：《关于深入开展学雷锋活动的意见》，《人民日报》2012年3月3日第1版。

神资源,继续对人们特别是包括大学生在内的青年人发挥着激励和教育作用。

二 第二阶段(20世纪70年代末至90年代初期):市场经济条件下的缓慢发展阶段

党的十一届三中全会以后,党和国家的工作重心转移到经济建设上来,实行改革开放的政策。此后,我国社会发生了巨大变化,面临着体制的逐渐转型即从计划经济向有计划的商品经济转变,从农业社会向工业社会转变。在社会转型初期,政策的调整使各种关系相互交织、相互影响,在促进社会发展的同时,也产生了一些社会问题。对陈旧、僵化思想观念的批判,解放了人们的思想,国外社会思潮也在国内传播并产生了消极影响,加之"文化大革命"对社会公德的严重破坏,使一些人的思想产生混乱,出现了道德失范、诚信缺失的现象,中华民族的传统美德被许多人所遗忘。社会有识之士提出,要在发展社会主义商品经济的同时加强道德建设,弘扬我国优秀文化传统,但并没有受到足够的重视。在这个阶段,学雷锋活动延续下来,每年春季有关部门和单位集中开展"学雷锋,做好事""学雷锋,树新风"活动,但是存在表面化、短期化的问题,被称为"雷锋三月来了四月走",有些人产生了诸如"雷锋精神过时了吗""雷锋精神多少钱一斤""助人为乐是不是傻子"的疑问。

我国大学生志愿服务育人在社会主义市场经济条件下缓慢发展。随着社会的发展,探索建立某种补救系统来缓解转型时期产生的种种矛盾和问题,推进社会公益事业成为我国发展的必然要求,而国外志愿服务的传入为这种探索提供了有益的借鉴。在中国最早从事志愿服务工作的志愿者来自联合国志愿者组织。1979年第一批联合国志愿者共15人来到中国偏远地区,从事环境、卫生、计算机和语言等领域的服务。在此影响下,我国改革开放的前沿阵地广东省的一批热心青年参考和借鉴香港地区、澳门地区具有公益服务性质的"义务工作",开始探索为社会提供志愿服务的新方式。1987年,广州市十多名"学雷锋,做好事"积极分子在团市委、市教育局的支持下,开通了"中学生心声热线"。这是全国第一条志愿者服务热线电话,拉开了我国现代志愿服务发展的序幕。1989年8月，深圳市团市委扶持创建了"关心从聆听开始"青少年热线电话服务，当时有19名义工参与服务。1990年6月，"深圳市青少年义务社会工作者联合会"正式成立，成为我国第一个义务工作团体。参加志愿服务的人在我国有不同的称谓，北方一般称为志愿者，南方叫作义工。20世纪80年代中期，民政部号召推进社区志愿服务。天津和平区新兴街是全国开展社区服务较早的地区之一，于1989年3月18日成立了全国第一个社区服务志愿者协会。1993年11月，北京大学"爱心社"成立，这是我国高校第一个由学生自发成立的志愿服务社团。

这个时期，全国部分省市建立的不同类型的志愿者组织，基本上是自发成立，自发服务，或者是在有关部门的扶持下成立，服务面窄，发展缓慢，影响力有限，但是，也为志愿服务的进一步发展探索了道路，积累了经验。由于学雷锋活动存在形式化的问题，而现代志愿服务又刚刚起步，大学生在参加活动中虽然受到了一定教育，但其育人作用发挥不明显。

三 第三阶段（20世纪90年代初期至今）：共青团中央青年志愿者行动开启的快速发展阶段

志愿服务在我国的产生和发展是我国传统美德的现代体现，也是改革开放过程中国际交流与往来的结果。1992年10月，党的十四大明确提出，我国经济体制改革的目标是建立社会主义市场经济体制。在经济全球化和文化多样化的影响下，伴随着社会主义市场经济的成长和壮大，我国大学生志愿服务逐步发展起来，其志愿服务的育人功能得到日益明显的发挥。这个发展阶段又可以分为三个小阶段。

（一）发起推进

大学生参加的志愿服务主要是由团中央、中国青年志愿者协会组织开展的青年志愿者行动，作为青年中的知识群体，大学生是青年志愿者的重要组成部分。在前期起步、探索的基础上，1993年12月7日，共青团十三届二中全会决定实施青年志愿者行动，使我国大学生志愿服务育人进入了加速发展期。12月19日，两万多名铁路系统的青年率先响应团中央的号召,打出"青年志愿者"的旗帜,在京广铁路沿线开展"为旅客送温暖"志愿服务。之后,40余万名大中学生利用寒假在全国主要铁路沿线和车站开展"志愿者新春热心行动",青年志愿者行动从此在全国陆续展开,我国大学生志愿服务翻开了新的一页。1994年2月,团中央向社会公开发布青年志愿者标志,寓意为中国青年志愿者向社会上所有需要帮助的人们奉献一片爱心,伸出友爱之手,表现青年志愿者"热心献社会,真情暖人心"的主题。为了推动青年志愿服务事业的发展,团中央于1994年12月5日成立了中国青年志愿者协会,发布了"奉献、友爱、互助、进步"的中国青年志愿精神。从1995年开始,开展了社区青年志愿者服务站建设的试点工作,将志愿服务落实到基层。1996年,团中央启动了中国优秀青年志愿者评选表彰活动,激励青年投身于志愿服务事业。1998年8月,团中央成立了青年志愿者行动指导中心,负责规划、协调、指导全团的青年志愿服务工作,多个省市陆续成立了相应的专门工作机构。1999年9月,广东省通过国内第一部《青年志愿服务条例》,在志愿服务立法方面迈出了重要一步。这个阶段实施的服务项目有"一助一"长期结对服务计划、青年志愿者扶贫接力计划、大中学生志愿者暑期文化科技卫生"三下乡"活动、保护母亲河"中国青年志愿者绿色行动营计划"等。经过20世纪90年代的努力,这个时期各级青年志愿者协会迅速建立起来,已初步形成了由全国协会、34个省级协会、2/3以上的地(市)级协会组成的青年志愿者组织协调和管理体系[1]。大学生对参加志愿服务表现出极高的热情,志愿者在推动志愿服务发展的同时也受到锻炼和教育,发挥了大学生志愿服务的育人作用。有关研究显示,部分行业系统内的青年和大中学生构成了初期"中国青年志愿者行动"队伍的主体,这一特点在今后一个时期内将持续存在[2]。

---

[1] 胡春华:《胡春华同志在中国青年志愿者协会第二次全国代表大会上的工作报告》,2000年1月17日,http://www.bjyouth.gov.cn/ldjh/tzyld/148977.shtml,2016年4月28日。

[2] 中国青少年研究中心、团中央青年志愿者行动指导中心课题组:《中国青年志愿者行动研究报告》,《中国青年研究》2001年第2期。

第三章 文化多样化背景下我国大学生志愿服务育人的现状与趋势

(二)深化发展

进入21世纪以后,青年志愿者行动又有了新的发展,其对大学生的培养教育作用也日益发挥出来。2000年,中国青年志愿者协会制订了第一个年度计划,提出了当年要抓的十件实事。从2000年开始,将每年3月5日的传统学雷锋日确定为"中国青年志愿者服务日",动员青年传承雷锋精神,参与各类志愿服务活动。2001年,中国"国际志愿者年"系列活动促进了我国青年志愿者协会等与联合国志愿人员组织合作,在社会上营造了参与志愿服务的氛围,扩大了志愿精神的影响力。2002年3月,共青团中央、中国青年志愿者协会发布《中国青年志愿者注册管理办法(试行)》,在全国推行志愿者注册制度。同年,中国青年志愿者海外服务计划正式启动,我国首批志愿者赴老挝从事志愿服务工作。2003年6月,团中央、教育部等部门启动实施大学生志愿服务西部计划,选派高校毕业生赴西部基层开展教育、卫生、农技、扶贫等方面的志愿服务工作,大学生志愿服务活动实现了跨越式发展。随着志愿服务影响力的扩大,国家对志愿服务的育人作用越来越重视。2004年10月,中共中央、国务院《关于进一步加强和改进大学生思想政治教育的意见》把志愿服务作为新形势下大学生思想政治教育的有效途径之一,要求积极组织大学生参加志愿服务等社会实践活动。2006年10月,中共中央《关于构建社会主义和谐社会若干重大问题的决定》提出,深入开展城乡社会志愿服务活动,建立与政府服务、市场服务相衔接的社会志愿服务体系。通过不懈的努力,各级青年志愿者协会建设得到加强,志愿服务活动深入开展,服务领域不断延伸,大学生对志愿服务的参与面进一步扩大,志愿服务对大学生的培育作用更加明显。

(三)全面提升

2008年,是中国志愿服务发展史上的重要一年,这年发生的两件大事有力地推动了我国志愿事业的迅速发展。"5·12"汶川大地震发生后,千百万志愿者忙碌在抗震救灾第一线,有解放军官兵、医生、工人和农民,也有大学生的身影。在第28届北京奥运会、残奥会期间,170万志愿者成为奥运会一个重要组成部分,其中10万名青年志愿者直接服务于赛会工作。抗震救灾和奥运会志愿服务凸显了志愿服务对社会发展的促进作用，推动了志愿精神的广泛传播。此后，党和政府更加重视志愿服务工作，制定实施了一系列促进志愿服务发展的政策措施，志愿服务的育人作用越来越得到了充分发挥。2008年10月，中央文明委出台了《关于深入开展志愿服务活动的意见》，提出广泛开展形式多样的志愿服务活动，进一步建立健全志愿服务活动的运行机制，其中"坚持志愿服务与实现个人发展相统一，让人们在为他人送温暖、为社会做贡献的过程中经受锻炼、增长才干、提高素质"的要求体现了国家对志愿服务育人功能的重视。2009年6月，教育部发布《关于深入推进学生志愿服务活动的意见》，强调推动志愿服务有一个新的更大发展，使更多的学生成为志愿者，充分发挥志愿服务的育人功能。2012年1月，教育部、中宣部、团中央等部门印发《关于进一步加强高校实践育人工作的若干意见》，再次强调要倡导和支持学生参加生产劳动、志愿服务和公益活动，进一步加强高校实践育人工作。在这个阶段，除继续实施大学生志愿服务西部计划、中国青年志愿者海外服务计划外，还在2010年"五四"青年节期间启动实施了"共青团关爱农民工子女志愿服务行动"，重点开展了2009年10月国庆60周年、2010年5月上海世博会、2010年11月广州亚运会、2011年8月深圳世界大学生运动会等大型活动的志愿服务工作。自2008年以来，随着经济发展和社会进步，志愿服务在我国得到长足发展和多方面的提升。一直以来，共青团推动的青年志愿者行动，是探索和发展志愿服务事业的主要力量。大学生是青年志愿者行动的积极参与者，是青年志愿者队伍中最活跃、最集中、最有影响力的一个群体，志愿服务的蓬勃发展为大学生在实践中锻炼成长提供了广阔的舞台，对大学生的教育、培养作用不断增强。在包括大学生在内的青年志愿者的影响下，公众对志愿服务有了新的认识，社会各界提高了对志愿服务的热情，我国迎来了志愿服务发展的新时期，中国志愿服务必将以全新的姿态展示在世界面前。

第二节 我国大学生志愿服务育人的基本现状

自 20 世纪 90 年代初"中国青年志愿者行动"启动以来，我国各类高校组织开展了多种形式的志愿服务活动，成为我国青年志愿服务的重要组成部分。随着大学生志愿服务的不断发展，其在高校人才培育中发挥了重要作用。

为了全面、准确地把握当前我国大学生志愿服务在育人方面的状况，笔者从我国华南、华中、华北、西南、西北、东北等不同地区，选取了 21 所理工类、人文类、综合类、艺术类、政法类、师范类、高职类等代表性高校的 1650 名在校大学生进行了问卷调查。问卷由 24 个题目组成，主要涉及大学生参加志愿服务的情况、学校对志愿服务的重视程度、大学生志愿服务的教育功能、大学生志愿服务存在的主要问题等方面。通过用 SPSS 软件对所回收问卷的统计分析，基本了解和把握了我国大学生志愿服务的发展现状及其育人功能发挥情况。

一 我国大学生志愿服务育人取得的成就

大学生志愿服务有力地促进了大学生成长和成才，在培养和造就社会主义事业的合格建设者及可靠接班人方面发挥了重要作用，也为我国经济发展和社会进步做出了重要贡献。

（一）志愿服务育人理念逐渐被认同和接受

大学生通过参与服务他人、奉献社会的志愿服务活动，深化了对我国基本国情、人民群众生活、中国特色社会主义建设事业和改革开放所取得的伟大成就的理解，增强了社会责任感和使命感，提升了思想境界，其育人功能逐渐得到大学生、高校、社会、家长等多方的认同和接受。

首先，志愿服务的育人作用得到大学生的认同。大学生是青年中拥有丰富知识、富有创造精神的群体，在一定程度上代表着国家的未来和民族的希望，他们的价值取向和实践能力将会对国家的发展和社会的进步产生重要影响。"真正的信仰都是在实践与理论的碰撞中、在自己思想的不断成熟和稳定中、在对社会重大问题的清醒面对中树立起来的。"① 这就需要在加强对大学生思想政治教育的同时,引导他们在社会实践中接受锻炼和塑造,帮助他们解决新形势下面临的思想困惑和问题,而参与志愿服务是形成积极价值导向和提升社会实践能力的重要途径。具体来说,一是志愿服务的价值导向功能得到大学生认同。在问卷调查中,对于"通过志愿服务,您觉得自己有什么收获"这个问题,46%的大学生认为体会到助人的快乐,这说明参加志愿服务给大学生带来了精神的愉悦。上海大学社会学系教授顾骏认为,志愿者在提供志愿服务的时候,实际上是在追求一种精神上的消费②。在志愿服务过程中,大学生通过亲身实践进一步深化了对"奉献、友爱、互助、进步"志愿精神的认识,领会到了奉献行为的高尚,体验到友爱的可贵,感受到"互相帮助、助人自助"的力量,目睹志愿服务对社会文明的促进,从而对志愿精神内涵有了更加深刻的把握,提高了对志愿服务行为的认同度。大学生对志愿精神的理解越深刻,参与志愿服务的自觉性就越高,志愿行为也就越持久。问卷调查结果表明,大学生在过去一年里参加过志愿服务的占77.2%,其中参加过3次及以上志愿服务的占29.4%(见图3-1)。在志愿服务活

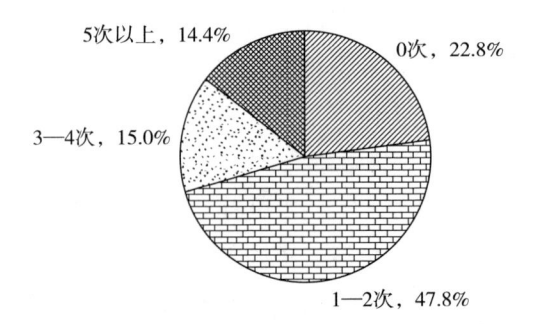

图3-1 关于大学生在过去一年里参加志愿服务次数的调查情况

---

① 陆昊:《大学生骨干要肩负推动国家发展社会进步的历史责任》,《中国青年报》2010年12月20日第1版。

② 林颖:《志愿者的脚步,为啥"来去匆匆"》,转引自徐本禹的博客,2006年12月19日,http://blog.sina.com.cn/s/blog_4970c8e7010007hz.html,2016年7月17日。

动中，大学生通过与社会现实的接触，调动了他们进行自我教育的积极性，从而对自身的成长进步、社会发展中出现的矛盾和问题、世界的发展变化进行理性、深入的思考，自觉抵制个人主义、享乐主义、拜金主义等消极思想的影响，逐步树立起正确的世界观、人生观、价值观，增进对社会主义核心价值观念的接受和认同。从问卷调查可以看出，大学生认为志愿服务具有提高思想觉悟（占62%）和增强爱国主义意识（占38%）的功能，说明许多大学生对志愿服务的这些功能持肯定的态度。二是志愿服务增强实践能力的功能逐渐被大学生认可。"当今社会，每个人都有参与社会事务和促进社会进步的权利，同样每个人也都有促进社会繁荣进步的义务及责任。参与志愿工作正是表达这种权利与义务的积极、有效的形式。"[①] 大学生参加志愿服务活动是在行使自己的权利和履行自己的义务，志愿服务使大学生获得了真实体验，激发了他们作为社会公民的责任感。志愿服务要能够顺利地开展，获得来自社会的肯定性评价，其参加者必须圆满完成各项志愿服务任务，这就意味着大学生志愿者必须增强他们的实践能力和创新能力，而大学生志愿服务开展的过程，正是锻炼和提高他们实践能力和创新能力的过程。问卷调查显示，通过参加志愿服务活动，66.9%的大学生认为自己加深了对社会的了解，56.8%的大学生认为提高了综合能力，61.8%的大学生认为增强了社会责任感，15.1%的大学生通过志愿服务结识了很多朋友，增强了社会交往能力（见图3-2）。以上数据表明，参与志愿服务能够提高自己的实践能力已经是大学生的共同认识。

其次，志愿服务育人功效逐渐为高校所重视。北宋史学家司马光在《资治通鉴》中写道："才者，德之资也；德者，才之帅也。"这就是说，才是德的支撑，影响着德的作用范围；德是才的统帅，决定着才的作用方向，说明了品德对于人的重要性。中共中央、国务院在《关于进一步加强和改进大学生思想政治教育的意见》中指出，"学校

---

① 王媛媛：《欧美志愿服务与现代公民教育》，《北京青年政治学院学报》2012年第2期。

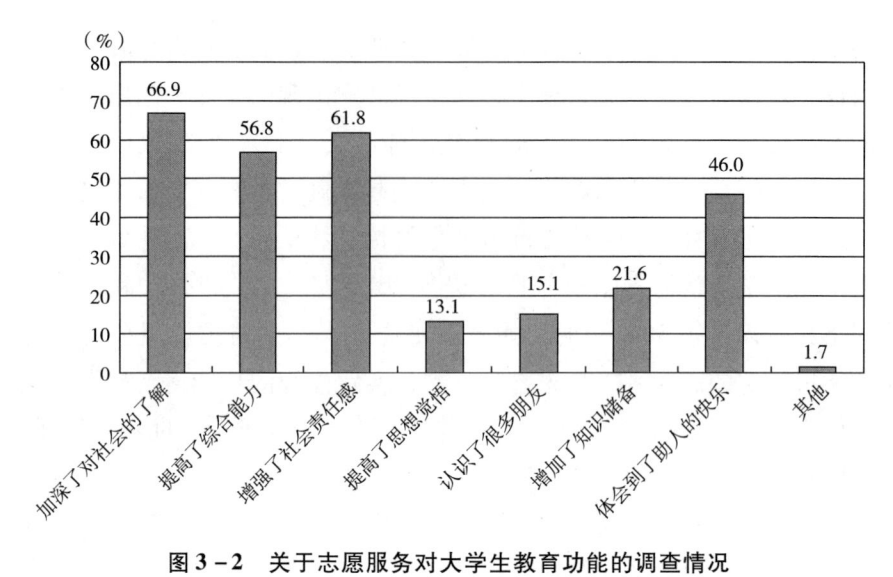

图 3-2 关于志愿服务对大学生教育功能的调查情况

教育要坚持育人为本、德育为先",强调德育工作在高校人才培养中的首要地位。高校不仅向大学生传授知识和技能,也要对大学生进行思想道德教育。高校组织大学生参加志愿服务活动,以一种生动活泼、丰富多彩的方式实施情境式教育,使大学生在志愿服务过程中受到"奉献、友爱、互助、进步"志愿精神的熏陶和感染,引起心灵的共鸣,促使他们对人生、社会等问题进行思考和剖析,从而产生向善的道德情感,逐渐形成道德行为,促进大学生提高道德品质,增强社会责任感。同时,通过参加志愿服务还使大学生志愿者了解了国情,增长了见识,增强了协作意识,提高了实践能力。有数据显示,58.51%的教师认为大学生参与志愿服务获得了成就感和满足感;57.45%的人认为有助于大学生增加社会见识;47.87%的人认为有助于培养大学生的团队精神,增强了社会实践能力;40.43%的人认为增强了大学生的社会交往能力;41.49%的人认为有利于发挥大学生的专业能力;只有1.06%的高校教师认为大学生参与志愿服务没有收获,是在浪费时间[①]。多年的实践表明,高校组织大学生参与志愿服

---

① 负天祥:《大学生志愿服务育人实效性研究》,硕士学位论文,北京化工大学,2010年。

务活动，把道德教育融入大学生学习和生活之中，是高校开展道德实践活动的重要途径，已经得到高校和大学教师的极大重视。

再次，大学生志愿服务育人功能逐渐得到社会认可。改革开放以来，我国志愿服务逐渐发展起来，特别是近些年来呈现出良好的发展势头，成为促进社会文明和进步的新因素。多年来，大学生一直是我国青年志愿者行动的积极参与者和重要推动者。以北京奥运会志愿服务为例，报名参加奥运会志愿者的首都高校学生占总人数的50%，在最终确定被录取的志愿者中，首都高校学生占75%以上[①]。2009年12月4日北京市公布的《2008北京奥运会、残奥会志愿者工作成果转化研究报告》显示，在赛会期间，各类志愿者累计服务时间超过2亿小时，节省开支近42.7亿元。这其中占主体的大学生志愿者可谓功不可没。在志愿服务过程中，大学生志愿者的无私奉献是难以具体衡量的。他们不图回报，无私奉献，在默默地为他人和社会提供服务和帮助的过程中也获得了精神满足，体现了自身价值，提高了实践能力。在一份关于社会人员如何看待大学生志愿服务的调查数据中，有25.37%的人认为，大学生志愿服务能够帮助有需要的人；35.28%的人认为，能够为和谐社会建设做出贡献；10.45%的人认为大学生能够通过志愿服务结交朋友、增强社会交往能力；11%的人认为，能够更好地发挥自身的专业能力；另分别有8.96%、5.97%、4.48%的人认为，大学生获得了成就感和满足感，增加了社会见识，增强了社会实践能力，没有人认为志愿服务对大学生来说一无所获[②]。由此可见，大学生志愿者通过志愿服务这一平台，以帮助他人、奉献社会的实际行动，体现了自身的能力和价值，得到了他人和社会的肯定与赞誉，因而志愿服务的育人效果也逐渐为社会和公众所认同和接受。

最后，志愿服务育人的效果被家长所接受。随着经济社会的发展、科学技术的进步及文化多样化趋势的日益明显，教育面对的环境

---

① 张晓红：《高校志愿者服务教育课程化路径探索》，《思想教育研究》2011年第5期。
② 贠天祥：《大学生志愿服务育人实效性研究》，硕士学位论文，北京化工大学，2010年。

发生了很大的变化,其涉及的范围越来越广泛,实施的难度逐渐增大。在这种情况下,单纯的学校教育和家庭教育已经不能完全适应时代的变迁和大学生身心发展的需求,这就使实践活动育人的作用日益凸显,而志愿服务就是其行之有效的重要方式之一。但是,在参加志愿服务活动中,大学生会遇到复杂多样的情形、各种各样的困难和问题,甚至会遭遇一些挫折。而当代大学生多为独生子女,享受着优越的物质生活条件,没有经受过挫折的历练,缺少吃苦耐劳的精神和责任担当意识,独立性相对较差。这就需要大学生志愿者勇敢地面对困难,调动自己的积极性和创造力,正确认识问题、分析问题,想方设法去克服困难、解决问题。在这个过程中,大学生志愿者磨炼了意志,提高了能力,增强了挫折承受力,实现了自我锻炼和自我教育,从而更加珍惜宝贵的学习机会。志愿服务的育人成效越来越得到大学生家长的广泛认可。

(二)志愿服务育人水平不断提高

当代大学生作为未来社会发展的核心和中坚力量,他们的思想境界和实干能力对于全面建设小康社会、实现中华民族的伟大复兴起着决定性作用。大学生要肩负起时代赋予的重任,就要在实践锻炼中不断成长成才。多年来,大学生志愿服务作为重要的实践育人形式之一,逐渐将"奉献、友爱、互助、进步"的志愿精神内化为大学生的价值选择,磨炼他们的意志,加快他们的社会化进程,动员和激励更多大学生投入志愿服务活动中去,有力地提升高校实践育人的水平。

第一,志愿服务使大学生的思想境界不断提升。大学生志愿服务是一种助人自助的活动,大学生志愿者在为他人和社会提供志愿服务的过程中,不仅帮助了需要帮助的人,维护了社会和谐,弥补了政府服务的不足,而且开阔了自身视野,了解了社会发展态势,体会到社会主义制度的优越性,弘扬着奉献精神,实践着乐于助人的优良品质,思想境界不断提高。主要表现在以下三个方面。

一是志愿服务活动有助于大学生形成正确的理想信念。积极向上的理想信念为大学生的健康成长提供了精神支柱,树立正确的价值观念有利于大学生在学习和生活中坚持正确的发展方向。当代大学生的生活条件较为优越，物质方面的需要基本上得到了满足。但是，在精神生活方面，有些大学生理想信念缺失，没有清晰正确的精神追求，部分大学生感到生活无聊、空虚。随着文化多样化的不断发展，拜金主义、享乐主义、个人主义等思想观念蔓延，而社会主义、集体主义、奉献精神等主流思想观念的影响有所弱化。志愿服务活动成为大学生坚定理想、树立信念的有效载体。在志愿服务活动中，大学生用实际行动践行社会主义核心价值观，逐渐形成正确的思想观念，自觉抵制不良社会思潮的侵蚀。当代大学生在舒适、安逸的生活条件下成长起来，他们基于个人自主自愿自觉的精神，参与志愿服务活动，本身即是一种很高的觉悟①。大学生积极参加志愿服务活动，无偿奉献自己的精力、专业知识，关爱社会弱势群体，关注群众福祉，关心国家与社会的发展。他们的高尚行为得到广大人民群众的赞誉，更加激发了他们的社会责任感和荣誉感，促使他们把服务社会作为自己人生的重要内容，在服务过程中不断修正、补充、更新自己的世界观、人生观和价值观，使其逐渐向社会主义核心价值观靠拢，增强其辨析是非的能力，在纷繁复杂的多元价值观中保持正确的航向，树立起科学的世界观、人生观和价值观以及坚定的社会主义理想信念。

二是志愿服务有助于大学生形成助人为乐的道德品质。从古至今，我国传统文化中蕴含着丰富的助人、爱人思想观念。例如，在古代，孔子提出"仁爱"，孟子倡导"老吾老以及人之老，幼吾幼以及人之幼"的道德境界，墨子提出的"兼爱""非攻"表达了爱人、行善、助人的思想，还有"人生之，不能无群""夫爱人者，人必从而爱之；利人者，人必从而利之"等人生哲理。在社会主义建设时期，雷锋同志的事迹充分体现了全心全意为人民服务的宗旨，达到了"毫不利己，专门利人"的崇高境界，为我们树立了光辉的榜样，其巨大的社会影响绵延至今。这一时期还涌现出了许多其他雷锋式的模范人物，他们的先进事迹与志愿服务所倡导的"奉献、友爱、互助、进

---

① 刘颖：《大学生志愿服务活动与构建社会主义和谐社会》，《思想政治教育研究》2009年第4期。

步"的理念有着某些相似或相同之处。大学生参加志愿服务活动，以自己的知识、技能、爱心为他人提供服务，不计报酬、不求名利，为社会进步、民众福祉甘愿奉献自己的力量，力所能及地改善和解决社会上存在的问题，关心社会公益，谋求社会发展。志愿者的行为既是躬身实践志愿服务理念，也继承了我国优秀传统文化，还弘扬了助人为乐的道德精神。在问卷调查中，对于"通过志愿服务，您觉得自己有什么收获"这个问题，有46%的大学生认为从志愿服务中体会到了助人的快乐（见图3-2）。这种道德情感不断得到巩固和升华，促使大学生逐渐形成助人为乐的道德品质。

三是志愿服务活动唤醒了大学生的全局观念和协作意识。当代大学生的主体性意识逐渐增强，在日常生活和学习中个性化特点日趋明显，但在团队协作意识和人际交往能力方面却存在不足之处。有些大学生虽然个人能力比较突出，但是，由于个性过于鲜明而无法融入集体，无法从事组织性、规范性较高的社会活动。有些大学生志愿者虽有强烈的实干精神和奉献精神，但人际交往能力较低，容易与他人产生隔阂，不能与他人进行很好的合作。而大学生志愿服务是一项群体性的活动，需要许多人的共同参与，大学生志愿者要与来自不同地方、具有不同文化背景、不同性格特征的社会各界人士打交道，需要志愿者树立全局观念和协作意识，在服务工作中学会体谅别人，与其他志愿者团结协作，及时沟通，提高人际交往能力，使大学生志愿者真正认识到大型社会活动的开展，社会的进步需要全体社会成员的共同努力。只有树立全局意识，发挥团结协作精神，将众多人的力量汇聚到一起，发挥各自的特长优势，才能达到"1+1>2"的效果。

第二，志愿服务使大学生的社会实践能力不断增强。坚持向实践学习，向人民群众学习，是时代进步和国家发展的现实需要，也是促进大学生成长成才的必由之路。大学生朝气蓬勃，思想活跃，易于接受新鲜事物，开拓创新能力比较强。但是，大学生社会阅历较浅，实际经验相对不足，缺乏对基层和人民群众的深入了解，还需要在社会这所大学校中接受锻炼，尽快补上社会实践这一重要环节，在实践中经风雨，见世面。实践是大学生把在课堂学习的知识应用到实际的过程，是大学生健康成长的重要途径，也是高校教育工作不可缺少的环节。坚持教育与生产劳动和社会实践相结合，是党的教育方针的重要内容，在党和国家的重要文件中多次强调要充分认识实践育人的重要性。尤其是在文化多样化背景下，大学生的价值观多元化，个性日趋明显，社会实践育人的作用就显得更为重要。因此，2012年1月，中央宣传部、教育部、财政部等部门发布了《关于进一步加强高校实践育人工作的若干意见》，强调要进一步加强高校实践育人工作，统筹推进实践育人各项工作。志愿服务是高校实践育人的重要形式，也是大学生实现多方面发展的有效载体。在志愿服务过程中，大学生志愿者不断成长。

一是社会实践能力不断提高。通过多种形式的志愿服务活动，提高大学生解决实际问题的能力，培养勇于探索的创新精神，在实践中，把满足社会需要与满足个人需要结合起来，把创造社会价值与实现自我价值结合起来，把发挥自身潜能与接受锻炼、增长才干结合起来。从问卷调查中可以发现，通过参加志愿服务活动，有56.8%的大学生认为，自己的收获就是锻炼了自己，提高了社会实践能力。有人用"予人玫瑰，手有余香"来比喻志愿服务，这个比喻生动形象地体现了志愿服务"助人"和"自助"的双赢作用，即志愿者在奉献社会的同时，也提高和发展了自己。多年来的志愿服务实践也充分说明，志愿服务既是大学生为祖国和人民做贡献的重要途径，也是促进他们成长成才的重要途径。

二是处理复杂问题和矛盾的能力不断提升。随着志愿服务活动的快速发展和参与志愿服务人数的增多，大学生志愿服务活动的内容不断扩展，复杂程度逐渐增加。这就要求大学生志愿者具备较高的解决问题和矛盾的能力。诸如如何领导人数众多的志愿服务团队，如何在志愿服务过程中处理好团队与地方政府部门、与其他社会团体之间的关系，增强相互间的协作和联系，如何减轻受助人群的心理负担和增强其生活信心等问题。多年的实践证明，无论是参与大型赛会服务，还是在自然环境恶劣、生活条件艰苦的边远地区开展志愿服务，大学生都能够凭借自身的知识储备，学以致用，将志愿服务活动开展得有声有色，妥善解决了困扰和阻碍活动开展的难题，不仅帮助了需要帮助的人，缓和了转型期的社会矛盾，而且提高了自己的人际交往能力，解决复杂问题和矛盾的能力等，这些知识和能力是在传统课堂教学中所学不到的，它将使大学生志愿者受益终生。

第三，志愿服务使大学生的意志品质得到磨炼。艰辛知人生，实践长才干。中华民族就是历经磨难、在不断战胜艰难困苦中发展进步的。百折不挠的意志品质和强大的挫折承受力都是在实践中磨炼形成的。当代大学生大多是在物质充裕、生活安逸的环境中成长起来的，父母的照顾无微不至，很多父母甚至为孩子铺平了发展道路。因而很多大学生没有经受过坎坷和挫折，挫折承受力和意志品质较为薄弱，不能适应时代发展的需要。大学生志愿者在参加志愿服务过程中会遇到各种各样的困难和挫折，为了完成服务任务，志愿者不得不勇敢地面对困难和挫折，设法解决困难。在此过程中，一方面，大学生志愿者受到感染和教育，增强了挫折承受力。志愿服务活动中，大学生志愿者会受到其他志愿者勇敢面对困难的影响，同时也会看到服务对象在面对困难甚至灾难时的坚强不屈精神，从而受到感染和教育。例如，在抗震救灾服务中，大学生志愿者不仅自身要经受考验，也目睹了服务对象所经受的生离死别、失去亲人朋友的痛苦，不仅感受到生命的可贵，也为服务对象坚强地走出困境的行为所感染，从中受到教育，形成较强的挫折承受力。另一方面，大学生志愿者通过克服服务中遇到的艰难险阻，磨炼出坚强的意志力。在志愿服务过程中，大学生会遇到各种意想不到的困难和问题，这就需要他们去勇敢面对困难，认识困难，与困难作斗争，在战胜困难的过程中越挫越勇，磨炼坚强意志。例如，在优越环境中长大的大学生参加西部地区和贫困山区的志愿服务活动时，会面对当地生活条件艰苦、生活物品匮乏等严峻考验，在从未经历过的困难面前，大学生志愿者承受着巨大的精神压力和考验，需要他们自觉地调节和控制情绪，勇敢地面对现实，运用自己的知识创造性地开展志愿服务工作，顽强地克服所遇到的困难和问题，圆满地完成志愿服务任务。在此过程中，志愿者逐渐磨炼出坚忍不拔的意志品质。问卷调查结果表明，当大学生在志愿服务中遇到困难和挫折时，一般都会努力克服困难，锻炼自己（占 59.2%），这说明大学生志愿者不会因为困难和挫折轻易放弃努力。

第四，志愿服务使大学生的社会化进程加快。大学阶段是人生成长的重要阶段，也是一个人社会化的关键阶段，因而大学生既要做好知识储备，又要做好心理和能力准备。大学生生活的大学校园像是一座"象牙塔"，既是社会的组成部分，又与社会生活有很大差距，并在某些方面与社会存在一定隔阂。对于大学生来说，理论知识与实际技能脱节、个人愿望与现实环境脱节是经常遇到的问题。他们突破隔阂，融入社会的过程就是其认识社会，适应社会的社会化进程，而从事志愿服务活动为大学生了解社会，走向社会，顺利完成社会化创造出良好契机。

首先，志愿服务活动使大学生增长社会知识，了解国情民情。我国著名教育家陶行知先生倡导"社会即学校"的生活教育思想，强调教育与现实生活的联系，宣传"人民创造大社会，社会变成大学堂"，认为"应当将校门打开，运用社会的力量，使学校进步"[1]，主张跟一切人学习，跟大自然学，也跟大社会学，把大自然、整个社会都列入教育的范围。大学生通过在学校中进行系统的学习，掌握了较为广博的科学文化知识。但这些科学文化知识主要是通过课堂学习获得的，是间接经验，是不完全的知识，很多问题需要在实践和社会中亲身体会，才会理解得深刻。毛泽东对于书本知识与实践知识、间接经验和直接经验有深刻的论述，他指出，"有什么办法使这种仅有书本知识的人变为名副其实的知识分子呢？惟一的办法就是使他们参加到实际工作中去，变为实际工作者"[2]。人们通常所说的"社会大学"是相对于现阶段全日制大学来说的，它不是传统意义上的大学，而只是一种形象的比喻，是把社会看作无所不包的知识宝库和无时不在的教育资源。社会是一个开放的课堂，是一所具有强大教育力量的学校，其中蕴藏着无尽的教育资源，在文化多样化背景下，社会蕴含的

---

[1] 陶行知：《陶行知文集》，江苏人民出版社 1981 年版，第 787 页。
[2] 毛泽东：《毛泽东选集》第三卷，人民出版社 1991 年版，第 816 页。

教育资源更加丰富多样，因而高校应充分发挥社会的教育功能，使大学生在社会这所大学校中接受教育。多数志愿服务活动的开展离不开社会，参加志愿服务为大学生提供了向社会学习的机会，是大学生了解社会和认识社会的重要途径。志愿服务活动让大学生走出校园，走进城市社区和广大农村，可以感受到外面不同的世界，接触多种多样的风俗习惯，看到各个区域之间的差异，也领略到中华民族文化的魅力和祖国的大好河山。大学生通过接触社会使自己对国情民情、社会实际有了更为客观的认识，与不同地区、不同行业人的交往又拓展了自己的生活范围，在深入社会生活的过程中不断向社会学习，开阔自己的视野，丰富人生的阅历，积累生活的经验，为将来真正走上社会，成就事业打下坚实基础。在问卷调查中，对"通过志愿服务，您觉得自己有什么收获？"问题的回答，有66.9%的大学生认为志愿服务加深了自己对社会的了解，在各个选项中占的比例最高；有21.6%的大学生认为是增加了知识储备，说明大学生在志愿服务过程中也增进了对社会的了解。志愿服务活动为大学生搭建了提前接触社会、了解社会、适应社会的平台。在志愿服务活动中，大学生接触到多元化社会上的各种事物和现象，依据自身的实际做出判断并进行相应的调整，培养辨别是非曲直的能力，练就适应社会的本领，加快自身社会化的进程，自觉按照社会的要求提升和完善自己，为将来真正步入社会，融入社会生活起到预演和磨合作用，这有益于大学生志愿者的自身成长和提高。

其次，志愿服务使大学生增加了社交经验，增强了社交能力。一个人作为社会中的个体，总是处于一定的社会关系之中，总是与社会上的人们进行交往。心理学研究表明，如果人们相互之间的交往是正常的，关系是融洽和谐的，那么就会使人们感受到一种存在的安全感和心理上的满足感；反之，如果人与人之间的关系是冷漠、疏远的，其内心深处就会产生一种失落感和压抑感。因此，融洽和谐的人际关系对于人们的身心健康具有重要影响。大学生在高校中学习和生活，也不可避免地要进行人际交往，与别人打交道，因而社会交往能力是大学生应该具备的重要素质和能力之一，反映了其与他人交往过程中表现出来的一种思辨、判断、表达、处理问题的能力，对于大学生的就业创业、事业发展、心理品质形成等方面都具有重要意义。然而，当代大学生的社会交往能力较低，其影响因素是多方面的。随着家庭经济条件的提高，有些父母对孩子过分溺爱，使大学生生活自理能力下降；部分大学生性格孤僻，不能适应集体生活，与他人相处的能力较差。同时科技发展为人们之间的彼此联系提供了诸多便利，也使有些大学生变为宅男宅女，在生活中过度依赖手机和电脑进行沟通，而使现实社会中的交往能力下降。另外，在长期存在的重视应试教育、分数决定素质的观念影响下，家长和学校主要关心大学生的学习情况，而对于他们其他方面能力的培养和引导重视不够，这导致许多大学生不能正确处理生活中的各种人际关系。此外，家庭经济条件不佳、家庭氛围不和谐、成长于缺少关爱的单亲家庭、个人性格内向等因素也对大学生的社会交往带来了许多负面影响。随着文化多样化的不断发展，复杂多样的社会也对大学生的知识素养和交往能力提出了更高要求。因此，高校应适应社会对人才需求的变化，采取有效措施，解决大学生在社会交往方面存在的问题，着力培养和提高大学生的社交能力。而志愿服务是培养大学生社会交往能力的重要手段和有效途径。它使大学生走出校园，走向社会，接触到更为广泛的社会生活，拓展了生活空间，既满足了他们"奉献爱心，服务社会"的要求，也扩展了他们的社会交往范围，为他们提供了参与社会、了解社会、提升自我的舞台。大学生通过志愿服务与社会各界人士进行沟通和交流，广泛学习和掌握人际交往的言语、行为和礼仪知识，学会换位思考，增强包容心，积累社会交往经验，提高与人交往的能力，逐渐营造和谐融洽的人际关系。这不仅有利于大学生搞好学习，对于大学生将来走向社会、适应社会具有积极作用。从问卷调查来看，对于"通过志愿服务，您觉得自己有什么收获？"问题的回答，有15.1%的大学生认为，"认识了很多朋友"，表明大学生在志愿服务活动中注重与别人的交往。对于"您认为大学生志愿服务有哪些教育功能？"问题的回答，63.7%的大学生认为，志愿服务具有提高人际交往能力的功能，体现了大学生对志愿服务能增强人际交往能力的认可。

最后，志愿服务培养了大学生公民意识，有利于其尽快融入社会。公民意识是一种现代意识，是公民社会构建和现代化建设不可缺少的因素。大学生从学校走向社会，由"学校人"变为"社会人"，成为一名合格的社会公民，就要具备基本的公民素质和公民意识，承担个体对社会应尽的义务和责任。大学生是未来社会公民的生力军，他们的素质高低将直接影响着未来社会的发展态势和社会面貌。大学生参加志愿服务活动，关心社会公益性事业和公共事务的发展，用行动来帮助他人，服务社会，一定程度上体现了公民对社会应尽的义务和责任，为社会的进步和文明贡献了一分力量。"当今社会，每个人都有参与社会事务和促进社会进步的权利，同样每个人也都有促进社会繁荣进步的义务及责任。参与志愿服务工作正是表达这种权利与义务的积极、有效的形式。"① 在志愿服务活动中，大学生体验到公民对于国家、民族、社会的责任，激发他们产生公民意识，而志愿服务来自社会的肯定性评价，又进一步强化了大学生的公民意识和社会责任感，提升了他们的公民素质。问卷调查显示，通过参加志愿服务活动，61.8%的大学生认为自己的收获是增强了社会责任感，表明大学生志愿者在服务过程中感受到作为未来主人翁肩上所承担的责任，增强了公民意识。因此，通过志愿服务这个载体施加潜移默化的影响，使大学生接受志愿服务的熏陶，是对大学生进行公民教育、培养公民意识的有效途径，也有助于大学生了解社会，适应社会，尽快融入社会。

（三）志愿服务逐渐成为高校实践育人的重要手段

马克思主义哲学认为，实践对认识具有基础性作用，它是认识的来源、动力、检验标准和最终目的。党和国家历来高度重视实践的作用，坚持教育与生产劳动和社会实践相结合，是党的教育方针的重要内容。20世纪90年代以来，我国志愿服务获得了很大的发展，大学生一直是我国志愿服务的积极参与者，是志愿服务队伍的重要组成部分。作为实践育人的形式之一，志愿服务对大学生的教育培养作用日

---

① 王媛媛：《欧美志愿服务与现代公民教育》，《北京青年政治学院学报》2012年第2期。

第三章　文化多样化背景下我国大学生志愿服务育人的现状与趋势

益显现出来。

第一，志愿服务成为大学生思想政治教育的重要载体。加强大学生思想政治教育，提高他们的思想政治素质，把他们培养成为中国特色社会主义事业的建设者和接班人，对于全面建设小康社会，加快社会主义现代化建设步伐，实现中华民族的伟大复兴具有重要意义。随着文化多样化的不断发展，西方各种文化思潮涌入我国，使大学生思想政治教育既存在发展的机遇，也面临严峻的挑战，某些原有的思想政治教育方法已不能完全适应新形势和新情况，需要我们积极探索和创新高校思想政治教育的方式和方法。正如邓小平同志指出的："时间不同了，条件不同了，对象不同了，因此解决问题的方法也不同。"① 多年来，我国高校思想政治教育的方法没有随着环境、对象等要素的变化而与时俱进，主要沿用传统的思想政治教育方法，对大学生进行灌输式的教育。大学生在课堂上学习到政治理念、道德规范和价值观念等方面的理论知识，但这些理论知识与大学生的现实生活有较大距离，很难被大学生成功地接受并转化为自身的思想意识，这直接导致了高校思想政治教育实效性不强，大学生对高校思想政治理论课和思想品德课的兴趣不高。而志愿服务作为对大学生进行思想政治教育的途径之一，近年来日益受到各级各类高校的重视，在高校育人工作中发挥着重要作用，成为高校加强学生思想政治教育工作的载体和阵地。志愿服务活动具有开放性、自愿性和参与性的特征，贴近生活实际，符合大学生自我实现的需要，为大学生提供了展示自我的平台，因而大学生对志愿服务的参与度比较高。据共青团中央和中国青少年研究中心开展的一项调查，在许多新的思想政治教育载体中，最受大学生欢迎的是校园文化活动（48.4%）和"青年志愿者行动"（47.6%）②。为充分发挥志愿服务的作用，2009年6月教育部在《关于深入推进学生志愿服务活动的意见》中强调，把志愿精神作为进一

---

① 邓小平：《邓小平文选》第二卷，人民出版社1994年版，第119页。
② "大学生思想政治教育"调研课题组：《"大学生思想政治教育"调研报告》，载《和谐社会与青少年思想道德建设研究报告——首届中国青少年发展论坛暨中国青少年研究会优秀论文集（2005）》，天津社会科学院出版社2006年版，第139页。

步加强和改进大学生思想政治教育和未成年人思想道德建设的重要内容。多年来的实践表明，志愿服务活动已经成为目前大学生参与面最广、参与程度最高的社会实践活动之一，是高校对大学生开展思想政治教育的第二课堂，是高校实施思想政治教育的新手段。以"奉献、友爱、互助、进步"为主要内容的志愿精神体现了中华民族的传统美德，与思想政治教育的主体内容相契合，蕴藏着丰富的思想政治教育资源。这些思想政治教育资源具有内隐性特点，有机地融合于志愿服务活动之中。大学生在参加志愿服务时，志愿服务中蕴含的思想政治教育资源通过大学生的亲力亲为易于让其接受和认可，形成较为深刻的感受和体验，把政治方向教育、理想信念教育、社会价值观教育、心理健康教育等内容逐步内化为个人的意识和品质。志愿服务把思想政治教育从狭小的课堂延伸到课外、校外，将宽广的社会作为育人的重要阵地，变封闭的灌输为开放的体验，避免了理论说教的抽象性，从而大大增强了思想政治教育的实效性。20世纪90年代以来，随着我国志愿服务活动的快速发展，大学生参加志愿服务活动的人数越来越多，志愿服务的规模扩大，从而对提高大学生思想政治素质的作用日益明显，丰富了高校开展思想政治教育的形式，取得了良好的教育效果。

第二，志愿服务促使大学生形成创新思维和改革精神。创新思维是以新颖独创的方法解决问题的思维过程，通过这种思维能突破常规思维的界限，以超常规甚至反常规的方法和视角去思考问题，提出与众不同的解决方案，从而产生新颖独到的、有社会意义的思维成果。改革精神是中华民族革故鼎新、自强不息、团结奋斗、昂扬向上精神风貌的集中表达。具有创新思维和改革精神是时代对当代大学生的要求，也是现代教育面临的一项重要任务。党的十八大以来，习近平总书记提出实现中华民族伟大复兴的"中国梦"，极大地激励着国人的斗志，大学生作为党和国家的建设者在民族复兴之路上必须有所建树，高校只有注重培养学生的创新思维和改革精神，才能真正实现"科教兴国"和"人才强国"战略，才能在与世界各国综合国力的竞争中居于主导地位，才能为实现中华民族伟大复兴的"中国梦"提供源源不断的动力。大学生志愿服务是一个理论与实践相结合、学以致用、学用相长的过程，是培养大学生创新思维和改革精神的重要载体。当代大学生生活在文化多样化和改革开放的时代，接触新思想新知识的途径增多。他们思想活跃，思维敏捷，是最具创新思维和改革精神的群体。而当前大学生志愿服务活动内容不断更新，服务领域逐渐扩大，服务需求不断提高，需要大学生志愿者不断学习新知识，创造新思路，研究新情况，解决新问题，培养新技能，不断总结经验，发挥主观能动性，同时对志愿服务工作进行创新和改革，不断适应志愿服务的新形势，提供更高层次的服务。大学生志愿者在志愿服务过程中，服务对象不断变化，会遇到各种新问题，他们不能只根据书本上的知识或者社会经验处理新问题，而是需要在全面掌握问题的前提下，发挥大学生志愿者的主观能动性，充分挖掘各种潜能，创新思维方式，尝试新体验，不断提出解决问题的新方法。如随着大学生志愿服务范围的扩大和层次的提高，志愿者必须具有敏锐的洞察力，才能发现我国社会所存在的问题，如关注弱势群体不够、政府保障不足、市场经济失灵等方面的事务，这既使他们面临着更高的要求和期待，也为他们创新思维、创新方法、完善制度带来了契机。在志愿服务结束之后，大学生志愿者在对志愿服务工作进行总结经验和查找问题的基础上，对志愿服务工作进行不断改革和创新，努力探索志愿服务的新方法，提供符合时代要求的高质量志愿服务活动。上文提到的湖北农业大学的大学生在"阳光助残"志愿服务活动中，设计出一种能识别障碍物的拐杖，帮助盲人安全行走，这就是志愿服务激发大学生进行思考和创新的一个具体事例。可见，志愿服务活动成为启发大学生进行思考和创新的动力，发挥着激发大学生创新思维和培养其改革精神的重要作用。

第三，志愿服务成为培养大学生就业创业能力的重要方式。20世纪90年代前，我国高校数量少、招生规模小，高校毕业生按照国家分配就业，基本不存在就业难的问题。20世纪90年代以来，随着高校招生规模的扩大，在校大学生人数快速增长，开始出现了高校毕业生就业难的问题。进入21世纪以来，高校毕业生就业形势逐渐严峻，就业难问题日益凸显出来,已经引起社会的广泛关注。现阶段,高校培养的人才供给与社会需要之间存在一定差距,因而有些大学生在毕业之际不能及时找到合适的工作。这就需要高校和大学生都要积极采取措施予以应对。面对竞争激烈的就业形势,有些大学生参加志愿服务既是为了服务社会,也是为了丰富自己的阅历,增加个人就业是资本和筹码,为将来的就业提供帮助。在问卷调查中,对于"参加志愿服务活动的最主要目的是什么?"这个问题,选择"为了帮助别人"的大学生占63.7%,选择"积累社会经验,为就业做准备"的大学生占61.1%(见图3-3),这说明大学生志愿者既有高尚的奉献精神,又在规划自己的人生,为未来就业做准备。

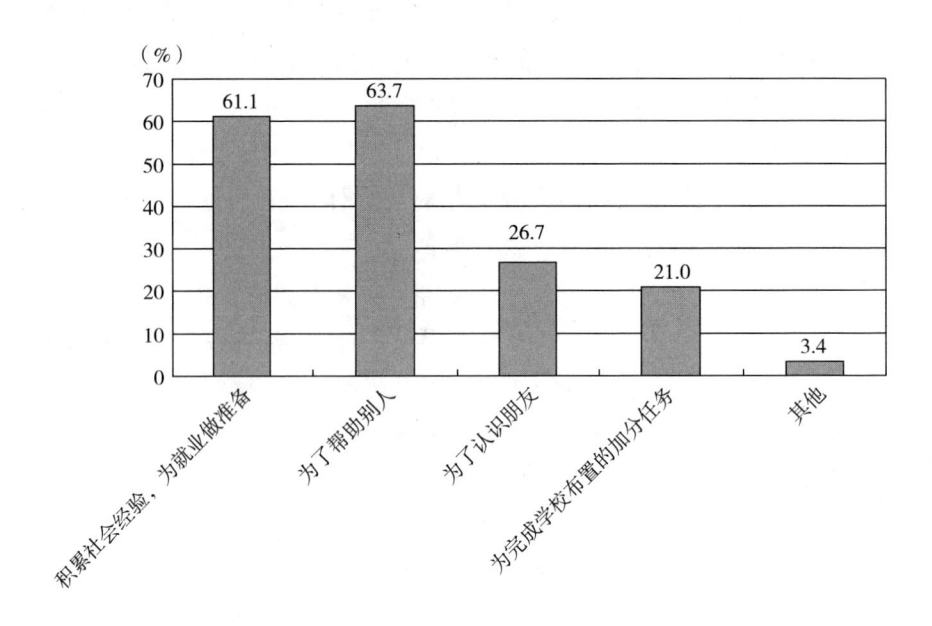

图3-3 关于大学生参加志愿服务动机的调查情况

另外,文化多样化背景下,社会的各个领域都发生了很大变化,出现了许多新情况和新问题。志愿服务为大学生提供了接触社会、认识社会的机会,在服务过程中了解社会发展对大学生的要求,客观地分析自己的优势与不足,有针对性地进行自我调整和提高,完善知识结构，促进能力发展，把自己塑造成为知识面宽、适应性强、符合社会需要的复合型人才，从总体上提高高校培养人才的质量，从而增强大学生的就业创业能力。问卷调查结果显示，对于"您认为大学生志愿服务有哪些教育功能？"的回答，57.7%的大学生认为志愿服务具有促进自我认识的功能，这体现出大学生在志愿服务过程中对自我的重新审视。

（四）高校志愿服务文化育人氛围初步形成

如前所述，文化是一个非常广泛的概念，广义的文化是指人类在历史发展过程中所创造的物质财富和精神财富的总和，狭义的文化特指创造的精神财富。广义的文化包括物态文化层、制度文化层、行为文化层和心态文化层四个层次。近年来，党和政府越来越重视文化对社会发展的推动作用，明确提出要增强中国特色社会主义文化的软实力。志愿文化，或称志愿服务文化，是志愿者在长期的志愿服务过程中，在自身特点和周围环境的影响下，形成的一种能够表现志愿精神的特殊文化。从各类报刊对志愿文化的称谓看，既有在广义的层面使用志愿文化这个概念的，认为它涵盖与志愿服务相关的所有现象和事物；也有在狭义的层面使用它的，仅是指志愿服务意识、精神和理念。改革开放以来，随着我国开放程度的不断加大，许多国外的"洋文化"进入中国，并在我国传播开来。志愿文化是在文化多样化背景下从国外传播到中国的先进文化形式之一，通过与中国的传统文化相结合，其在中国大地上逐渐成长起来。几十年来，随着志愿者队伍的不断壮大、服务领域的不断拓展，志愿服务的覆盖面和影响力不断扩大，志愿精神和理念得到了广泛传播，在社会中营造了有利于志愿服务发展的良好氛围，带动了社会各界广泛参与志愿服务。文化的形成在于积淀，在志愿服务实践中培育和形成了志愿文化，而志愿文化的传承又为志愿服务增添了动力和活力，是志愿服务长期发展的重要保障。作为社会文化的组成部分，志愿文化在缓解社会矛盾、融洽人际关系、促进道德提升、引领社会风气等方面发挥着积极作用。

由于大学生群体文化素质高，思想开放，容易接受新事物，加之所处校园环境相对自由，因而大学生对志愿服务的认可和接受程度较高。在我国志愿服务的发展中，大学生是志愿服务活动的重要参加者，是中国青年志愿者行动的主力军，高等学校开展志愿服务活动最积极、频度最高，是组织开展志愿服务的主要阵地。经过多年的发展和积累，高校形成了有利于志愿服务开展的深厚文化土壤，志愿服务成为校园文化的重要内容。校园文化是一种亚文化形态，以学生为主体，以校园为主要空间，以育人为主要导向，以课外文化活动为主要载体，以精神文明建设为主要内容和主要特征的一种群体文化。大学生志愿服务是高校校园文化建设的重要力量，对于高校校园文化建设产生着深刻影响。校园报刊、广播、电视、互联网、手机短信、报告会、演讲比赛及海报等对志愿服务知识和精神的宣传、对志愿服务活动进展情况的报道、对志愿服务经验和先进事迹的介绍等，在校园中营造了浓厚的志愿服务舆论氛围，对其他大学生产生了辐射和带动作用，引导更多的同学参加到志愿服务中来。大学生对志愿服务活动的积极参与，不仅弘扬了志愿精神，而且成为良好校园风气的引领者和实践者，为校园精神文明建设做出了积极的贡献。大学生在志愿服务活动中不但提高了自身的素质和能力，而且还激发出新的学习热情，给高校学风建设带来了新的生机和活力。志愿服务促进了大学生之间的交流和沟通，增进了彼此之间的信任感和亲切感，改善了校园人际关系。马克思在"包含着新世界观的天才萌芽的第一个文件"《关于费尔巴哈的提纲》第三条中指出，"环境正是由人来改变的，而教育者本人一定是受教育的"[1]。多年来，大学生通过志愿服务这个实践活动丰富了校园生活，繁荣了校园文化，优化了高校育人环境；而环境又反过来影响大学生的学习和生活，使大学生在志愿服务文化氛围中受到熏陶，发挥了文化育人的作用，为大学生成长成才提供了有利的条件。

（五）高校志愿服务育人机制日益完善

组织机构是志愿服务得以开展的前提条件，也是发挥志愿服务育人作用的组织保障。与西方发达国家相比，我国的志愿服务起步较

---

[1] 《马克思恩格斯选集》第 1 卷，人民出版社 1995 年版，第 59 页。

晚、发展时间较短。改革开放以来，随着对外交流的日益频繁，志愿服务理念在中国传播开来，我国的志愿服务逐步发展起来。在志愿服务开展初期，我国没有专门的志愿者组织，当然也不存在大学生志愿者组织。20世纪80年代后期，我国逐步建立起社区志愿者组织。1993年年底，共青团中央组织实施中国青年志愿者行动。1994年12月，团中央成立中国青年志愿者协会，这是第一个全国性的志愿者组织，现在成为中国最大的志愿者组织。随后，各级青年志愿者协会逐步建立起来，高校也相继成立了大学生志愿者组织。1998年8月，团中央青年志愿者行动指导中心正式成立，负责规划、协调、指导全团的青年志愿服务工作，承担中国青年志愿者协会秘书处的职能。经过多年的发展，截至2013年11月底，在全国各省（区、市）、主要行业系统以及所有市（地、州、盟）、27%以上的县（市、区、旗）建立了青年志愿者协会，并建立了13万个志愿服务站（基地），形成了比较完善的志愿者组织体系[①]。在全国高等院校中，2000多所高校成立志愿者组织，大学生志愿服务机构已经具有相当的规模，为组织开展志愿服务活动、发挥其人才培育功能提供了组织保障。

伴随着志愿者组织机构的日益健全，国家、各省（区、市）及各级各类高校加强了对志愿服务的管理，有力地促进了志愿服务的发展及其育人作用的发挥。目前，在高校中形成了校党委统一领导、校团委指导管理、大学生志愿服务协会组织实施、各院系志愿服务队具体开展的志愿服务工作格局。经过多年的志愿服务实践探索和发展，各高校建立了各种志愿服务工作制度，完善志愿服务活动内部管理体制，制定协会章程、志愿者注册办法及各项工作规范，基本形成了包括宣传发动、招募选拔、教育培训、活动开展、评价监督、激励保障等方面的大学生志愿服务工作运行机制和规章制度，如《华南理工大学青年志愿者服务队章程》、《河南理工大学注册志愿者管理办法》、《厦门大学法学院志愿者服务工作办法》、《山东大学志愿者服务时间

[①] 共青团中央、中国青年志愿者协会：《中国青年志愿者行动20年报告》，《中国青年报》2013年12月5日第8版。

统计制度管理办法》等，使志愿服务各种活动和各个环节有章可循，人力、财力、物力等资源得到合理配置。同时，各高校在开展志愿服务活动中，加强与政府和社会企事业单位的联系，与社会力量共建志愿服务平台，营造有利的志愿服务外部环境，为大学生志愿服务提供稳定的社会支持。通过不断健全和优化大学生志愿服务的运行管理，完善了高校志愿服务育人机制，促进了志愿服务健康、快速发展，使更多大学生在志愿服务活动中得到了锻炼，把做贡献与受教育、长才干结合起来，有效地发挥了志愿服务的人才培育功能。

二 我国大学生志愿服务育人存在的问题

顾名思义，志愿服务育人功能就是发挥志愿服务活动的人才培养作用。志愿服务活动是育人功能发挥的载体和依托，志愿服务的开展情况直接关系着其育人功能发挥的效果。多年来，我国大学生志愿服务活动有了很大的发展，这一社会公益性行为得到了越来越多的认可，但是，也逐渐暴露出一些问题，既影响了大学生志愿服务活动的健康发展，也使大学生志愿服务的育人功能未能得到充分发挥。

（一）对大学生志愿服务育人功能认识不足

志愿服务主要以实际行动，潜移默化地对大学生施加影响，其育人效果是长期的、间接的，不是一朝一夕、立竿见影就能显现出来。只有通过志愿服务活动产生的长期影响，大学生才能稳定地提升道德和能力水平。正是由于志愿服务育人存在长期性和间接性的缘故，一些大学生、高校、社会团体和学生家长对大学生志愿服务育人功能的认识存在偏颇和狭隘之处。

第一，大学生对于志愿服务育人的认识水平参差不齐。任何人的行为都是由一定动机引起的，人们活动的动机和效果是行为构成中最重要的两个因素。在通常情况下，动机和效果是一致的，好的动机产生好的效果，坏的动机产生坏的效果。但在有些情况下也会出现动机和效果不一致的现象。"我们是辩证唯物主义的动机和效果的统一论者。为大众的动机和被大众欢迎的效果，是分不开的，必须使二者统

第三章 文化多样化背景下我国大学生志愿服务育人的现状与趋势

一起来。"① 在志愿服务活动中,对志愿服务的认识不同,产生的态度和看法就不一样,会具有不同的行为动机,由此志愿服务开展情况及其效果就会不同,其育人作用的发挥就存在很大的差别。若是大学生正确认识志愿服务活动的社会价值及对志愿者自身的积极意义,对参加志愿活动持有积极、主动的态度,就能在志愿服务活动中有良好的表现,推动志愿服务活动有条不紊地开展,志愿服务对大学生的教育、锻炼作用就能够充分实现。反之,就难以实现志愿服务的育人功能。大学生是高校志愿服务活动的参与主体,他们对志愿服务的认识水平参差不齐。在文化多样化不断发展的情况下,大学生受到社会多种思想观念的影响,对待事物往往具有不同的看法和观点。许多大学生仅仅看到志愿服务的公益性、利他的一面,没有认识到志愿服务提高自我、利己的一面,他们参加志愿服务活动的目的和动机多种多样。有的大学生认为自己最根本的任务是学习专业知识,志愿服务活动需要占用较多的时间,对学习会产生很大影响,于是不愿意参加志愿服务活动,或者是仅仅在寒暑假期间偶尔参加一下,对于一些需要较长时间服务的项目则不愿参加。有的大学生参加志愿服务出于一种从众心理或者好奇心理,以前没有参加过志愿服务活动,对志愿服务感到新鲜、好奇,看到别人参加志愿服务活动自己也报名参加,抱着试试看的想法参与,这样就使个人的积极性随着新鲜感的消失而迅速降低,不能做到持续如一。有的大学生对于志愿服务活动缺乏应有的兴趣,个人的主动性并不强,参加志愿服务是为了应付学校的志愿服务任务。有的大学生参加志愿服务活动则是为了消磨时间,化解精神上的空虚与寂寞,使生活变得丰富多彩。在问卷调查中,对"您参加志愿服务活动的最主要目的是什么"问题的回答,选择"为了帮助别人"的大学生占 63.7%,选择"积累社会经验,为就业做准备"的大学生占 61.1%,选择"为了认识朋友"的大学生占 26.7%,选择"为了完成学校布置的加分任务"的大学生占 21%,可以看出,多数大学生把志愿服务看作是奉献社会与锻炼自我的机会,而有些大学生

---

① 毛泽东:《毛泽东选集》第 3 卷,人民出版社 1991 年版,第 868 页。

参加志愿服务带有其他的目的。如若对志愿服务持消极的态度，没有良好的参与动机和出发点，个人的主动性不强、积极性不高，在志愿服务过程中往往缺乏良好的表现，完成志愿服务工作任务时对自己要求不高，得过且过，甚至于敷衍了事，导致志愿服务活动难以取得应有的效果，个人在活动中很难形成深刻的感受和体会，对志愿者的教育作用也非常有限。

第二，高校对于志愿服务育人的认识有待于提高。在现行的管理体制下，高校志愿服务由校党委统一领导、校团委指导实施。校团委是志愿服务的直接管理机构。它对志愿服务活动的重视程度和管理方式直接影响到志愿服务的开展，也制约着志愿服务育人功能的发挥。总体来说，近年来，多数高校重视志愿服务活动的开展，有计划、有步骤地组织开展志愿服务活动，注重发挥志愿服务这个实践载体对大学生的教育培养作用。但是，有些高校对志愿服务在学校育人工作中的重要性认识不到位，不重视实践活动所具有的育人作用，认为高等学校的主要职能是向学生传授知识，增进大学生的学识修养，志愿服务等活动仅仅是对学习生活的一种补充，是一项意义不大的课外活动。在对问卷"您觉得学校对志愿服务活动的重视程度如何？"的回答中，学校对志愿服务"非常重视"的占 8.3%，"比较重视"的占 49.6%，"偶尔重视"的占 29.1%，"不重视"的占 13%（见图 3 - 4），表明多数高校重视志愿服务工作，但也有些高校不够重视或不重视。由于重视程度不够，有些高校没有对志愿服务进行有效的管理，缺乏完善的志愿服务管理和监督机制，存在制度不健全、志愿服务队伍松散、随意性大等问题。在开展志愿服务活动时，学校团组织不能正确履行对志愿服务的管理职能，放手由志愿服务协会自行开展，对活动过程缺少有效的监督，对活动的效果也漠然置之。在问卷调查中，学校对大学生参加志愿服务有目标要求，且非常明确的占 17.2%，有目标要求，但不明确的占 39.7%，没有目标要求的占 33.6%，反映出有些学校对大学生志愿服务缺乏监督，没有实行目标管理。有的高校对志愿服务活动的安排没有计划性，依赖于是否有政府部门的通知，接到通知就组织开展，没有通知就不开展，即使开展也仅仅局限于如 3 月 5 日 "中国青年志愿者服务日" 等少数几个时间点。高校对志愿服务育人的重要性认识不足，致使有些高校不能够有效地组织和开展志愿服务活动，也就难以通过志愿服务达到锻炼人、教育人、培养人的目的。

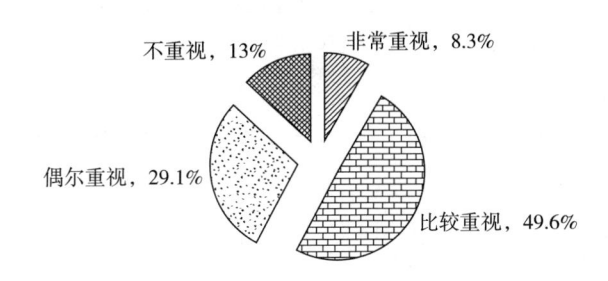

图 3-4　关于高校对大学生志愿服务重视程度的调查情况

第三，社会对志愿服务育人的认识尚不足。志愿服务的育人功能已经得到绝大多数大学生和高校的认同，但就整个社会而言，对于志愿服务育人的认识尚不足。尽管大学生参与志愿服务的积极性在逐年提高，活动参与的范围、领域在不断扩展，服务的水平、效率在不断提升，但始终没有得到社会的广泛认可和接受。一项调查显示，在求职过程中，用人单位 "非常重视" 志愿服务经历的仅占 7%，"比较重视" 的占 31%，"一般" 的占 51.2%，"不重视、不关心" 的占 10.8%[①]。这说明有相当多的用人单位并不重视大学生是否在校期间参与了志愿活动，也表明用人单位对大学生参与志愿服务的育人效果持漠然态度。不可否认，当前大学生志愿服务存在诸多问题，一些志愿活动存在 "应景" 的嫌疑，志愿服务行政化、形式化严重，使大学生无法发挥自身的个性优势和专业优势，志愿服务的育人效果不尽如人意。类似现象的存在直接导致社会对大学生志愿服务育人的认识浮于表面。同时，在多元文化侵蚀的社会环境下，一些公众将个体的道

---

① 王泓：《大学生志愿服务的社会支持与保障状况分析》，《实践研究》2012 年第 9 期。

德感知物化，将评价个人成就的标准与财富、地位挂钩，传统社会那种"学而优则仕"的认知根深蒂固。近年来，虽然在大众传媒和公民教育活动的影响下，社会各领域开始认识到大学生参与志愿服务的价值和意义，但由于志愿服务缺乏整体、全面的推广，公众对其的认知往往只停留于表层，没有对志愿服务形成深刻的认识，也没有通过适当的途径参与，造成整个社会志愿服务意识的匮乏，对志愿服务育人的成效认识不足，对大学生志愿服务的支持裹足不前，严重挫伤了大学生参与志愿服务的积极性，也对志愿服务的育人效果产生了误判。

　　第四，家庭对大学生志愿服务育人的认识不足。近年来，我国大学生志愿服务蓬勃发展，志愿服务活动不断走向深入和多元化，这与国家和社会的关注、高校的认可、家庭的支持是分不开的。大学生虽然已经是成年人，但毕竟还没有踏入社会，对社会的认识尚处在朦胧阶段，尤其是对社会的复杂性估计不足，应对社会风险的能力还相对较弱。因此，大学生志愿服务过程是一个自我磨炼、自我教育、自我认知的过程，也是踏入社会前难得的"实习"良机。大学生通过参与志愿服务获得能力和品德提升已经得到大多数家长的认可。但就现实情况而言，部分家庭对大学生志愿服务育人的认识则略显不足。一方面，长期以来受"应试教育"的影响，家长过分关注子女智力发展，忽略了道德教育的重要性。志愿服务本身是道德素养的体现，是社会文明的标志，是培养良好品质的重要途径，是家庭教育和学校教育的重要补充。然而，家长对子女教育的单向性认识，造成他们对志愿服务育人的功能认识不足。一些家长认为，子女参与志愿服务活动会耽搁学习、浪费时间和精力，得不偿失；还有一些家长出于安全的考虑，不赞同或不支持子女参与志愿服务，尤其是到离家乡、学校较远的偏远地区从事志愿服务工作。家长的这些顾虑和隐忧看似符合现实、合情合理，但究其本质，还在于对志愿服务育人的认识不够深刻，对育人效果持怀疑态度。另一方面，社会家庭成员讲求互相帮扶的传统观念与志愿服务对陌生人的无私奉献相去甚远，导致家长对志愿服务育人的效果持冷漠态度。当前，我国正处于社会转型期间，传统的家庭观念依然起着惯性作用，不可能一朝一夕就能彻底改变，乡土社会倾向家庭、邻里之间的相互帮扶，存在一定的封闭性，而志愿服务更强调对弱势群体的无私帮助，具有开放性和广泛性。一些家长认为家庭成员间的相互帮助天经地义，而对给予陌生人帮助则持"事不关己、高高挂起"的冷漠态度。家庭成员这些狭隘的观点影响到他们对志愿服务育人效果的态度，进而销蚀着大学生从事志愿服务的积极性。

（二）大学生志愿服务育人工作本身存在许多问题

从20世纪90年代以来，尤其是进入21世纪以来，我国大学生志愿服务育人事业获得了快速发展，在实践中取得了显著成效。但是，大学生志愿服务育人工作存在的问题也逐渐显现出来，严重制约着大学生志愿服务育人功能的有效发挥，降低了其育人效果。存在的主要问题有以下四个方面。

第一，志愿服务方式比较单一。几十年来，随着我国大学生志愿服务范围和领域的不断延伸，相关部门和组织也在不断探索大学生志愿服务育人的新方式，从而使其志愿服务育人方式逐渐增多。但是，由于受到各种主客观因素的限制，高校和相关组织对大学生志愿服务的育人作用认识不足，不重视大学生志愿服务育人活动的开展，因而致使大学生志愿服务育人方式较为单一，且停留在简单、易行的浅表层次。在笔者进行的调查中，当问到"您觉得目前志愿服务活动存在的主要问题是什么？"时，有23.8%的大学生认为是活动过于单一。大学生经常参加的志愿服务往往主要局限于社区服务、社会援助、爱心奉献等几种形式，且活动方式简单，专业知识性不强，有些活动也是临时性的简单劳动。在对"您参加过的志愿服务活动与您的专业是否有联系"的回答中，认为"联系密切"的大学生占7.2%，认为"联系较大"的大学生占17.2%，认为"联系不大"的大学生占58.4%，认为"没联系"的大学生占17.2%，这说明大学生参与的志愿服务与所学专业并无多大联系，不能有效提高志愿者的专业素养。久而久之，大学生对这些志愿服务形式失去兴趣，参加志愿服务的主动性、积极性随之降低，导致大学生志愿服务的育人效果降低。实践证明，某些规模大、内容丰富、服务方式新颖的志愿服务能够有效地调动大学生的积极性，如大型赛会服务、国际合作服务等。但是，它们开展起来难度很大，开展的次数较少，能够参加的人数也受到严格限制，其志愿服务育人的覆盖面较小，其教育功能也不能充分发挥。

第二，存在形式主义倾向。受到社会上某些不良风气的影响，大学生志愿服务中也存在形式主义的倾向，严重影响了志愿服务育人功能的发挥。有些高校开展志愿服务活动过于注重活动的影响力，热衷于开展一些短时间的、轰轰烈烈的活动，一味地追求参加人数的规模，忽略了志愿服务育人作用的发挥。每当开展志愿服务的时候，大家"一窝蜂"似的涌向一个地方，只注重造势，而不注意服务的精准性，曾经出现过同一家敬老院的老人在"学雷锋活动日"被几支服务队相继进行了多次同样服务的事情，而对于那些需要长时间连续性服务或影响力不大的项目却不愿开展。某些志愿服务活动还存在"做秀"的现象。每到某个特殊的日子，如12月5日"国际志愿者日"，许多高校集中组织大学生开展志愿服务活动，他们举着旗帜和横幅，沿街发放宣传单，组织签名倡议，造成声势浩大的形式效应，而事后却销声匿迹、悄无声息了。有的学者将大学生志愿服务存在的形式主义倾向归纳为"三多三少"，即活动多服务少，宣传多实效少，数量多骨干少[①]。像这样的志愿服务活动，虽然从表面上看起来开展的颇具声势，但是内涵浅、成效低，对大学生志愿者的教育作用不大。

第三，志愿者的素质有待于提高。大学生志愿服务的质量在很大程度上取决于大学生志愿者的服务素质和事前准备工作。然而，某些大学生志愿者在服务前没有很好地参加上岗培训，未能掌握服务所需要的专业素质，同时也没有做好充分的思想准备，从而影响了大学生志愿服务的质量和育人效果。

一是对困难估计不足。某些大学生在学校老师的动员和他人的带动下参加了志愿服务，但对志愿服务过程中可能存在的困难估计不

---

① 王兴国、王泓等：《大学生志愿服务的社会形象及提升策略》，《思想理论教育》2013年第1期。

足，缺乏思想准备，一旦遇到困难，就表现出畏难情绪，难以有效应对，甚至半途退出服务，不能做到善始善终，坚持到底。笔者的问卷调查表明，在问到"志愿服务过程中当遇到困难和挫折时您会如何做?"时，部分学生回答会深受打击，并退出活动（占6.9%），这说明部分学生的承受能力还比较差。

二是社会经验缺乏。志愿服务活动旨在服务于社会和他人，要求大学生志愿者具有必要的沟通能力和实际操作能力。而大学生主要生活在校园中，对社会的了解有限，缺乏社会经验，与他人沟通和协调的能力也较差，在志愿服务活动中不能很好地与他人沟通，难以处理各种复杂关系，这不仅制约了大学生志愿服务活动的开展，也影响了大学生志愿者的自信心。

三是责任意识不强。许多大学生是独生子女，家庭成长环境比较优越，没有经历过生活的磨炼，缺乏吃苦耐劳的精神，在志愿服务中责任观念淡薄。有的大学生之所以参加志愿服务，是出于从众心理或者应付学校的规定。由于缺乏奉献精神，服务意识不强，致使他们在志愿服务过程中难以有良好的表现，容易出现虎头蛇尾、半途而废的现象。在笔者的问卷调查中，当问及"您觉得在服务中自身存在哪些不足?"时，44%的大学生认为自己实际操作能力差，41.2%的大学生认为自己事前没有做好准备，25.2%的大学生认为自己毅力不够，20.9%的大学生认为自己缺乏吃苦精神，其他因素占6.5%。大学生志愿者自身因素存在的上述不足，不仅极大地影响了其志愿服务的质量和效果，也使他们产生挫败感和失落感，影响了其参加志愿服务的积极性，不利于大学生的健康成长。

第四，岗前教育培训缺乏。大学生并不是专业的社会工作者，在服务过程中难免会遇到这样那样的困难和问题，因此，要顺利、圆满地完成服务任务，就需要对大学生志愿者进行必要的岗前培训。通过各种岗前培训和教育，可以使志愿者全面了解服务工作岗位的相关情况和要求，提前做好思想和心理准备。然而，在高校志愿服务实践中，有关部门却往往忽视对大学生志愿者的培训，没有开展志愿服务岗前培训或者培训过于简单，使部分志愿者缺乏应有的专业知识和服务技能，不能胜任所承担的服务工作，导致志愿服务工作质量不高，同时也使志愿者的自信心受到打击，不能发挥志愿服务的育人作用。在笔者调查中，当问到"学校或服务单位是否对您进行了志愿服务的岗前培训？"时，回答"高校和服务单位都培训了"的大学生占18.7%，"只有服务单位培训了"的大学生占19.2%，"只有学校培训了"的大学生占20.2%，"两者都没有培训"的大学生达到41.9%（见图3-5），说明许多高校和志愿者组织不重视对大学生志愿者的岗前教育培训，这不仅影响了大学生志愿服务的质量，也阻碍了其育人作用的有效发挥。

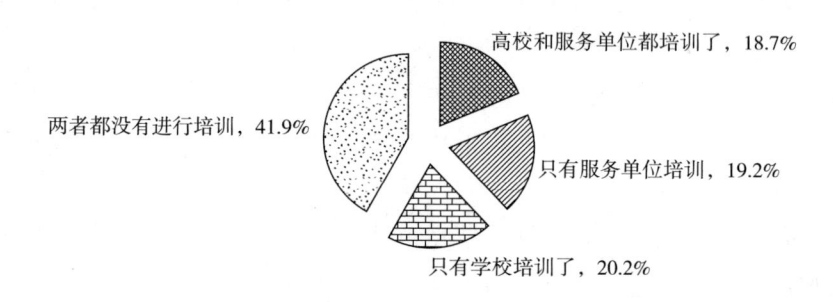

图3-5 关于大学生志愿服务岗前培训的调查情况

（三）社会对大学生志愿服务育人的支持不够

社会支持是大学生志愿服务持续健康发展必不可少的条件。当前，由于受到多种因素的影响，大学生志愿服务的社会支持度还不高，其所承载的育人功能得不到有效发挥。

第一，家庭支持有限。大学生已经达到18周岁，成为法律意义上的成年人，是具有完全民事行为能力的公民。但是，大学生还以学习为主，没有或很少有自己的经济收入，在经济上不独立，对家庭的经济依赖性强。志愿服务具有无偿性特征，不以获得物质报酬为目的，为他人和社会提供的是非营利性无偿服务。大学生参加志愿服务活动，有些方面的费用由学校或服务单位承担，但是生活等方面的支出要由自己解决，需要大学生家庭给予经济上的支持，这会加重他们家庭的经济负担，在一定程度上制约了大学生参加志愿服务活动。有学者研究发现，家庭经济条件困难的大学生虽然对志愿服务的态度比较积极，但实际参与率不高；而家庭经济条件好的大学生实际参加志愿服务的比例比较高①。可见，受到个人家庭经济条件的限制，有些家庭经济条件困难的大学生虽然主观上有参加志愿服务的意愿，但未必能够真正实现。

第二，社会支持度不高。从志愿服务发展的历程来看，广泛的社会支持是促进大学生志愿服务发展的重要条件之一。在西方发达国家，大学生志愿服务得到社会的普遍认可，社会对志愿者的评价也非常高，政府部门和社会各界都热心支持大学生志愿服务。在我国，开展大学生志愿服务只有几十年的时间，还处于初级阶段，影响力有限，社会对其志愿服务活动了解不多，对其育人功能认识不清，支持力度也很不够。有些单位和个人看不到大学生志愿服务的社会意义，不配合大学生志愿服务活动的开展，推诿敷衍，或者把志愿者拒之门外；有些人不尊重大学生志愿者的劳动，甚至于对大学生志愿者进行嘲讽、谩骂；有些单位把大学生志愿者当作廉价的劳动力，随意安排他们从事一些简单、机械的重体力劳动；大学生在择业就业时，很多用人单位倾向于招聘学生党员和干部，而对是否有志愿服务经历不太重视；少数无良知的商家也经常利用大学生志愿者达到自己的商业目的；等等。这些现象的存在，影响了大学生参加志愿服务的积极性，也很难使大学生志愿者从中获得成就感，志愿服务的育人功能得不到充分发挥。从笔者的问卷调查可以看出，大学生认为"高校和服务单位合作中存在的主要问题"是"高校与合作单位之间缺乏良好的合作机制"的占59.9%，认为"服务单位花费的时间、精力不够，其效果难以保证"的占44.7%，认为"地方政府协调不够"的占33.8%（见图3-6）。从总体上说，目前我国民众对大学生志愿服务的认识水平还不高，大学生志愿者不被社会理解的现象还比较常见，志愿服务发展的社会氛围还不浓厚，社会对大学生志愿服务的支持力度有待

---

① 王泓：《大学生志愿服务的社会支持与保障状况分析》，《思想理论教育》2012年第17期。

进一步提高。由此，高校组织开展大学生志愿服务活动受到一定社会环境的限制，其所蕴含的育人功能难以得到有效发挥。

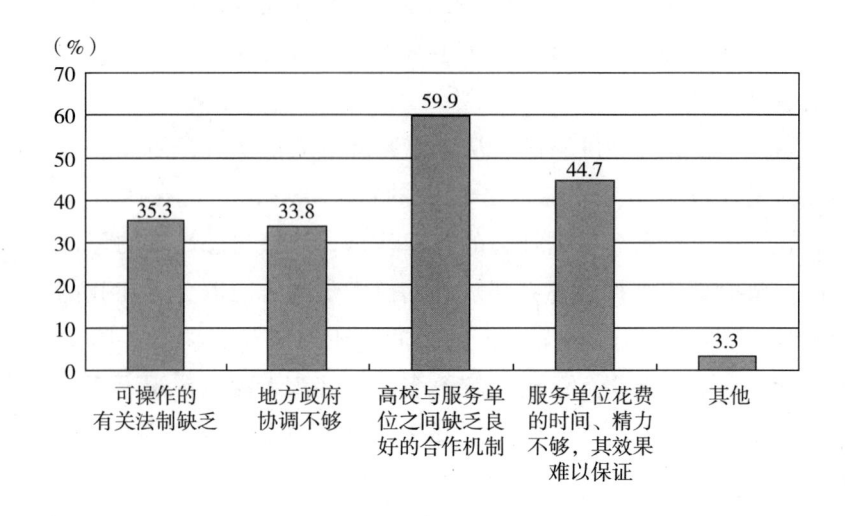

图3-6　关于高校与服务单位合作中存在问题的调查情况

（四）多元价值观冲击着大学生志愿服务的育人效果

改革开放以来，随着我国对外交流与跨文化交际的不断频繁，国外多种文化思潮传入我国，使我国形成了文化多样化的发展态势。尤其是20世纪90年代后，经济全球化的不断发展，使我国的文化多样化趋势愈加明显，多元社会思潮也涌入了大学校园。这些社会思潮既有进步的，也有落后的。正如邓小平所说："打开窗户，新鲜空气会进来，苍蝇也会飞进来。"这要求我们既要积极吸收一切先进的东西，又要抵制一切腐朽的东西。志愿服务就是在文化多样化过程中传入我国的。

文化多样化的不断发展，给大学生志愿服务带来了双重影响。西方发达国家的志愿服务起步比较早，发展比较快，在志愿服务的组织开展、运行管理、形式创新、激励保障等方面积累了丰富的经验，为我国大学生志愿服务的发展提供了有益借鉴。同时，大学生志愿服务的发展又受到文化多样化的制约。志愿服务是利他主义，倡导奉献、

第三章 文化多样化背景下我国大学生志愿服务育人的现状与趋势

友爱、互助、进步的精神，与利己主义的思想观念截然对立。而极端个人主义、享乐主义、拜金主义等不良思潮蕴含了腐朽价值观，对身心尚未完全成熟的大学生产生了消极影响，使大学生价值取向多元化，思想水平呈现层次化，部分学生片面追求个人利益和自我发展，对以"服务他人、奉献社会"为理念的志愿服务活动兴趣不大，在服务过程中的表现不佳，阻碍了大学生志愿服务育人活动的开展。具体表现在以下三个方面。

第一，大学生参加志愿服务的功利心态有所显现。在志愿服务发展初期，大学生参加志愿服务活动的目的较为单纯，在热情高涨与纯真善心的激励下，抱着关爱他人、奉献社会的想法参加志愿服务活动。然而，随着文化多样化和价值取向多元化的发展，大学生原本单纯的助人之心掺杂了某些功利成分。在问卷调查中，当问到"您参加志愿服务活动的最主要目的是什么"时，63.7%的大学生认为是为了帮助别人；61.1%的大学生认为是积累社会经验，为就业做准备；26.7%的大学生是为了认识朋友；21%的大学生是为了完成学校布置的加分任务。这充分说明了当前大学生参加志愿服务带有一定的功利性色彩。

第二，大学生的志愿服务意识弱化。志愿服务的宗旨就是"服务他人，奉献社会"。然而，随着文化多样化的不断发展，部分大学生受到极端个人主义、狭隘功利主义、拜金主义的影响，主体意识不断增强，加之现在的大学生多为独生子女，在家中受到家长呵护，因而考虑事情多以自我为中心，参加志愿服务的动机不纯，更多的是为了获取入党、评优、就业的砝码，或者是为了扩大交往的圈子，从而导致其服务意识不强，不能认真对待志愿服务工作。正如前文所述，在调查中有61.1%的大学生志愿者是本着"积累社会经验"的目的去参加志愿服务活动的，还有26.7%的学生是为了认识新朋友，甚至还有21%的学生是为了完成学校布置的加分任务。这些志愿者的服务动机和行为违背了志愿服务"为他人和社会提供服务"的本意。

第三，大学生志愿者奉献精神减弱。奉献精神是志愿服务的精髓，没有奉献和付出，就谈不上志愿服务。文化多样化背景下，受到极端个人主义、狭隘功利主义、享乐主义的影响，有些大学生以自我为中心，以金钱和利益作为自己的行为标准，片面追求个人私利和自我价值实现，追求安逸享乐的生活，缺少为他人和社会服务的奉献精神，忽视了自己应承担的社会责任。所以，有些大学生不愿意参加志愿服务活动，抱有"事不关己，高高挂起"的心态，在志愿服务中敷衍了事，不愿意奉献，从而使大学生志愿服务的育人效果不尽如人意。

（五）大学生志愿服务育人的保障机制不够健全

完善的保障机制是志愿服务有效开展的基础，也是其育人功能有效发挥的前提保障。但是，由于我国大学生志愿服务起步晚，保障机制还不健全，妨碍了大学生志愿服务育人事业的健康快速发展。主要表现为以下五个方面。

第一，安全风险。安全需求是人的基本需求之一，它包括人身安全、健康保障、财物安全等。大学生从事志愿服务时，尤其是去偏远、高山等艰苦地区参加期限较长的志愿服务活动时，要面临一定的安全风险。有时候大学生志愿者从事的服务工作强度大，工作环境复杂，而大学生志愿者年纪轻，缺少社会历练和社会经验，当面对困难和突发事件时难以做出正确的应对和处置，抵抗风险的能力较弱。建立安全保障制度以确保大学生志愿者的安全是开展志愿服务活动所要解决的首要问题。但在志愿服务实践中，大学生在参加志愿服务的过程中受到人身伤害的事件时有发生，甚至出现了各种原因的意外死亡，这折射出我国大学生志愿服务在安全保障方面存在短板。

第二，资金缺乏。大学生志愿者组织是公益性的非营利组织，志愿服务提供的是无偿服务，但是开展志愿服务活动是有成本的，需要一定的资金支持，如材料费、通信费、交通费、食宿费等。长期以来，高校志愿服务基本上是由共青团牵头开展，活动经费主要来源于共青团的工作经费，或向学校和有关部门申报志愿服务项目而争取到的项目经费，很少向社会企事业单位和公众募集资金，因而资金来源单一，资金数量不足。随着大学生志愿服务的不断发展，服务领域拓宽，规模扩大，服务形式多样化，开展志愿服务活动所需要的资金投入也日益增多,使某些大学生志愿者组织的经费捉襟见肘,经常出现由于资金短缺而不得不中止或取消某些服务项目或者压缩服务活动规模的现象。笔者问卷调查发现,有39.3%的被调查者认为,目前志愿服务活动存在的主要问题是活动经费缺乏。另有研究显示,有60%的被调查者认为,资金不足是我国志愿者组织存在的一个严重问题[1]。目前,经费得不到保障,筹集资金困难已成为困扰许多大学生志愿者组织的主要问题,阻碍了大学生志愿服务的持续发展,也制约了大学生志愿服务育人功能的发挥。

第三,法律保障层次低。1999年8月5日,广东省第九届人民代表大会常务委员会第十一次会议通过的《广东省青年志愿服务条例》,是我国第一个与志愿服务相关的地方性法规。其后,江苏、天津、山东等省市先后出台了一些志愿服务管理条例和规定。但这些条例和规定都是地方性法规,各省市之间的规定也存在一定差异,层次较低,可操作性不高。目前,国家尚未对志愿服务进行立法,还没有一部全国性的法律法规来规范大学生志愿服务。关于志愿服务的行为和性质、志愿者组织的地位、志愿者的权利和义务、志愿服务纠纷协调解决机制等都还缺乏明确的法律规定。这严重制约了大学生志愿服务育人事业的健康发展。

第四,权益保障不完善。大学生在从事志愿服务的过程中,为他人和社会做出了贡献,但是,当遇到一定风险或事故的时候,自身的正当权益却往往得不到有效保障。2002年12月,青海可可西里自然保护站志愿者冯勇在志愿服务行动中不幸遇难。冯勇是在公益活动中死亡的,却不能按因公死亡获得抚恤金。因为我国目前还没有关于志愿者权益保障的相关法律,按照现有的法律规定,只有政府财政支持的单位和有财力支持的企业人员,才可以依照因公受伤或者死亡支付抚恤金,而对于在一般民间组织活动中出现的伤亡者,很难享有这样的抚恤待遇,这反映出我国志愿者从事志愿服务缺乏权益保障的问

---

[1] 于琳:《大学生志愿服务调查:以山东大学为例》,《重庆社会科学》2009年第2期。

题。十多年已经过去，志愿服务权益保障不完善的问题仍然没有得到根本解决。大学生志愿者为社会提供了服务，是公益行为的施行者，而施行者自身的权益却得不到应有的保障。有些高校和志愿者组织很少为大学生志愿者提供人身保险、医疗保险和交通保险等。在笔者的问卷调查中，当问及"您在参加志愿服务时，有没有签订保障您人身安全和其他权益的合同？"时，回答中"学校代签"的大学生占12.6%，"学校没有相关规定，但与服务单位签了"的大学生占18.3%，"学校有相关规定，但没有签订"的占15.8%，"没有签订"的大学生占53.1%（见图3-7），后面两项相加达到68.9%，占总调查人数的2/3以上。由此可见，有关部门和服务单位对大学生志愿者的权益重视不够，导致他们在参加志愿服务时的权益缺乏有效的保障。

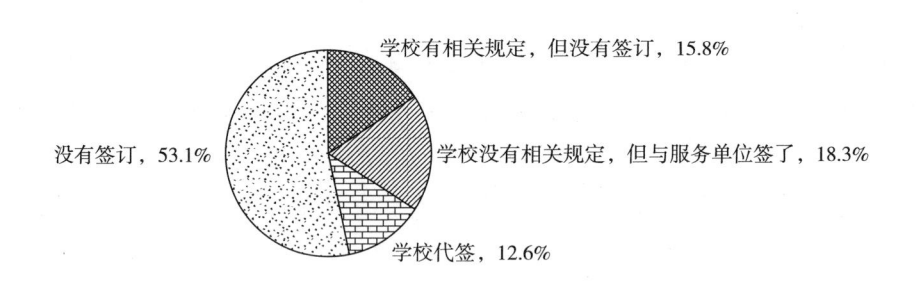

图3-7　关于参加志愿时是否签订人身安全和其他权益合同的调查情况

第五，政策措施不配套。为了促进高校志愿服务的长效发展，有关部门应当制定完善的有关鼓励大学生参加志愿服务的配套政策和措施。但是，到目前为止，这方面的政策和措施还不完善。一些参加国家政策类志愿服务的大学生在服务期满后，如"三支一扶"、大学生服务西部计划等，除部分考取了公务员或事业单位的工作人员外，其他志愿者又重新面临择业和就业的压力，国家没有从政策层面帮助其解决就业问题。同时，某些高校也存在志愿服务评估和激励机制方面的问题，不能制定出科学、客观、具体的评估措施和奖励办法。志愿服务结束之后，大学生志愿者往往交份总结或报告就草草了事，除极少数的服务者受到一定的表彰之外,其他志愿者得不到一定形式的奖励和肯定,在评优评奖和就业中也没有一定的优势,这在一定程度上挫伤了大学生志愿者的积极性。笔者在问卷调查中发现,志愿服务结束后,学校开展的后续宣传教育活动中,组织学生写心得体会的比例最高,占 37.7%,没有开展任何后续宣传教育活动的占 25%;对于"学校或服务单位对你们的志愿服务是如何进行评估的?"的问题,大部分大学生志愿者认为能够对志愿服务进行有效的评估,但是也有 28.7% 的学生认为评估是流于形式的。这不利于志愿服务质量的提高及其育人功能的发挥。

第三节 我国大学生志愿服务育人的发展趋势

改革开放以来,尤其是 20 世纪 90 年代以来,我国大学生志愿服务育人事业在实践探索中稳步前进,发展水平不断提高,日益呈现出规范化、法制化、常态化、国际化的发展趋势,其所蕴含的育人功能也得到了同步发展,有力地促进了大学生的成长成才。

一 大学生志愿服务育人向规范化发展

经过多年的发展,大学生志愿服务逐渐步入良性发展的轨道,其规范化程度不断提高,为充分发挥志愿服务的育人功能提供了可靠保障。

(一)建立大学生志愿者组织网络

1994 年 12 月 5 日,共青团中央成立第一个全国性的志愿者组织——中国青年志愿者协会。1998 年 8 月,团中央成立了青年志愿者行动指导中心,负责规划、协调、指导青年志愿服务工作。随着志愿服务的发展,各省市陆续成立相应的专门工作机构,高校中也逐渐建立起志愿者组织,截至 2013 年 11 月底,全国 2000 多所高校建立了青年志愿者协会。在高校中基本形成了包括校志愿服务协会(总队)、院系志愿服务分队及各专门志愿服务队组成的志愿者组织网络。2019

年10月21日，中国志愿服务研究中心成立，为我国志愿服务机构建立了智库。党的十九届四中全会又进一步提出健全志愿服务体系问题。大学生志愿服务机构体系的日益健全和完善，为志愿服务活动的规范化开展奠定了组织基础，也为志愿服务育人功能的发挥提供了组织保障。

（二）制定实施各种关于大学生志愿服务的政策和措施

为了促进大学生志愿服务的健康发展，国家有关部门出台了一系列政策性措施。1996年11月14日，共青团中央发布了《关于印发规范青年志愿者行动五个文件的通知》，这五个文件是《关于青年志愿者为大型活动提供志愿服务的暂行规定》《关于青年志愿者参加抢险救灾的暂行规定》《关于建立青年志愿服务站若干问题的意见》《关于加强青年志愿者规范管理的暂行规定》和《中国青年志愿者行动评选表彰工作条例（试行）》。2002年，共青团中央制定《中国青年志愿者注册管理办法（试行）》。2006年11月，团中央正式发布《中国注册志愿者管理办法》，规范志愿者注册工作，加强对注册志愿者的管理和服务。2013年11月，为适应新形势下青年志愿者行动的发展需求，国家还对《中国注册志愿者管理办法》进行了修订。2009年7月，团中央、教育部等部门制定《大学生志愿服务西部计划志愿者管理办法》，以加强大学生志愿服务西部计划志愿者的管理工作。2012年10月，民政部印发《志愿服务记录办法》，加快建立志愿服务记录制度，促进和规范志愿服务记录工作。各地也从本地实际出发，制定出台了一些加强志愿服务管理的政策，如《大学生志愿服务苏北计划志愿者管理办法（试行）》《重庆市青年志愿者协会章程》《泉州市志愿者注册管理办法》等。各级各类高校还制定了一些具体的管理措施，进一步规范对大学生志愿服务的管理。如北京大学制定的《青年志愿服务活动优秀项目资助办法》和《青年志愿者积分评优办法》、广东海洋大学制定的《青年志愿者服务小队管理办法（试行）》、山东大学制定的《志愿者服务时间统计制度管理办法》、国际关系学院制定的《社会实践和志愿服务活动学分管理办法》等。2019年7月25日，中国志愿服务联合会通过了《中国志愿服务联合会章程》，之后民政部又发布了《志愿服务组织基本规范》和《志愿服务记录与证明出具办法》，而且将关于志愿服务的项目纳入《国家社会科学基金课题指南》等。这些政策和措施有力地促进了大学生志愿服务的规范化发展，也为志愿服务育人功能的发挥提供了政策保障。

（三）完善大学生志愿服务运行机制

通过多年的实践，各级各类高校逐渐积累了丰富的关于大学生志愿服务的工作经验。在大学生志愿服务的各个环节方面，从宣传发动、人员招募、教育培训，到活动开展、考核评估、表彰激励等方面，都积累了较为成熟的经验和做法，初步形成了完善的大学生志愿服务工作机制，构建了推动大学志愿服务持续发展的长效机制，如志愿服务项目运作，与社会力量共建志愿服务平台，将志愿服务内容纳入教学计划，对大学生志愿服务实行学分化管理等，确保了高校志愿服务的规范化运行，有力地促进了我国大学生志愿服务的深入发展，也有利于充分发挥志愿服务的育人功能，使更多的大学生在志愿服务中受到锻炼和教育，增长才干，为社会做出贡献。

二　大学生志愿服务育人向法制化发展

经过几十年的发展，我国大学生志愿服务在法制化建设方面取得了巨大成就。虽然目前我国在国家层面尚未就志愿服务工作正式立法，还没有一部全国性的法律法规来规范志愿服务行为和保障志愿者权益，但是，在全国各级党委、政府和人大的支持下，在各级共青团组织的积极推动和参与下，我国志愿服务立法工作取得了显著成效，全国各地已经陆续制定出台了一系列关于志愿服务的地方性法规。1999年8月5日，广东省人大常委会制定并通过了《青年志愿服务条例》，这是我国第一部关于志愿服务的地方性法规。这部法规的制定和施行，对于推动我国青年志愿者服务进入法制化轨道起到了重要作用，是我国大学生志愿服务走向法制化的一个良好开端，也为我国志愿服务的提供了宝贵的立法探索和经验。而后，我国大学生志愿服务的法制化趋势日趋明显。截至2014年4月，全国共有19个省（区、市）和16个城市的人大或者人大常委会相继制定了多个志愿服务方面的地方性法规。其中包括广东、山东、福建、黑龙江、吉林、湖北、江苏、浙江、江西、海南、四川、陕西、湖南和山西 14 个省，北京、天津和上海 3 个直辖市，宁夏回族自治区和新疆维吾尔自治区两个自治区，宁波、杭州、成都、南京、深圳、济南、青岛和广州 8 个副省级市，抚顺、银川、淄博、昆明、汕头、唐山、南宁和合肥 8 个市①。这些关于志愿服务的法律法规的制定和实施，为我国大学生志愿服务育人提供了坚强的法律支撑，极大地推动了我国大学生志愿服务育人活动的开展，尤其是一些关于青年志愿服务的《条例》和《规定》的出台，为我国大学生志愿服务育人事业的健康持续发展保驾护航，也从法制建设方面保障了大学生志愿服务育人功能的有效发挥。随着我国志愿服务立法工作的加强，关于志愿服务的全国性法律法规的制定工作将被提上立法日程，将有力地推动我国大学生志愿服务育人工作向法制化方向发展。

三 大学生志愿服务育人向常态化发展

20 世纪 90 年代以来，随着大学生志愿服务的不断发展及其积极作用的日益凸显，我国对大学生志愿服务的重视程度不断提高，开始积极倡导和推动大学生志愿服务育人活动的开展。1996 年 3 月，在

---

① 这些志愿服务法规分别为：19 个省（区、市）法规是 1999 年 9 月 20 日广东省《青年志愿服务条例》、2001 年 10 月 1 日山东省《青年志愿服务规定》、2003 年 5 月 4 日福建省《青年志愿服务条例》、2003 年 8 月 1 日黑龙江省《志愿服务条例》、2006 年 1 月 1 日吉林省《志愿服务条例》、2006 年 7 月 1 日宁夏回族自治区《志愿服务条例》、2006 年 8 月 1 日湖北省《青年志愿服务条例》、2007 年 5 月 1 日江苏省《志愿服务条例》、2007 年 12 月 5 日北京市《志愿服务促进条例》、2008 年 3 月 1 日江西省《青年志愿服务条例》、2008 年 3 月 5 日浙江省《志愿服务条例》、2008 年 3 月 5 日天津市《青年志愿服务条例》、2009 年 6 月 1 日上海市《志愿服务条例》、2009 年 7 月 1 日新疆维吾尔自治区《志愿服务条例》、2009 年 8 月 1 日海南省《志愿服务条例》、2009 年 12 月 1 日四川省《志愿服务条例》、2010 年 12 月 5 日陕西省《志愿服务促进条例》、2012 年 12 月 1 日湖南省《志愿服务条例》和 2014 年 3 月 1 日山西省《志愿服务条例》，8 个副省级市法规是 2003 年 2 月 1 日宁波市《青年志愿服务条例》、2004 年 3 月 5 日杭州市《志愿服务条例》、2005 年 6 月 6 日成都市《志愿服务条例》、2005 年 7 月 1 日南京市《志愿服务条例》、2005 年 7 月 1 日深圳市《义工服务条例》、2006 年 10 月 1 日济南市《志愿服务条例》、2008 年 5 月 29 日青岛市《志愿服务条例》和 2009 年 3 月 5 日广州市《志愿服务条例》，8 个城市法规是 2004 年 7 月 1 日抚顺市《志愿服务条例》、2004 年 11 月 1 日银川市《青年志愿服务条例》、2009 年 5 月 1 日淄博市《志愿服务条例》、2010 年 9 月 1 日昆明市《志愿服务条例》、2010 年 9 月 1 日汕头市《青年志愿服务促进条例》、2010 年 9 月 15 日唐山市《志愿服务条例》、2011 年 7 月 1 日南宁市《志愿服务条例》和 2013 年 3 月 1 日合肥市《志愿服务条例》。

《国民经济和社会发展"九五"计划和 2010 年远景目标纲要》提出，提倡开展社会志愿者服务和社会互助活动。这里的社会志愿者，就包括青年志愿者在内。同年 10 月，中共中央《关于加强社会主义精神文明建设若干重要问题的决议》中明确要求，要深入开展"希望工程""青年志愿者"和"手拉手"等活动。此后，在国家的重要文件中多次强调要积极开展大学生志愿服务育人活动。2004 年 10 月，中共中央、国务院《关于进一步加强和改进大学生思想政治教育的意见》中强调，积极组织大学生参加社会调查、生产劳动、志愿服务、公益活动、科技发明和勤工助学等社会实践活动。2009 年 6 月，教育部制定《关于深入推进学生志愿服务活动的意见》，要求把志愿精神作为进一步加强和改进大学生思想政治教育和未成年人思想道德建设的重要内容，充分发挥志愿服务活动的育人作用。2010 年 7 月，《国家中长期教育改革和发展规划纲要（2010—2020 年）》明确指出，鼓励学生积极参与志愿服务和公益事业。2012 年 1 月，教育部、中宣部等多部门联合出台了《关于进一步加强高校实践育人工作的若干意见》，把大学生志愿服务作为高校实践育人的有效载体之一。在各级党政部门的积极推动下，我国大学生志愿服务获得迅速发展，明显表现出常态化的发展趋势，有效地发挥了对大学生的锻炼、教育、培养作用，以大学生志愿服务作为高校育人工作的重要手段和有效载体逐渐常态化。

（一）志愿者队伍逐渐壮大

自 2006 年 11 月共青团中央发布《中国注册志愿者管理办法》以来，从各类报刊公布的信息来看，我国志愿者注册人数逐渐增长。2007 年 12 月，在共青团组织和青年志愿者组织注册的志愿者人数为 2511 万人；2008 年 12 月，注册的志愿者人数增至 2946 万人；2009 年 12 月，注册的志愿者人数达到 3047 万；到 2011 年 12 月，注册的青年志愿者人数已有 3392 万人；到 2013 年年底，已注册的青年志愿者人数攀升到 4043 万人；截至 2019 年 12 月底，全国注册的青年志愿者已超过 1 亿人。有关志愿者的职业构成调查显示，排在前三位的依次是学生、工人和专业技术人员，所占比例分别为 46.1%、16.7%

和 11.23%。调查数据显示，青年学生更喜欢参加志愿服务活动时，大中学生群体占八成左右①。大学生是青年志愿者行动的重要参与者，青年志愿者人数的增长说明了大学生参加志愿服务的人数不断攀升，大学生志愿者队伍逐渐壮大，众多的大学生在志愿服务活动中得到了锻炼和教育，这有助于他们健康成长和历练成才。

（二）志愿服务领域不断延伸

文化多样化背景下，随着大学生志愿服务的不断发展，根据国家经济社会发展和人民群众生产生活的需要，我国大学生志愿服务涉及的领域不断扩展，志愿服务的形式也日益多样化。在中国青年志愿者行动发展初期，大中学生构成青年志愿者的主体，后来学生在青年志愿者队伍中依然占有很大比例。大学生是志愿服务的引领者和践行者，在每一个志愿服务领域都有大学生的身影，目前大学生志愿服务已涵盖社区服务、扶贫济困、助老助残、西部开发、大型活动、环境保护、抢险救灾、社会管理、文化建设、海外服务等多个领域，为经济发展、社会进步和改善民生做出了积极贡献，也使大学生志愿者在服务活动中受到多方面的锻炼，提高了自身的综合素质和实践能力。

（三）志愿服务活动频度增加、范围扩大

自 20 世纪 90 年代实施"青年志愿者行动"以来，各级各类高校逐渐建立了大学生志愿者组织。这些志愿者组织开展活动的次数不断增加，大学生参加志愿服务的人数也不断增多，特别是 2008 年汶川抗震救灾和北京奥运会志愿服务以来，大学生志愿服务发展的步伐迅速加快，参加志愿服务已经成为高校大学生的一种生活时尚。20 世纪后期，大学生参加的志愿服务活动多是一些时间短、规模小的项目。进入 21 世纪以来，大学生志愿服务的一个重要特点是参加的大型志愿服务项目增多。这些项目的服务时间长，任务重，参与人数众多，如从 2003 年开始实施的大学生志愿服务西部计划、抗震救灾志愿服务、大型赛会志愿服务等项目。从空间上看，大学生志愿服务的范围

---

① 中国青少年研究中心、团中央青年志愿者行动指导中心课题组：《中国青年志愿者行动研究报告》，《中国青年研究》2001 年第 2 期。

既包括校内，也包括校外；既包括城市，也包括农村；既活跃于东部发达地区，也深入西部边远地区。志愿者的足迹几乎已经遍及全国各地，他们在广阔的天地中施展自己的能力，在志愿服务实践中砥砺青春，成长成才。

(四) 建立服务基地，创建服务品牌

1995年，我国开始进行社区青年志愿者服务站建设工作，以便使志愿服务能够落实到基层。随后，社区青年志愿者服务站在全国各地迅速发展起来。2004年，全国建立的社区青年志愿者服务站有24000多个。2006年创建的各类服务站和服务基地达到89000多个。截至2013年11月，全国各地建立志愿服务站（基地）增至13万个。一些高校共青团组织积极加强与社会力量的合作，在企事业单位中创建大学生志愿服务站（基地），为大学生志愿服务的开展提供了稳定、可靠的场所，有力地促进了大学生志愿服务的常态化发展，也充分发挥了对大学生志愿者的教育和培养作用。如2007年11月，东南大学信息科学与工程学院与南京市盲人学校共同创建大学生志愿者服务基地；2009年10月，青海师范大学生命与地理科学学院青年志愿者协会在解放路社区建立大学生服务基地；2010年7月，济南大学在纬北路街道建立大学生志愿服务基地等。大学生志愿服务的持续发展不但表现为项目增多和人数增加，而且还表现在服务质量有较大的提高，涌现出许多优秀大学生志愿服务团队，打造出诸多大学生志愿服务的优良品牌，如北京师范大学的白鸽青年志愿者协会、福州大学的360°青年服务中心、湖北民族学院的"青年志愿者校园服务岗"、东华大学的阳光公益服务队等，它们在校园内产生了很大的影响力。这是高校志愿服务多年发展的结果，呈现出大学生志愿服务常态化发展的良好势头，也从一个侧面反映了大学生志愿服务育人取得了显著成效。

四 大学生志愿服务育人向国际化发展

志愿服务是改革开放后在我国与世界各国交流与往来中传入我国的，其本身就是国际交流的产物。随着经济全球化和文化多样化的不断发展，各国之间的跨文化交际日益频繁，我国大学生志愿服务也开始走出国门，具有国际化色彩。近年来，大学生志愿服务的国际化合作不断发展。目前，我国在志愿服务方面与一些国际组织（如联合国人口基金会、联合国艾滋病规划署、联合国儿童基金会、国际红十字会等）建立了合作关系，开展的志愿服务活动有国际志愿者年系列活动、世界奥运会志愿活动、世界艾滋病防治信息宣传志愿活动等。其中，具有代表性的项目是中国青年志愿者海外服务计划，这是由共青团中央、中国青年志愿者协会共同发起实施的一个长期的国际志愿服务项目，由于其海外志愿服务的特殊性，得到了包括应届大学生在内的广大青年的积极响应。自2002年5月启动以来，相继开展和实施了老挝项目、缅甸项目、泰国项目、埃塞俄比亚项目、津巴布韦项目、塞舌尔项目、圭亚那项目、突尼斯项目等。截至2013年年底，我国已先后选派了590名中国青年志愿者分赴亚洲、非洲、拉丁美洲的22个发展中国家开展志愿服务活动，服务内容主要包括文化教育服务、医疗卫生服务及农业科技推广、计算机培训等方面的科技服务。志愿服务的海外发展，不仅在不同国家、不同民族之间架起相互沟通的桥梁，充当了国家之间的友好使者，加强了与各国青年之间的交流与合作，增进了我国与接受服务国人民之间的相互了解和友谊，而且使大学生志愿者在国际舞台上展示风采，在援外过程中丰富人生经历，培养国际化视野，积累对外交往经验，在更广阔的空间中提高自己的综合素质，使志愿服务蕴含的育人功能得到了进一步发挥。

第四章　文化多样化背景下国外和我国港台地区大学生志愿服务育人的经验启示

国外大学生志愿服务起步比较早，发展得比较好，已经积累了丰富的成功经验。许多国家的志愿服务育人活动正逐步走向制度化、组织化和常态化。文化多样化背景下，探讨我国大学生志愿服务育人问题，应借鉴国外的先进经验与启示，进而增强我国大学生志愿服务的育人功能。

第一节　国外和我国港台地区大学生志愿服务育人概况

国外现代志愿服务起步较早，起始于19世纪初，已经有200多年的历史，现已形成了一套比较完整的运行机制。西方志愿服务发展大致经历了三个阶段：一是萌芽阶段。1869年，英国牧师亨利·索利将分散的慈善组织联合起来，在伦敦成立了慈善组织会社。与此同时，友谊社之类的互助组织也大量涌现，到19世纪70年代，参加这种组织的人已经达到400万之多，工人们自己出资建立基金，在他们陷入困难时从中获得帮助。19世纪的英国，教会和工人阶级组织的自助互助团体承担起了救济贫困任务。另外，为避免宗教迫害而从欧洲移民到北美的人为了克服困难，逐步形成了彼此互助的群体精神[1]。

---

[1] 罗公利、肖强：《青年志愿服务长效机制建设研究》，经济科学出版社2014年版，第41页。

这种群体精神深深植根于美国人民,并成为一种良好传统,一批具有慈善之心的人士成为最早的志愿者。二是发展壮大阶段。第一次世界大战到20世纪50年代,一系列关于社会福利方面的法律法规先后在欧美国家通过,实施这些社会福利政策,除需要有大批具有职业精神的志愿服务工作者外,还需要大量志愿人员参与各项服务,使政府开始逐步重视志愿服务。三是规范阶段。第二次世界大战后至冷战结束,西方志愿服务逐渐步入了专业化、规范化轨道,尤其表现在志愿服务立法、志愿精神传递、志愿者招募等方面。1950年,联合国第一次发表国际社会工作报告,指出,有46个国家成立了422所社会工作学校,同时西方许多国家的高校设立了社会工作课程,培养专业化的社会志愿服务工作人员。总体来看,西方主要发达国家的志愿者组织有着悠久的历史,积累了丰富的经验,随着宗教的产生并得到快速发展,尤其是20世纪后期得到了迅猛的发展,参与志愿服务已成为一种全球化发展趋势。

在实践中,国外学者十分注重对志愿服务的理论研究,已形成富有成效的研究成果。一是从基础理论角度进行研究。韦斯布·罗德利用主流经济学原理对志愿者组织的存在和功能进行分析,提出了市场失灵理论。汉斯曼运用主流经济学中信息不对称原理提出了契约失灵。美国著名学者莱斯特·萨拉蒙提出了志愿失灵理论,他认为,社会中不仅有市场失灵,志愿失灵也同样存在。罗伯特·帕特南指出,志愿者组织为对抗国家非正当干预个人生活提供了缓冲区。萨拉蒙在《非盈利部门的崛起》一书中指出,志愿者组织是处于公域和私域之间的第三域。二是从志愿服务类型界定。英国学者史密斯将志愿行为分成四个种类:第一类是自助或互助,指人们之间的相互扶持和相互帮助;第二类是慈善和为他人提供服务,指为慈善组织捐款或参与公益援助等活动;第三类是参与,指通过社会成员广泛参与促进人类自身发展的活动;第四类是倡导与运动,指发动全民参与改善公共福利的努力。美国学者保罗·杰伊尔斯利将志愿行为分成正规志愿行为和非正规志愿行为两种类型。正规志愿行为是指依据组织规定从事志愿服务活动,非正规志愿行为是指个人的自发服务形式。三是从高校育人方面进行研究。1979年，美国著名教育学家菲利浦·阿尔特巴赫编著了《比较高等教育》一书，指出比较高等教育的主要研究内容之一就是学生问题。四是对志愿服务管理方面的研究。南希（Nancy）从战略营销角度研究志愿服务活动，美国学者乔安妮·派恩斯（Joane Pynes）对志愿者管理进行了深入研究。

根据目前的文献资料，笔者对主要发达国家的大学生志愿服务育人概况进行梳理总结，从中发现：国外志愿服务工作的形式分为专项类、专业类、公益类和社区类四类。国外志愿服务工作呈现出法制化趋势、政府化趋势、机制化趋势、全民化趋势和社区化趋势五种。同时，国外志愿服务工作正以其突出的社会效益受到越来越多国家政府和社会的重视，已经成为这些国家加强公民道德教育和维护社会稳定的有效形式。目前，国外志愿服务主要有两个特点：一是紧密结合公民就业和成才的需求。只有这样，志愿服务活动才能建立广泛的群众基础，才能发挥志愿服务的育人功能。二是紧密结合社会发展的需求。力争改变过去以满足少数受服务者生活需求为主体的模式，着眼于国家和社会发展大局，逐步做到以服务经济和文化发展需求为主，这样，才能有力地促进人类社会的发展[①]。世界各个国家和地区大学生志愿服务育人概况如下：

一 美洲国家大学生志愿服务育人概况

（一）美国大学生志愿服务育人概况

美国大学生志愿服务工作具有历史悠久、覆盖全面、参与人数众多的显著特点。志愿服务工作为美国的社会发展和文化繁荣贡献了巨大力量，形成了良好的志愿服务传统和志愿服务文化土壤。目前，在美国，志愿服务活动家喻户晓，志愿服务意识深入人心，参与志愿服务已成为公民的自觉行为，在志愿服务活动的开展中志愿者、受助者和旁观者都受到了不同程度的教育。志愿者组织由非正式的邻里社团发展成为正式登记的非营利组织或者法人组织。近年来，美国志愿者组织规模不断扩大，已呈现出全民化、日常化的态势。据统计，美国

---

① 陈曦：《大学生志愿服务》，冶金工业出版社2009年版，第12页。

的志愿者组织数量已达100万个，数量堪称世界第一，涉及社会福利、慈善、文化、体育、宗教、环境保护等各个方面，发展日趋多元化①。美国的志愿者人口是世界志愿者人口最多的国家之一。据《美国志愿者活动报告》（2008年7月7日由美国国家和社区服务社团公布）统计，2007年，美国约6080万16岁以上的人参与社区志愿服务活动，累计志愿服务时间约81亿小时，为其经济社会创造价值超过1580亿美元，值得关注的是，这些志愿者大部分是在校大学生。《美国志愿服务（2012）》提出，2011年有6430万美国人参与志愿服务，约占总人口的26.8%，服务时间共计79亿小时，价值近1710亿美元。据美国联邦政府下属的国家与社区服务组织的调查统计，2012年，全美有超过6450万人参加过志愿服务，几乎每四名美国成年人中就有一人当过志愿者。有关调查显示，美国志愿者人数占总人口的56%，人均每周腾出4个小时做义工，高于世界其他国家②。志愿服务涉及的领域极为广泛，包括环保、教育、健康、交通以及赈灾等。美国总统奥巴马曾在美国志愿者周活动时提到："美国历史就开始于志愿服务。"这句话虽带有明显的演讲风格，却表明了志愿服务在塑造美国历史、美国精神和文化内核中的重要作用。

在美国，一些学校设置了社区服务类课程的学分，规定学生在校期间必须参加一定时间的社区志愿服务。美国普林斯顿大学宣布，从2009年开始，考入该校的新生中将有10%以上入学前先要到国外参加为期一年的志愿者活动③。同时，一些著名企业还将在校期间的社会服务记录作为招聘员工的重要标准。这充分体现了美国注重培养学生回报社会的理念。自1992年开始，美国把每年10月的第四个星期日定为"全国志愿者活动日"，每到这个节日都有大量大学生自觉参与志愿服务活动。因此，志愿者活动已成为美国大学生展示自身才能、积累工作经验、扩大社会交际、赢得社会尊敬的重要途径和平

---

① 盛静：《美国志愿者服务模式研究》，《时代报告》2015年第4期。
② 中国公益在线：《国外志愿服务概况》，2014年9月5日，http://www.gyzx.org/gykt/2014-09-05/1374.html，2016年7月1日。
③ 单江林：《校园志愿服务教程》，科学出版社2009年版，第108页。

台。大学生在入学时，一般都会根据自己的兴趣特长，自主选择参加几个志愿者组织。在参与志愿服务的过程中，大学生志愿者既可以接受专业性培训，获得丰富的职业经验积累，也能够得到社会认可和荣誉奖励。同时，他们也成为志愿精神的传播者和志愿服务理念的践行者，收到了双重效果。例如，美国环球志愿者组织的宗旨就是"自己花钱为他人服务、自己在服务中学习"。凡具有一技之长和工作热情的人士均可申请参加，组织的总部根据已确立的项目，结合每个申请者的特长和申请意愿，组成出国志愿服务队。志愿队服务的时间各不相同，短则一周，长则三周。他们集中住宿，早晚在一起用餐、开会，工作时间各奔各的岗位。服务期限一到，立刻回国，不在服务的社区继续逗留或游览。正在进行的服务项目，由下一个志愿服务队按计划时间接替。此种服务，在性质上，不同于在国外工作的专家及工程技术人员，也不同于专业考察团或旅游团。志愿者为当地人民服务，同当地人民分享自己的专长。他们在付出自己的精力、创造力和劳动力的同时，亲身感受所在国人民如何工作、怎样生活。志愿者通过在异国他乡的义务工作，广泛地接触各国普通民众，丰富了自己的人生经历。

20 世纪 80 年代中期，美国共有 121 所高校联合制定协议，力争使大学生志愿服务规范化和制度化。不少学校提供了各种形式的志愿服务活动，还设立专门机构和专职人员负责管理及指导服务活动开展，为社区服务活动提供学分，把志愿服务活动作为学生取得毕业证书的条件之一。参加和完成一项社区或学校里的志愿服务成为每个学生大学经历必不可少的组成部分。而志愿服务活动也得到了美国大学生的广泛响应支持。根据一次抽样调查，有近 1/4 的学生认为，参加志愿服务活动是自己基本的或非常重要的目标，并表示力争获得更好的志愿服务机会。事实上，有近 2/3 的新生在进大学前的一年中都参加过志愿活动。志愿服务活动在服务社会的同时，强化了学生的社会责任感。正如有些美国学生所说的那样，通过志愿服务工作，他们看到了人民所面临的现实问题，而这是他们以前从未接触过的。他们目睹了迫切需要解决的问题，并由此增强了促进社会改革的意识[①]。

（二）加拿大大学生志愿服务育人概况

加拿大志愿服务活动起步早、规模大、社会效益好。加拿大的第一个志愿者服务中心建立于 1937 年，全国目前有 200 多个志愿者服务中心，志愿服务已成为社会的重要组成部分，为加拿大经济、社会、文化的发展做出了重大贡献。20 世纪 90 年代，政府减少了对志愿者组织的资金投入，但却提高了对它们的要求，这就使志愿者组织开始越来越多地采取企业化的运作模式，资金来源开始转为依靠个人与公司的捐赠。与此同时，加拿大志愿者组织本身也发生了改变。例如，参与志愿服务的人群从成年人开始扩展到未成年人；政府给予非营利性公民社会组织更多的优惠待遇等。另外，加拿大对义工服务有一个比较完整的管理体系，义工中心根据各地的实际情况和国内外服务信息确定义工服务项目。加拿大人积极参加和支持公益活动，经常将他们的休闲时间和技能用于义务服务。

加拿大高校实行自主招生，没有高等学校的入学考试。众多高校在录取新生时普遍除了要参考新生高中阶段的学习成绩，还很注意参考他们在高中阶段参加志愿服务活动的情况，并将其作为能否入学的重要依据。他们认为，学生做义工不但能体现其帮助他人、贡献社会的意愿，而且还能促进自我完善，是培养健康人格的重要环节。加拿大高校特别重视为义工提供服务的载体。每个高校都会开展学生社团活动，学生社团是义工的广阔舞台，义工是校园文化活动的生力军。加拿大的义工制度形成了优良的传统以及专业的服务，义工制度为志愿者提供了参与公益活动的平台，养成了乐于奉献的道德品质。

（三）美洲其他国家大学生志愿服务育人概况

墨西哥大学设立了"社会服务"必修课，大学生必须要到工厂、农村等落后地区参加社会服务，传播科学文化知识，扶助贫苦民众。墨西哥政府规定，每个大学生在校期间至少要从事 6 个月的志愿服务活动，否则无法获得毕业文凭。据统计，墨西哥每年入校的大学生约

---

① 陈曦：《大学生志愿服务》，冶金工业出版社 2009 年版，第 21—22 页。

有40万人，每人有半年进行志愿服务。学校还具体规定，在社会服务现场，学生禁止家人探望、恋爱、同居、饮酒等，禁止在生活上搞特殊化，要与当地民众相一致，以维护大学生的形象。"社会服务"这门社会实践课的目的是使大学生树立正确的价值观。第一，任何专业人才都必须履行公民义务，具有民族感情和对人民群众的责任感；第二，必须把业务理论与社会实践相结合，把所学专业与国家的实际需要相结合①。

在哥伦比亚，1991年通过了新宪法，以宪法的形式承认了公民社会组织的价值。当前，哥伦比亚的大多数志愿者组织服务的领域涉及健康、教育、人权、机构发展、环境保护、妇女权利、信贷计划、娱乐和运动等，其活动资金主要来源于收取的服务费和企业赞助等。目前，一些志愿者组织开始使用国际援助资金。近年来，哥伦比亚的志愿者组织出现了新的发展方向，就是要加强志愿者组织与私有企业、政府之间的合作。

在巴西，有16%的18周岁以上的国民参与了有组织的志愿服务；每个志愿者每年平均参与志愿服务74小时；女性参与志愿服务的比率低于男性；50%的志愿者认为他们自己乐于助人，35%的志愿者认为他们有义务帮助有需要的人，31%的志愿者认为服务他人是其宗教与学识对他们的要求；他们志愿服务的领域包括维护组织的基础设施、筹资、宗教活动、教育和能力建设、心理卫生咨询、专业服务、个人照顾、文化服务等②。

二 欧洲国家大学生志愿服务育人概况

（一）英国大学生志愿服务育人概况

经过数百年的积累，英国是志愿服务事业发展比较好的国家。英国注重志愿服务的品牌建设，使志愿服务机构成为英国最受公众信赖的组织，也是在社会公共事务协调中最受欢迎的组织。2002年的一项

---

① 陈曦：《大学生志愿服务》，冶金工业出版社2009年版，第21页。
② 王洪松：《当代中国的志愿服务与公民社会建设》，中国政法大学出版社2014年版，第52—53页。

调查显示，63%的公民表示信任志愿服务机构，只有15%的公民信任政党，37%的公民信任议会①。英国内阁办公室2014—2015年度调查显示，42%的成年受访者表示自己在过去一年有做志愿者的经历。目前，英国仍是全世界志愿者服务率最高的国家，且在近十年内，这一结论稳定不变②。近年来，学生志愿者教育也越来越受到重视，英国志愿服务首推青少年群体的志愿服务工作，志愿者组织所招募的志愿者主要是青少年。同时，志愿服务的主要对象之一也是青少年。影响比较大的志愿服务项目有"做起来""千年志愿者"等。以"千年志愿服务计划"为例，这项计划确立了社会受益、青年受益和促进社会发展三个目标。英国政府在引导公民参与志愿服务方面采取了大量具体而有效的措施，切实推动了英国志愿服务的发展③，也较充分地发挥了大学生志愿服务的育人功能。志愿服务工作早已超过了慈善奉献的范围，而成为对大学生个人学习成长、团队合作和生涯发展等各方面都有助益的一件事。

　　英国大学生志愿服务主要致力于推动四个方面的工作：一是推动社区志愿服务活动。英国政府提倡16—24岁的青少年积极加入志愿者行列，为社区内有需要的孩童提供课业辅导、专业咨询、假期或课后陪伴等活动。二是与促进就业相结合。积极推动就业劳工投入社区志愿服务工作，发挥他们的专业与经验，协助解决社区面临的现实问题。三是推动服务弱势群体。部分大学生志愿者组织主要以提升为少数民族或弱势群体提供志愿服务的意识为目标，进而改善其志愿服务品质，并且提供相关服务资源。四是发展志愿服务文化。大学生志愿者通过志愿服务活动，协助开展公共事务，借此推动并弘扬志愿服务文化，进而提高自我组织、自我教育、自我激励的主动性和积极性。

---

　　① 江泽全：《英国志愿服务发展及对中国的启示》，《广东青年干部学院学报》2004年第3期。
　　② 《英国志愿者那些事儿：从王室到民众服务率达世界之最》，《欧洲时报》（英国版）2016年6月25日。
　　③ 单江林：《校园志愿服务教程》，科学出版社2009年版，第108页。

(二) 德国大学生志愿服务育人概况

20世纪60年代，志愿服务是德国为改变第二次世界大战后的国际形象和培养青年一代的国际视野而采取的战略性举措。德国志愿服务有自己鲜明的特点，通过国家主导，鼓励公民自我组织起来，为社会建设贡献力量。它以国际劳动营为主要活动形式，以公众和青年所关注的社会热点问题为主题，以促进国际青年交流为主要宗旨，以青年学生和社会中下层青年为主要对象。德国总人口约8200万，而在环境保护、心理健康、慈善事务以及体育文化等各个领域，从事义务工作的志愿者即达2300万。其中，从事各类灾难应急救援的志愿者人数达180万，而从事消防的志愿者人数最多，达到130万，其余50万的应急救援志愿者分布在安全生产、急救医疗、洪涝灾害、地震、飓风、火灾等应急救援领域。德国志愿服务育人工作主要表现出以下四个特点：一是法律法规健全。德国志愿者事业如此发达，不仅与德国国民具有参与公共事务的公益精神有关，还有一个重要原因就是有完善的法律法规与之相配套。例如，德国联邦议会先后制定了《奖励社会志愿者年法》《奖励生态志愿者年法》和《奖励国际志愿者年法》等法律，2002年又对它们进行了修正，扩大了志愿服务范围，鼓励16—27岁的青年暂时离开校园，投身志愿服务行列；规定志愿者在服务时可接受教育辅导，在租税、交通、社会保险等方面享有优惠奖励。这为志愿者服务提供了有力保障。同时，在法律中积极使用财政税收手段支持志愿服务。为此，联邦议会修订了《公益法与捐赠法》。另外，法律还促进了志愿服务、家庭生活与职业生涯之间的协调性。2011年7月1日，德国取消了兵役制度，联邦议会迅速修改法律，确定了志愿服务可以替代兵役和民役。二是组织体系完备。德国志愿者不是散兵游勇，他们分属于不同的救援团体。有的救援团体完全是民间志愿者组织，有的救援团体是联邦政府的应急管理与救援机构，但其应急救援力量主要依靠志愿者。三是培训严格规范。在德国，要成为一个合格的应急救援志愿者，需要进行长期的专业化训练，目的是让每一个志愿者都有应对突发事件的知识、经验与技能。四是奖励保障到位。为了吸引更多的年轻人加入应急救援志愿者组织,德国内政部每年都大量张贴海报,发放宣传单,开展览会,设立志愿者奖励项目,以期达到招揽人才的目的。专业化的志愿服务培训使志愿者了解了相关的职业道德,积累了工作经验,提高了服务技能,养成了良好的职业素养。

(三)法国大学生志愿服务育人概况

志愿精神成为现代法国社会思想观念的一部分,在法国社会中具有深厚的道德文化底蕴。法国非常重视对青少年进行关心扶助他人和为社会分忧解难的品德教育。法国法律规定,年满18岁的法国男性,符合条件者必须履行国民志愿役,违法者将被处以两年有期徒刑。这项法律规定既保证了国防力量及若干公益事业的人力来源,同时又是对青年一代进行公民教育的措施。据统计,1990年,法国参与志愿服务的人数占18岁以上总人口的19%,2003年上升到了27%①。截至2013年,法国志愿者总数超过1600万,涉及众多领域,包括体育、文化、人道主义救助、卫生、教育等。人们可以通过多种途径寻找志愿者工作,网络无疑是最方便快捷的一种。比如法国志愿者网站联合了6000家志愿服务机构,为人们提供做志愿者的机会②。在法国,体现同情心的最通行方式是捐钱捐物、志愿服务。据法兰西基金会下属的资助和慷慨观察研究所统计,法国人每年捐赠金额约10亿欧元,平均每个家庭230欧元。捐赠者以60—70岁年龄段的人最大方,但年轻人也并非不慷慨解囊。在无偿献血方面,年轻人的比例最高。国家鼓励青少年从小就参加社区或学校组织的志愿服务活动,以培育他们主动为社会服务的意识。广大青年学生通过志愿服务活动了解了社会,增强了他们的社会责任感,提升了其为社会服务的本领。

(四)欧洲其他国家大学生志愿服务育人概况

意大利宪法明确指出了志愿者组织的重要性,承认志愿者组织的合法性且为其提供法律保障。近年来,意大利的志愿服务与志愿者组

---

① 中国公益在线:《国外志愿服务概况》,2014年9月5日,http://www.gyzx.org/gykt/2014-09-05/1374.html,2016年5月5日。

② 梁霓霓、李霏:《法国青年在志愿服务中寻找就业机会》,2013年7月3日,http://news.xinhuanet.com/world/2013-07/03/c_116384207.htm,2016年6月18日。

织发展迅猛，志愿者在国内外活动的准备与管理工作中发挥着越来越重要的作用。目前，意大利约有584个志愿者组织，其活动领域涉及社会与医疗、国际志愿服务、环境保护等。

在匈牙利，志愿者组织有很长的发展历史。但是，志愿者组织与政府的关系不太融洽，因为这些志愿者组织一般倡导经济、政治与文化的独立，因此被政府视为其统治中极为不安定的因素。当前，尽管匈牙利经济下滑，但公民社会组织继续发展，其中有近2/3的公民社会组织是志愿者组织。

在丹麦，主要由社会服务部门负责国内的志愿服务活动，在社区中开设了儿童关照中心、老年人照顾中心、青少年活动中心、紧急援助中心和康复中心等各类服务中心[1]。

三 亚洲国家大学生志愿服务育人概况

（一）日本大学生志愿服务育人概况

日本的志愿服务始于第二次世界大战之后，为了援助战后回国人员和孤儿，日本开始了像欧洲那样的有组织的志愿服务活动。日本青年志愿服务活动主要是开展社会公益服务，可以分为尊老敬老服务、助残服务、家教服务、单亲家庭子女的培养和教育服务四类[2]。从20世纪60年代起，日本政府开始向境外派遣志愿者，向发展中国家和地区提供援助。这些海外志愿者的任期一般为两年，政府为志愿者提供生活、医疗、人身、旅行等各类较完善的津贴保障。截至2013年7月，日本国际协作机构（JICA）共为亚洲、中东以及非洲等88个国家提供了援助，派遣青年志愿者高达38300人次。截至2014年年底，共向中南美洲的巴西、智利等9个国家，派遣青年志愿者达1188人次[3]。海外志愿服务活动的开展不仅使志愿者得到了锻炼，而且为日本国际地位的提升起到了重要作用。日本志愿者团体在国内救灾抢险

---

[1] 王洪松：《当代中国的志愿服务与公民社会建设》，中国政法大学出版社2014年版，第61—62页。

[2] 单江林：《校园志愿服务教程》，科学出版社2009年版，第109页。

[3] 转引自胡伯项、刘雨青《日本志愿服务的工作机制及其借鉴》，《国家行政学院学报》2015年第5期。

和灾后重建中做出了重大贡献,并由此催生了《特定非营利活动促进法》,推动和促进了公民共同参与公、私立非营利组织内部的志愿服务活动。由于地震频发,日本大学极为支持青年志愿者活动,为大学生参加志愿服务创造了很多便利条件和鼓励措施。到1999年,已有100多所大学积极推行将志愿者活动纳入正式课程的教育实验。继1997年107所大学把志愿服务活动作为学科科目之后,2007年东京开始在公立高中学校设立志愿服务专门课程,要求学生在校期间必须通过义务劳动、志愿服务活动等取得一个学分,不能取得学分者,无法毕业①。2008年,据日本学生支援机构调查数据,全日本已有320所学校(占高等教育机构的35.4%)开设了与志愿者教育相关的课程869门②。当前,日本高校一般以课程或课题的形式为大学生提供志愿服务的机会,目的是推动学生与社会接触,培养他们的社会责任感。据日本总务省的调查结果,从2010年11月至2011年10月的一年内,日本参与灾害救助的志愿者人数为431.7万人,与2006年相比增长了3.2倍③。许多大学都设立了志愿者活动中心,为大学生开设志愿服务咨询窗口,积极支持学生们的志愿服务活动。日本文部科学省于2002年对《学习指导要领》进行了一些修整,志愿服务活动被加进"综合学习时间"中④。据统计,截至2003年,日本已经有7.6%的大学引进志愿服务课程,其中,26%属于必修课,74%属于选修课,学分各个学校规定不统一,从1—4个学分不等。截至2008年10月,已有82.4%的高校设立了志愿活动及教育专门机构,很多大学都将该部门的名称设定为志愿者中心,作为推动志愿者教育的专

---

① 蒋丰:《借鉴一下日本志愿者事业的得与失》,新浪网—观察家专栏,2013年12月18日。
② 日本学生支援機構:《大学等におけるボランティア活動の推進と環境に関する調査結果について》,日本学生支援機構,2009年,第13、20页。
③ 新华网:《调查显示日本灾害救助志愿者人数增长超3倍》,2013年1月15日,http://news.xinhuanet.com/world/2013-01/15/c_124234933.htm,2016年6月23日。
④ 王娟、胡希希:《中日大学生志愿服务的异同比较和启示》,《日本问题研究》2013年第3期。

门机构①。截至2010年，已有18.1%的日本大学生参加过志愿活动，加上以往参加过志愿活动的人数，初步预测，日本大学生中有一半人至少参加过一次志愿活动②。目前，绝大部分高校设立了专门的志愿服务中心，由指导教师统一筹划，通常由大学生自己提出方案，在社区、医院或其他机构从事一定时间的志愿服务活动。完成志愿服务后，学生要进行自我评估，志愿者组织也将对学生进行评估，评估记入学生履历③。这些志愿服务中心与学校和当地社会联合，推进大学生志愿服务，弘扬志愿精神，提高教育机构的社会声誉。通过志愿服务教育的开展，志愿活动已日益接近大学生的日常生活，志愿精神教育也正在成为日本教育的重要组成部分。

总体上说，日本大学生志愿服务事业起步早、范围广，体现出服务意识强烈、参与程度高、活动效果明显、社会认可度和公信度较高等特点。日本大学生志愿服务的法律保障到位，各级政府大力支持，且已被纳入国家的教育和行政体系当中，使大学生志愿者组织日益完善和普及，进入了阵地化、长期化和制度化的良好发展轨道。同时，日本大学生志愿服务与市民活动、非营利组织、非政府组织等组织相辅相成、共同协作，把解决社会问题、促进社会发展作为宗旨，共同促进了慈善公益事业的发展。日本志愿服务的课程化、阵地化和制度化，有效地培养了青少年关心他人、服务社会的精神。

（二）新加坡大学生志愿服务育人概况

独特的东西方文化的完美交融造就了新加坡的社会特质，表现在各种慈善志愿服务活动上，呈现为志愿服务活动在政府的统一指导下保持着良好的运转，奉献、友爱、互助、进步的志愿精神也在广泛的志愿服务行动中得到弘扬。新加坡青年志愿服务的内容随时代的变化而变化，大致可以分成五个阶段：一是20世纪50年代，主要是修桥

---

① 日本学生支援機構：《大学等におけるボランティア活動の推進と環境に関する調査結果について》，日本学生支援機構，2009年，第13、20页。
② 日本学生支援機構：《大学等におけるボランティア情報の収集・提供の体制等に関する調報告書》，日本学生支援機構，2011年，第22页。
③ 陈曦：《大学生志愿服务》，冶金工业出版社2009年版，第22页。

补路，完成经济建设领域的急、难、险、重任务；二是 20 世纪 60 年代，以提升公民素质、促进公民就业为主；三是 20 世纪 70 年代，以开展娱乐活动、倡导文明生活为主；四是 20 世纪 80 年代，以帮助解决婚姻、关注退休老人为主；五是 20 世纪 90 年代，覆盖面更加广泛，转向传播技术、提高素质、帮助就学就业、解决大龄婚姻、开展社区服务、照顾老人和残疾人等各类内容[①]。

新加坡国民教育体系把青少年志愿服务活动纳入总体教育计划，把青少年志愿精神建设落实到细微处，并且在不同年龄段学生中设置了不同的内容，而其围绕的核心是培养青少年关心他人、服务社会、融入社会的意识和习惯，增强青少年的社会责任心和公民义务感，以促进社会和谐与进步。关于服务时间，新加坡法律规定，7 月为志愿服务月，4 月为"关怀分享月"，颁发"社会服务奖""公共服务勋章"。目前，新加坡从事志愿服务的人数占总人口的 25% 左右，其中基层骨干志愿者——"基层领袖"达 3 万多人，各类基层社会组织 3000 多个。基层领袖由总理公署任命并予以登记，其他志愿者则分布在社会团体和基层组织之中。在新加坡，15—30 岁的青年有 73 万，其中有 30% 的人有志愿服务的愿望。新加坡最大的青年志愿者组织"人民协会青年运动"成立于 1972 年，在全国有 96 个青年团，10 万名团员。其他志愿者组织也有几十年之久，特别是基层一线的志愿者承担了大量的服务邻里、帮助弱者、协调关系等志愿服务行动。新加坡前总理李光耀一直担任人民协会主席。新加坡政府部门官员也分别在有关的社会团体或志愿者组织中担任董事，对志愿服务工作进行直接指导。政府领导人的重视和参与起到了广泛的社会发动作用，新加坡公民都乐于参与奉献服务活动，特别是新加坡的青年志愿者，他们认为，做志愿者是一种荣耀，是一种个人价值的体现，具有光荣感。也正是由于志愿服务活动的广泛开展和深入人心，新加坡形成了"人人为我、我为人人"的良性社会关系，实现了多民族移民国家形成社会共识、调和种族矛盾、增强社会凝聚力、保持社会和谐稳定和促进

---

① 单江林：《校园志愿服务教程》，科学出版社 2009 年版，第 109 页。

经济持续发展的目标。

（三）韩国大学生志愿服务育人概况

韩国最早的志愿服务类似于中国古代朴素的邻里相互帮衬的民风民俗。随着基督教传入韩国，韩国的基督教组织开始将志愿服务的理念和活动介绍给韩国国民，并结合韩国历史形成的互帮互助、慈善救助的精神，推动志愿服务事业的发展。到20世纪70年代，各种社会志愿团体纷纷成立，志愿服务宣传教育逐渐普及。特别是在1986年和1988年分别举办亚运会和奥运会期间，大批志愿者参与了服务活动。其中，1988年汉城奥运会使用了27221名志愿者，志愿服务活动在韩国掀起高潮。汉城教育厅规定，从1995年起，初中学生的志愿服务活动要义务化；1998年以后，志愿服务活动的分数将占高中成绩的8%。现在，志愿服务已成为居民参与地方政府行政，甚至地区开发等事务的手段之一，也在一定程度上改善了地方政府财政困难和经费不足的局面。根据韩国志愿者中心2013年的统计数据，5000万的韩国人口中，注册的志愿者将近1000万，志愿服务涉及为他人提供生活便利、改善居住环境、提供教育和医疗保健咨询、灾害应急响应、国际合作等许多领域[①]。在韩国，大学是志愿服务活动的重要培养地和资源中心。如韩国在1972年成立了韩国大学社会服务委员会，截至2005年，有201所大学成为该委员会的会员。该委员会积极推进大学生参与社区服务，激励大学生的志愿奉献精神，主要方式有提供信息、策划社会服务项目、建立网站、发表论著和期刊、支持与志愿服务有关的课程建设等。不少大学还成立独立的志愿服务研究中心，全面地研究志愿服务体系。现在，韩国有12所大学建立了志愿服务研究中心，南汉城大学建立了志愿服务系。同时，公立高校将志愿服务活动设为教育科目，并将参与志愿服务的时间和内容作为选拔学生的考核内容，在参与志愿服务的群体中，学生的比例达到39%左右。为进一步增强大学生志愿服务意识，韩国教育部特别设立了学生

---

① 廖政军、李文云等：《全球志愿者数量已达到5亿成永不褪色的全球时尚》，《人民日报》2014年3月31日第23版。

志愿服务活动信息指导中心，对大学生志愿活动加以规范①。2008年，韩国正式颁布实施《志愿服务基本法》，对志愿服务的相关基本事项进行规范，以促进志愿服务活动开展和推动幸福社会建设②。韩国这些做法，培育了青年志愿者强烈的社会服务意识和爱国主义精神。同时，韩国志愿者服务小时数还与就业挂钩，韩国学生很乐于做志愿，体系也非常完善。通过专门的系统，可以查询到每个人一共做了多少个小时的志愿服务，找工作的时候，积累的小时数越多，优势越大③。这项举措对大学生志愿者起到了良好的激励作用。

（四）泰国大学生志愿服务育人概况

泰国是佛教之国，佛教徒占全国人口九成以上。受佛教教义的影响，助人行善在泰国有广泛的群众基础。泰国的志愿服务已经经历了五十多年的发展，其志愿服务深入、扎实，服务质量较高，受到人们的欢迎，为此，志愿者也受到人们的普遍尊重。泰国内政部第二区科技发展社会社区服务中心的重要职责之一就是组织和培训志愿者参加志愿服务。泰国政府为鼓励人们参与志愿服务，规定大学生必须在毕业后到贫困地区进行为期一年的志愿服务，在服务结束后，能够获得更好工作的机会。当前，泰国的志愿服务开始迈向国际化，志愿者可以出国接受培训、参与志愿服务等④。

（五）菲律宾大学生志愿服务育人概况

菲律宾是一个宗教国家，因此，非政府组织领导人几乎都是执着而专注的传播公益理念的"传教士"。菲律宾的志愿者主要是青年人，包括在校学生、非政府部门和企业的工作者以及社区的居民。维萨扬论坛基金会（Visayan Forum Foundation）是一个成立于1991年、专门

---

① 中国公益在线：《国外志愿服务概况》，2014年9月5日，http://www.gyzx.org/gykt/2014-09-05/1374.html，2016年8月25日。
② 中国青年志愿者公号：《〈韩国志愿服务基本法〉对我国的启示》，2016年5月17日，http://www.ngocn.net/column/2016-05-17-4a327c08987648d8.html，2016年6月20日。
③ 拱岩颜：《在韩国志愿者服务小时数与就业挂钩》，《长江日报》2012年8月9日。
④ 王洪松：《当代中国的志愿服务与公民社会建设》，中国政法大学出版社2014年版，第69页。

为流动人口中的妇女儿童服务的民间公益组织。该组织的创始人也是现任负责人西西莉雅·佛罗瑞斯·欧班达（Cecilia Flores Oebanda），她曾于20世纪80年代投身于反抗独裁政府的全国性人民运动，一直致力于动员民间力量改变社会，与其他合作伙伴一起，已经解救和帮助32000多名受害者[1]。Hands on Manila（HOM）正式成立于2001年8月，致力于促使个人担起公民的责任，为社会做出有意义的贡献。它通过为志愿者提供多种灵活的志愿服务时间和机会，寻求增强公民有效服务社会的能力，从而最终使那些需要帮助的人们得到帮助，增强那些志愿者的充实感和满足感，实现人才和资源的可持续发展，使整个社会更加包容、努力和团结[2]。非政府组织领导人由内到外散发着一种力量，那是一种源自内心坚定不移的信念，坚强不屈的意志，艰苦奋斗的精神和博爱的品德[3]。菲律宾的志愿者除开展保护妇女儿童权益等政治性活动之外，还积极参与环境保护工作。每年都有数以千计的大学生志愿者在参加"国际海岸清理日"活动。据菲律宾环境部的报告，2010年，14.5万名志愿者共打捞24万余千克的海洋垃圾；2011年，11.45万名志愿者共打捞48万余千克的海洋垃圾；2012年，14.4万名志愿者打捞海洋垃圾超过130万千克[4]。菲律宾的青年大学生在这些志愿服务活动中，受到了良好的权益保护意识和环境保护意识教育。

四 大洋洲国家大学生志愿服务育人概况

（一）澳大利亚的大学生志愿服务育人概况

在澳大利亚，数以百万计的志愿者常年活跃在社会的众多领域。全国18周岁以上的国民中有31%参与到志愿服务中来，他们每年为社会工作220万小时，创造价值420亿澳元。澳大利亚国家统计局

---

[1] 维基百科：Visayan Forum Foundationhttps：//en. wikipedia. org/wiki/Visayan_ Forum_ Foundation。

[2] Hands on Manila：http：//handsonmanila. org/? page_ Id=13#vision。

[3] 董强、翟雁：《中国民间志愿服务实践与国际和地区经验》，知识产权出版社2011年版，第159页。

[4] 新华社：《菲律宾志愿者清理海洋垃圾》，《光明日报》2013年9月22日第8版。

2001年的调查显示，35—44岁的人群参与志愿服务的比例更高；女性与男性参与志愿服务比例差别不大，分别为33%与31%[①]。澳大利亚有全国性志愿组织，各地还有地区性的志愿者组织。其中，澳大利亚国际志愿者组织成立于1961年，是澳洲最大的志愿者组织，目前在亚洲、非洲、拉丁美洲和太平洋地区约50个国家开展志愿服务。该组织的目标与宗旨是促进人们更加深入地了解异域文化，展开国际合作。该组织的服务项目包括远程招募、组织与培训志愿服务人员，进行跨文化的国际详细简报。该组织最大的活动方案是澳大利亚海外志愿服务，按照该方案，每年派遣250名志愿者到海外的发展中国家工作与生活，为当地人民进行志愿服务。该方案的资金来源于澳大利亚政府。青年大学生志愿者在参与国际志愿服务实践的同时，也广泛结交了各国朋友，进一步开阔了国际视野。

（二）新西兰大学生志愿服务育人概况

新西兰的志愿服务分布广泛，包括正式志愿服务与非正式志愿服务两种。其中，新西兰海外志愿者组织是一个非营利性的、非政府性的、非宗教性的国际志愿服务发展机构。它招募且派遣新西兰的志愿者到亚洲、非洲等地区进行志愿服务。该组织提供志愿服务的领域涉及健康与残疾、社区发展、教育和培训、农业和乡村发展、资源策划与管理、经济发展、水土保持、小型商业发展、图书馆建设、法律、工程等[②]。新西兰还设立了一年一度的慈善日活动，很多人不但慷慨解囊，还热忱参与志愿者的队伍[③]。青年大学生志愿者在志愿服务活动中进一步增强了社会责任感和自豪感。

五　我国港台地区大学生志愿服务育人概况

（一）香港地区大学生志愿服务育人概况

在很长的历史时期里，中国香港处于被殖民的状态，因而其义工

---

① 侯玉兰、唐忠新：《社区志愿服务理论与实务》，中国社会出版社2009年版，第51页。

② 江讯清：《与世界同行——全球化下的志愿服务》，浙江人民出版社2005年版，第280页。

③ 陈昌远：《新西兰迎传统慈善，日华人留学生志愿募捐献爱心》，2011年8月29日，http://www.chinanews.com/hr/2011/08-29/3289727.shtml，2016年5月4日。

事业的兴起具有复杂的历史、文化、经济、政治等方面的原因。英国驻港政府将市民参加义务工作视为稳定社会的有效方法，在青少年工作中加强了义务工作的规定。1970年，在社会福利署的资助下，成立了"义务工作人员协会"，致力于发展及推广义务工作，鼓励香港市民积极参与义务工作。1997年中国香港回归后，义工事业进入新的发展时期。香港特区社会福利署自1998年起开始推行"义工运动"。据统计，2001年有组织的义工占总义工数的22.4%，2009年上升到35.9%，截至2014年4月底，香港特区登记义工人数已超过120万，并正式成立了香港义工联盟[①]。同时，2002年，参加过有组织性的义务工作的香港特区义工每人每年平均提供35小时服务，而参与过非组织性义务工作的义工（包括各种没有预先策划的自发性助人行为）每人每年平均提供21.9小时服务。可见，有组织的义工呈上升态势，服务的时间也显然是有组织的高于非组织的[②]。到2005年6月，香港有超过1300多家机构参与了义务服务工作，已经通过登记成为义工的超过51万人（2005年7月，香港特区人口约为689.9万人），登记的义工占总人口的8%。2011年，据香港特区政府新闻处提供的消息，香港特区已有超过94万人在社会福利署登记为义工，超过了香港特区人口总数的14%，而在社会上担任义工的人数远超这个数字[③]。香港特区目前拥有2000余家志愿服务社会团体，人数占总人口的1/7，它们每年为社会贡献约5000万小时，创造价值约40亿港元。"奉献、友爱、互助、进步"的志愿精神已经成为香港特区地区文化的重要内容，深深扎根于香港特区人民的心中。志愿者通过各种志愿服务，无私地帮助那些面临困境的人们，不仅获得了友谊、信赖，而且获得了好评和尊重，还形成了较强的社会责任意识。香港义工文化

[①] 李启玮：《香港登记义工人数超120万，义工联盟正式成立》，2014年6月15日，http：//news.xinhuanet.com/gangao/2014-06/15/c_126621733.htm? prolongation＝1，2016年6月7日。

[②] 同上。

[③] 吴铮：《香港"义工"占人口总数近七分之一》，2011年8月21日，http：//news.xinhuanet.com/gangao/2011-08/21/c_121889655.htm，2016年9月11日。

核心是服务，宗旨是使社会变得更加美好，这种颇具特色的志愿服务文化，已经深入香港特区民众的骨髓，推动香港成为一个更具公民意识的和谐社会。

香港特区义务工作有以下特点：其一，志愿工作范畴的拓展。香港地区的义工工作一直都是围绕着社会福利方面的内容展开的，因为义工参与服务大都是为了帮助他人，随着越来越多的人参与到义工工作中来，香港特区以社会福利为内容的志愿服务越来越不足。针对这一现实，义务工作发展局开始拓展义务工作的范畴，将服务领域扩展到文化、艺术、教育等领域。其二，义工服务的专门化。随着香港特区市民受教育程度的不断提升，越来越多的义工具有良好的专业素质。据此，义务工作发展局开始组织一些有专业特长的义工，为有需要的人群服务，推动香港特区志愿工作的专业化发展。其三，信息发展与义务工作的关系密切。信息化时代给义务工作的发展带来了积极影响，例如，有关义务工作的信息通过互联网等方式迅速传送给义工与服务机构，义工和相关机构迅速做出反应，从而提高了服务效率。其四，义工服务与内地的合作交流频繁。随着香港特区与内地的联系日益紧密，越来越多的内地志愿者到香港特区交流；同时，越来越多的香港特区义工也到内地参与志愿服务，推动了两地志愿服务的发展。其五，义工工作的国际化。全球化趋势的日益明显，使香港特区义工的服务领域开始向香港以外拓展，一些国际性的义工服务得到香港特区的大力支持与参与[1]。

综上所述，香港特区的志愿服务具有深厚的社会基础和优良传统，义工精神与核心价值已经融入日常生活，使义工服务成为一种恒常的生活方式，从而建立起人与人之间互信互助的和谐关系。大学生在这种社会环境氛围中深受熏陶和教育，各高校也纷纷开展义工服务计划。如香港大学开展的"关社100"义工服务计划，旨在传承港大

---

[1] 江汛清：《与世界同行：全球化下的志愿服务》，浙江人民出版社2005年版，第264—266页。

的百年传统——"服务社会精神,身体力行,建设更美好的社会。"[1]在这些义工服务计划中,大学生志愿者前往世界各地担任义务工作,为有需要的社群提供多元化服务,不仅使自己得到了锻炼,而且也对受助者和社区其他居民产生持续和长远的效应。

(二) 中国台湾大学生志愿服务育人概况

中国台湾地区在从传统农业社会向现代工业社会转型的过程中,经济得到迅速发展,人们的物质生活水平得到很大提高。与之相对应,人们的生活习惯、行为模式、价值观念等也发生了改变,例如家庭成员间互助抵抗外来压力的能力降低,而生活的压力、人际关系的不稳定、单亲家庭的增加、老年人口的增多、青少年犯罪、家庭暴力等社会问题层出不穷,当局有限的社会福利系统根本无法解决上述社会问题。所以,从20世纪70年代以来,台湾当局就希望以志愿者组织来应对这些问题,提倡人们参与志愿服务(在中国台湾志愿服务被称为"志工服务",志愿者被称为"志工")[2]。

中国台湾地区作为社会福利制度较为完善的地区之一,其政府机构、企业及非政府组织一直都把民众的志愿服务作为发展整体社会福利的重要部分,并取得了丰硕的成果。中国台湾是全球第二个颁布"志愿服务法"(2010年1月20日颁布)的地区。"志愿服务法"解决了志工及社会资源无法有效协调以及资源浪费的问题。在"志愿服务法"颁布实施的同时,当局也颁布实施了关于志愿服务奖励和管理的一系列法规及规定,进一步完善了志工的管理制度。中国台湾的"志愿服务法"认为,志愿服务是出于自由意志,非基于个人义务或法律责任,秉诚心以知识、体能、劳力、经验、技术、时间等贡献社会,不以获取报酬为目的,以提高公共事务效能及增进社会公益所为之各项辅助性服务。中国台湾的志愿服务人员称呼也由"义工"正式改称为"志工"。据中国台湾地区"内政部"统计,2008年,中国台

---

[1] 张雅诗:《香港大学300多名学生将到世界各地做义工》,2011年5月23日,http://news.xinhuanet.com/world/2011-05/23/c_121448947.htm,2016年7月7日。

[2] 沈杰:《志愿行动:中国社会的探索与践行》,人民出版社2009年版,第407页。

湾领有志工服务证的"狭义志工"近48万人，占总人口数的2%；但"更多人是隐形志工，他们知道能做的、该做的就去做"[①]。到目前为止，中国台湾共有志愿者70多万人，女性为45万人，男性为25万人，在册的33万人，占46%。总服务数为1.45亿人次，总时数为5200万小时[②]。由此可以看出，中国台湾志愿服务具有参与人员广泛性、自发参与性、无偿性、公益性和辅助性等特点。

目前，台湾地区的志愿者培训以高校为依托，并且大多数高校都设置了专门负责大学生志愿服务项目管理与实施的组织管理机构，服务学习被纳入正式的教育体系中，志愿服务是大学教育不可或缺的一部分，是大学生课程必修课，大学生的志愿服务意识和技能被逐渐加强。中国台湾教育界认为，作为培育学生志工及提供服务机会的重要平台，服务学习从起初的校园劳动清洁，到走出校园与小区接触，能够帮助学生志工增加与社会接触的机会，及早体验人生并学习反思，增进个人能力的发展，进而成为有责任的社会成员[③]。

第二节　国外和我国港台地区大学生志愿服务育人的经验启示

许多发达国家和我国港台地区的志愿服务具有广泛的群众基础和良好的社会声誉，显示出蓬勃发展的良好态势，并逐渐步入组织化、规范化和系统化的轨道，成为促进当地社会进步和社区发展不可缺少的力量。当前国外的大学生志愿服务活动十分活跃，以其突出的社会效益受到越来越多国家政府和社会的重视。各国普遍认为，大学生就业与成才是一个重要社会问题，只有将志愿服务活动与大学生就业与

[①] 何为：《两岸志愿服务制度对比分析及其启示——以台湾地区高校志愿者培训制度为例》，《社会工作》2010年第4期。
[②] 青岛市文明办：《香港台湾志愿服务粗探：从善人人可以做到》，2013年2月4日，http://www.wenming.cn/syjj/dfcz/201302/t20130204_1065685.shtml，2016年5月6日。
[③] 陈卓武：《台湾高校学生志愿工作研究》，《高教探索》2014年第3期。

成才紧密结合起来，志愿服务活动才能得到全面推广，获得广泛的群众基础。同时，志愿服务活动已经成为这些国家大学生德育的有效形式，积累了丰富的经验，对我国大学生志愿服务育人产生了重要启示。

一　政府高度重视大学生志愿服务育人功能

国外发达国家政府积极为志愿服务的开展提供政策保障。例如，美国政府的积极推动和鼓励是美国人民尤其是青少年投身志愿服务的精神支柱，从而使青年志愿者更加热衷于参加公益教育和服务国家的活动，并且这种精神不会轻易随外部条件的变化而减退。国外政府和政党对志愿服务活动的重视和支持主要体现在以下五个方面。

（一）注重开展志愿服务舆论宣传，营造良好社会氛围

美国多任总统都曾不遗余力地倡导甚至身体力行志愿服务。有研究数据表明，自美国建国以来，美国总统发表的言论中，"志愿者"一词出现频率极高，超过了2800次，"服务"一词出现的频率更是接近2.5万次。2009年4月，美国总统奥巴马签署法案，将每年的9月11日定为"全国爱国服务纪念日"，鼓励美国人在当天进行志愿服务，为身边同胞做些好事，用参与志愿服务来缅怀"9·11"恐怖袭击中遇难的同胞。此外，美国政府还设立了影响巨大的"全国志愿者周""马丁·路德·金服务日"以及"总统志愿服务奖"等活动及奖项，由各个联邦政府的联络员策划具体的宣传活动，并邀请领导人出席。而中国香港特区的志愿服务工作研究颇具特色，并非常善于总结归纳推广。中国香港特区青年协会有一项专题工作便是研究出版，并成立了青年研究中心，出版了《青少年意见调查系列》《青少年问题研究系列》等专业丛书，分享青年志愿工作者的专业经验及实务智慧，共出版了42本研究报告及书籍。此外，期刊 *Youth Hong Kong* 及《青年空间》的出版，也为广大志愿者提供了交流平台[1]。

（二）提供充足的资金保障，大力支持大学生志愿服务育人

随着各种社会问题和社会需求的产生，国外发达国家越来越迫切

---

[1] 罗公利、肖强：《青年志愿服务长效机制建设研究》，经济科学出版社2014年版，第226页。

需要利用志愿服务这个载体解决实际问题，为公民奉献爱心，为慈善找到渠道。为了推动志愿服务的发展，国外发达国家在不同时期制订了多种志愿服务支持培育计划，其中很重要一项是资金支持。以美国为例，其开展志愿活动的资金来源分为三个部分，其中的10%来源于志愿者组织通过宣传推广等筹集来的经费，而30%的资金是通过志愿服务中的收费及报酬获得的，社区志愿服务资金的60%来源于美国各级政府的大力投入，从而解决了志愿服务在资金方面的后顾之忧，保证了社区志愿服务开展的稳定性①。英国还通过设立基金来鼓励大学生参加志愿活动服务社区。香港特区政府也制定了一系列支持大学生志愿服务发展的方针政策，以显示政府对志愿服务工作的重视。中国台湾大学生志愿服务活动资金来源多元化，资金来源于当局的资助、社会赞助和基金组织等，充足的资金来源保证了中国台湾地区大学生志愿服务的持续健康发展。

二 国家和地区制定出台大学生志愿服务育人政策法规

志愿服务育人活动有效开展的基础是法律的保障，将志愿服务育人纳入法制化轨道是国外发达国家普遍的做法，也是志愿服务育人发展的必然趋势。国外和我国港台地区制定了较完善的关于大学生志愿服务育人的政策法规，以确保其志愿服务育人工作有序进行。

（一）制定出台统一的志愿服务育人法律法规

目前，英国、法国、西班牙、美国、加拿大、阿根廷、巴西、澳大利亚、日本、新加坡、中国香港和中国台湾地区等都制定了志愿服务法规或者非营利部门的法律法规，以指导志愿服务工作。如美国目前的志愿者法律法规就包括1989年颁布的《国内志愿服务修正法》、1990年颁布的《国家和社区服务法案》、1993年颁布的《全美服务信任法案》、1997年颁布的《志愿者保护法》、2009年颁布的《爱德华·肯尼迪服务美国法》等，如此众多而持续的立法确保了美国志愿服务健康发展。英国于1993年和2000年分别修订了《慈善法》《托

---

① 高嵘：《美国志愿服务发展的历史考察及其借鉴价值》，《中国青年研究》2010年第4期。

管人托管法》,并于 2000 年制定了《政府与志愿及社区组织合作框架协议》,还制定了鼓励捐赠的返还所得税制度、便利捐献制度等扶持志愿服务事业的政策。除美国和英国之外,还有诸多国家颁布实施了关于志愿服务的统一立法,如法国于 1971 年颁布了《国民服务法》、西班牙于 1996 年颁布了《志愿服务法》、捷克于 2003 年颁布实施了《志愿服务法》、波兰于 2003 年通过了《公益活动及志愿制度法》等。

同时,法国法律还明确规定,年满 18 岁的法国男性,符合条件者都必须履行国民志愿役,违规者处两年有期徒刑。德国也出台了多项立法与政策措施:一是国家大量利用货币调控手段,比如引入支出抵偿免税额以及其他免税与抵扣税项目,允许在公众参与组织设立所谓的微型工作等;二是志愿服务日益被广泛纳入其他政策领域和立法措施中;三是随着民勤的引入,使志愿服务被纳入更有约束力的机构中。同时,如护理、家庭、中小学校等社会服务新领域也得到了支持[①]。日本于 1998 年通过了《特非营利活动促进法》,日本的志愿服务立法主要效仿美国,以简便、迅速的程序,以推动和促进公民共同参与公、私非营利组织内部的志愿服务活动为立法宗旨。这部法律与《民法》《社会福利服务法》《宗教团体法》《信托法》《医疗服务法》等法律一起构成了日本的志愿服务制度,推动了日本志愿服务育人事业的快速发展。中国台湾于 2001 年颁布出台了"志愿服务法",且相关部门又陆续颁布实施了"志愿服务证及服务记录册管理办法""志工伦理守则""志工服务绩效认证及志愿服务绩效证明书发给作业规定""志工申请志愿服务荣誉卡作业规定""志愿服务奖励办法""内政业务志愿服务奖励办法"等相关配套法规和政策。这一套完整的法律体系规范了志工从招募到提供服务,以及最后服务完成后的评估,增加了志愿服务的透明度,提升了志愿服务的形象,有效推进了中国台湾地区大学生志愿服务育人工作。从国外和中国台湾地区志愿服务的实践看,志愿服务的立法对鼓励志愿者参与志愿服务具有重要意

---

① 罗公利、肖强:《青年志愿服务长效机制建设研究》,经济科学出版社 2014 年版,第 218 页。

义，甚至成为具有强制性的义务性要求①。另外，国外政府还高度重视对志愿者合法权益的保障，注重不同机构间的协调配合，重视非政府组织和社会工作机构等对大学生志愿服务的重要作用。

（二）制定出台志愿服务育人的税收优惠政策

许多发达国家制定出台了关于志愿服务育人法律的诸多配套政策，尤其是税收优惠政策。对个人税收方面，只要在特定非营利性组织从事志愿服务，达到一定的服务时长就可以抵税。对各种慈善组织、社会团体以及宗教组织收到的捐款，也在不同程度上实行税收减免政策，捐赠人或者公司也可以通过此举来抵销一部分税款。例如，美国《联邦税法》规定，只要向联邦税务总局提出申请，公司、信托、无固定组织形式的慈善组织就可以免税；但慈善组织必须是具有单一慈善目的，不得从事与慈善无关的其他活动。加拿大《个人收入所得税法》规定：慈善组织必须从事单一的慈善活动，不得掺杂其他活动；慈善必须是为了公共利益或公共利益的一部分。另外，加拿大《信托法》《公司法》等法规也规定，经注册的慈善组织可以享受财产税和其他税费减免政策，并规定慈善组织必须建立在加拿大领土内，并有办公场所，国内的某些技术援助不得在国外进行，国内注册的慈善组织不得把募集到的捐赠财产转到国外等。英国允许企业员工可以直接通过工资发放银行代理捐款。政府的税收优惠政策是对志愿者组织的间接资助，能够在很大程度上缓解志愿者组织的资金问题。这些税收优惠政策，不仅保障了大学生志愿者组织的民间资金来源，而且从法律上支持了大学生志愿者组织积极开展志愿服务育人活动。

三　全社会广泛参与和支持大学生志愿服务育人活动

在发达国家和我国港台地区，志愿服务有着浓厚的社会氛围和精彩纷呈的服务项目，既能满足日益增长的志愿服务的社会需求，又能满足追求自我价值实现的个人需要，这对社会大众产生很强的吸引力。国外大学生志愿服务也得到了社会的广泛支持与参与。国外的社

---

① 梁绿琦：《国外及港台地区志愿服务的经验与借鉴》，《中国青年研究》2011 年第 11 期。

会组织分为政府、营利部门和非营利部门三大类,志愿服务除了受到政府的重视外,还受到了营利部门、非营利部门的参与和支持。此外,大众传媒也为大学生志愿服务提供了较多的支持。这些有利因素提高了志愿服务的社会化水平,开展活动的规模也随之扩展。以美国为例,志愿服务活动得到了全社会的广泛支持,大多数美国家庭的捐款平均占家庭收入的22.2%。各种企业、教会等也都乐意捐助志愿服务活动,并成立了许多公司基金和科学文化福利基金。政府机构、企业、大众传媒和非政府组织的社会工作机构在组织青年学生志愿服务时通力合作,共同营造了良好的志愿服务文化氛围,有效地增强了大学生群体的志愿服务意识。

(一) 企业积极资助大学生志愿服务育人活动

国外的企业普遍支持志愿服务工作。它们在促进社会经济发展的同时,也积极承担支持志愿服务的社会责任。一是积极提供资金援助。一些大企业通过创设基金会为志愿服务开展提供资金支持,其他企业通过捐赠形式为志愿服务事业提供财力、物力、技术和服务的支持。二是积极扩展捐赠领域。企业捐赠主要用于学校教育、职业教育、环境保护和健康卫生,它们向各种为失业人员、低技能人员提供再就业培训的机构、开发青少年各种能力的机构、保护妇女利益的机构进行捐赠。同时,对退伍军人、残疾人、低收入家庭和遭受自然灾害的家庭提供特别救助。另外,还与高校联合为大学生志愿者或学生组织提供帮助和服务,尤其注重为志愿者提供多种多样的服务学习机会,并在招聘员工时优先招聘有志愿服务经历的毕业生。这些做法有利于激励青年人积极参与志愿服务。

(二) 非营利部门广泛参与大学生志愿服务育人活动

非营利部门的服务内容涉及人权、救助、教育、公共安全、环境等各社会领域,吸引了众多大学生志愿者的参与,也成为青年志愿者的重要服务平台。这些组织提供的志愿服务数量巨大,其志愿服务不仅推动了公民社会的快速发展,解决了诸多社会问题,保持了社会稳定有序运行,而且也在积极传播志愿精神,培养志愿者的公民意识和适应社会的能力,给广大青年志愿者的成长成才提供了良好的发展平台。例如，美国开展的学习和服务美国计划，采取与各州的教育管理机构、志愿服务委员会等公立机构开展多方合作的方式，邀请全国性的非营利组织参与开展志愿服务活动，并与非政府组织开展持续、有规划的志愿服务合作，激励大学生参与志愿服务活动，从而有效地发挥大学生志愿服务的育人功能，进而取得"多赢"局面。

（三）大众传媒助推大学生志愿服务育人活动开展

大众传媒对志愿精神和志愿文化的传播起到重要推动作用。第一，大众传媒积极传播志愿服务精神，宣传优秀典型代表，激励更多的青年大学生投身到志愿服务活动中。第二，大众传媒将公众对志愿服务需求的愿望广泛传播和宣传，从而引起政府、非营利部门与志愿者组织的重视；同时也将志愿服务的信息广而告之，提供详细的查询途径，为大学生志愿服务的供与求搭建起沟通平台。除此之外，大众传媒也会对志愿服务活动的情况做出详细分析和总结，及时告知大众，便于社会监督，推动大学生志愿服务的良好运行。国外发达国家充分发挥电视、广播、报纸、杂志以及网络等各种媒体的优势，广泛开展宣传报道，普及志愿服务知识，介绍先进服务典型，以引起社会公众关注志愿服务活动的做法有利于大学生志愿服务育人作用的发挥；而其强大而到位的宣传报道不仅拉近了志愿服务与民众的距离，消除了人们对志愿服务的误解，而且弘扬了志愿精神，激发了公众参与志愿服务的热情，在社会上营造起良好的志愿服务氛围。

四　高校注重拓展大学生志愿服务育人途径

国外发达国家和我国港台地区的高校十分重视大学生志愿服务育人工作的落实，设法探索和拓展大学生志愿服务育人的有效途径和方式。主要经验有以下三个方面。

（一）将志愿服务育人与大学生就业技能培养相结合

国外大学生志愿服务往往与培养其就业技能相结合，注重培养大学生的综合素质和专业技能，增强他们将来的就业能力。德国大学生在进入大学之前多数选择先做一年的社会服务工作。因为德国现行法律规定，任何公民在年满22岁取得社会保障号之前，必须有一年做社会服务的经历。法国法律也规定，年满18岁的法国男性，符合条件者都必须履行国民志愿役,对违法者处以两年有期徒刑。其中最典型的是英国的"千禧年志愿者"计划,它是英国政府支持的、以年轻人为主要参与者的志愿服务项目,其主要是为青年提供接受挑战的机会,发展青年的新知识和新技能,增加青年对社区的认识,逐步建立志愿服务的制度准则,加强对地方社区事务的积极影响等。此项目志愿者的志愿服务经验可以获得雇主、大学及社区的认可,对个人进入大学或就业均有助益。通过在校期间参与志愿服务活动,青年学生在帮助他人的同时,自己的知识水平、公民意识和工作能力也得到不同程度的提高,团结互助精神、责任感等也得到了有效培养。同时,在校期间参加志愿活动能够使学生提前适应工作状态,做到学以致用,促进其应用能力的提高,对自己的能力以及未来的职业发展有更深的了解,在此基础上寻求适合自己的工作。

(二) 注重大学生志愿服务育人活动的开展

许多高校在招生前会考查学生在高中阶段参与志愿服务的具体情况,如果达不到学校的要求,就没有资格报考。在高校读书期间,能够具有一定数量和质量的参与志愿服务活动经历对其获得奖学金非常有利。同时,志愿服务在某些学校还可以换取学分,个别高校还有学生在校期间必须要完成一项志愿服务的硬性要求。有些高校还同社区联合,为在校学生提供参与志愿服务活动的机会,在活动中培养学生的工作兴趣和服务能力,以帮助学生在就业时能够满足各类企业提出的关于在校期间必须参与志愿服务的要求。在这些志愿服务活动中,青年志愿者不仅可以全面提高自身的思维能力、表达能力、动手能力、交往能力、合作能力、协调能力、创造能力等,还使自身更有机会获得学分或奖学金,进而得到精神上的愉悦与满足,可谓真正实现了助人自助的志愿服务目标。日本总理府的调查表明,约50%的日本国民参加过社区志愿服务活动。从志愿者的学历调查来看,40.9%的人是大学毕业生;调查还发现,学历越高,参加志愿服务活动的人员比例越高。日本大学生整体参与志愿服务活动的比例较高,参与活动涉及的领域也比较广泛,其原因在于大学生把志愿服务作为大学生活的重要体验。日本大学实行志愿服务学分制,十分重视利用社会教育的场所、设施、人力等资源对大学生进行实践教育。尤为突出的是，日本有着良好的志愿服务教育体系和海外志愿服务保障体系[①]。日本各高校都非常关注青年学生的志愿服务，采取多种措施，积极支持和配合他们的志愿服务活动。同时，针对高校在支持和配合志愿服务活动过程中遇到的诸多具体问题，日本高校还采取开设咨询窗口、定期举办信息联络会的方式，为大学生提供志愿服务信息和制定服务计划等。

（三）推动大学生志愿服务育人的社区化

当前，社区性志愿服务活动已成为国外和我国港台地区志愿者参与志愿服务最主要的载体之一。国外和我国港台地区的居民普遍具有较强的社区认同感和归属感，大多数人对自己所在的社区具有强烈的社区意识和邻里意识，并且都乐于积极参加社区的各种活动。这些活动，除社区文化、体育及宗教活动之外，通常还包括由社区民间团体发起的各种志愿服务活动。通过这些社区活动，志愿者为老人、儿童、妇女、单亲父母、伤残人员等提供心理咨询、指导培训等，并参与社区的环境治理和竞选宣传等，为社区发展贡献个人的爱心、智慧和力量。例如，美国依据《1993年全国与社区服务信任法》成立的"国家与社区服务公司"，属于联邦政府设置的独立机构，其根本目标是改善生活、强化社区，通过促使不同年龄、性别和种族背景的美国人为社区提供志愿服务，以培养公民的参与精神。在"国家与社区服务公司"的指导原则中，优先考虑的原则是地方社区的需求，尤其是要通过志愿服务项目来建设更加强大有效和可持续发展的社区网络能力，以便动员志愿者对当地社区的需求做出准备和响应。这些志愿者提供了广泛的社区服务，他们充分发挥个人的技能、经验和对他人的关心，在社区开展了辅导失足青年、为低收入者建造房屋、对受灾人民的救护、照顾社区里的老年人等志愿服务活动。英国政府在2004年利用志愿服务活动组织100多万人融入社区，为大学生提供发展技能与获得

---

① 罗公利、肖强：《青年志愿服务长效机制建设研究》，经济科学出版社2014年版，第219页。

工作经验的机会，强化大学与社区的联系。特别值得关注的是英国国际发展署（DFID），DFID为贫困家庭提供援助以帮助他们脱离赤贫状态。绝大多数DFID志愿者工作十分投入，与私人部门相比，DFID的员工流动性很低，他们具有一定学历、相关工作经验和兴趣致力于英国本土和海外的发展项目，重点在于消除贫困、为贫民创造持续性生存条件、促进人类发展（主要是卫生和教育领域）、保护环境[①]。新加坡政府的志愿者组织也高度重视社区事务的管理，重视志愿精神对国家社会的长远价值。志愿者组织积极创造各种条件鼓励青少年走进社区、走向社会，希望更多青年能够参与社区事务的日常管理和运作。以此来培养青年的参与和管理能力，使青年在实践过程中体会和认识国家的政策律令和政治文化价值观，增强对国家的认同感。

五　大学生志愿者组织注重加强自身建设

建立完善的志愿者组织是志愿服务育人活动有效开展的机构保障。史密斯·巴克林协会在《非营利管理》一书中指出："事业型的组织，从理论上说，可能要寻找两种不同的人：一种是对事业有热情，但没有完成工作所需的管理或技术能力的人；另一种是具有所要求的技术和经验，但缺少诚意的人。"虽然也存在能够将两者完美结合到一起的人，但既有诚意又有技术的人实在是不多，这就需要在选拔的过程中明确志愿服务工作的性质，有针对性地选拔人才。不能因为志愿服务对象、工作领域和工作内容的不确定性，就盲目地选拔志愿者，这样，不利于志愿服务育人工作的开展和具体服务计划的实施。发达国家的大学生志愿服务在长期的发展过程中非常注重组织体系的完善，在志愿者招募培训、开展服务、评估考核、信息化管理等方面，都建立了较为严格的规章制度，实现了组织体系的规范化和专业化运行。同时，还非常注重打造大学生志愿服务品牌和培育志愿服务文化，在高校人才培养中发挥着重要的育人作用。

（一）注重健全大学生志愿服务育人的组织体系

建立完善的管理体系是大学生志愿服务育人组织实现其自身良性

[①] 罗公利、肖强：《青年志愿服务长效机制建设研究》，经济科学出版社2014年版，第271页。

发展的基础。这是发达国家大学生志愿服务育人的基本经验。具体表现在以下六个方面。

第一,严格招募规则。国外志愿者的招募制度非常严格。他们对志愿者的个人信息、科研能力、技能水平、专业素质等方面做出详细的规定和要求,对新加入的志愿者给予准确的评估和定位,以便为其培训、管理与分配奠定基础,确保志愿服务活动顺利开展。如在英国,上千家志愿者服务中心共同建立了一套完善的运转体制,根据当地的需求,专门对志愿者、服务机构和服务项目进行匹配,为志愿者的选拔、培训、分配等一系列环节提供了科学、规范的管理。英国海外志愿者服务中心(VSO)在对志愿者的选拔中非常注重对志愿者的硬件(时间、家庭、知识结构等)和软素质(兴趣、理念、热情等)做出综合考察,有效地避免了在实际服务过程中因为缺乏对志愿者能力的了解而影响工作的问题[①]。

第二,完善培训体系。重视大学生志愿者培训和教育,他们培训的内容涉及思想政治教育、素质提升和技能培训,并积极为志愿者的培训制订计划和创造条件,实现短期技能训练和长期素质培训的有机结合。通过参与志愿服务项目的设计和实施等方法来激发成员参加志愿服务的热情和意愿。除此之外,培训内容体系中也含有多样化的个性培训,如礼仪培训、服务地区介绍、责任心教育等。如美国的"全球志愿者组织"注重向每个志愿者介绍其服务地区的地理特征、风俗人情和生活习惯等,把志愿服务作为一个学习过程,使每个参加者获得崇高的精神享受,从而提高成员的组织归属感和积极参与意识,以实现志愿者对社会做出贡献和提高自身素养的双赢。

第三,周密策划活动。国外大学生志愿服务活动的开展大都策划周密。一是根据志愿服务工作的难易程度进行分类,依据个人具备的能力来进行工作分配,使人尽其用,还会将服务活动的详细资料分发给每一名志愿者,使其清楚在服务工作中有可能遇到各类问题和自己应承担的相关责任和义务。二是制订明确的工作计划并按计划开展工

---

① 利辉:《英国海外志愿者服务中心》,《国际人才交流》2005年第2期。

作，即使没有报酬，也要以极大的热情和认真的态度来完成任务，不能随心所欲，当自己不能完成任务时，必须提前向组织者说明或找到新的顶替人选。三是规定志愿者在志愿服务中绝不能谋取私人利益。以美国为例，其志愿者组织实行社团化规范运作，许多志愿者组织对各项活动的安排具体而细致，在每次活动之前，都有详细的资料通知志愿者，要求他们按照规定的时间和程序参加活动。美国社会推崇的价值观和道德标准就是被基督教徒称道的基督传统，许多青年参加志愿服务是为了履行基督教的责任[①]。

第四，内容形式多样化。西方发达国家的志愿服务活动内容涉及社会生活的方方面面，如环境保护、文化教育、卫生医疗、法律援助、妇女保护、老人日托等，服务形式多种多样，如公益服务、社区服务、专项服务、对外服务等。在美国，志愿服务主要涉及教育、公共安全、卫生、环境、老年帮扶、戒毒等社会领域；在法国，许多志愿者组织将2/3的时间花在教育、社会服务和娱乐上；在德国，志愿服务主要集中在健康、社区发展和住房领域；在日本，志愿者组织将时间主要花费在教育、研究和健康上。德国志愿服务的形式呈现出多元化的趋势，人们不再只是在社团与协会中从事志愿服务，还参与了社区帮助和公民倡议行动等方面的志愿服务。志愿服务与有偿劳动的界限也被瓦解：一方面，在志愿服务中出现了专业化和职业化的趋势；另一方面，新的志愿服务形式，如"企业志愿服务"渗入有偿劳动中。志愿服务的动机也出现了多样化趋势，即帮助别人、志愿者自己获得成长、能够带来乐趣等，尤其是处在培训期的年轻人以及失业人员，他们把志愿服务看作学习技能的机会，或进入职业工作的跳板。在德国志愿服务中，可以见证自私性动机与无私性动机的相互联系，即个人的喜爱与偏好越来越多地与公益导向相结合[②]。

第五，评价机制科学化。发达国家普遍实施多样化的评价激励方

[①] 罗公利、肖强：《青年志愿服务长效机制建设研究》，经济科学出版社2014年版，第213页。

[②] 同上书，第218页。

式，采用设定荣誉奖项与物质报酬来肯定青年志愿者的贡献，激励青年积极参与志愿服务。同时，由于志愿服务本身是一个复杂、动态变化的综合系统，受到多种因素的影响，且各种因素之间相互联系、相互影响，具有典型的系统性特征，因而发达国家的志愿服务效果评价也充分体现了志愿服务的整体性。一般通过第三方机构对志愿者组织及其活动展开评价，采用走访和问卷调查等形式进行收集信息，然后独立分析数据，得出比较客观的结论，并及时沟通反馈，帮助其改进工作，从而真正提升其志愿服务水平。

第六，组织管理信息化。目前，诸多发达国家已经广泛运用信息手段管理和运作志愿服务活动，在组织动员、招募选拔、项目对接、过程监控和激励表彰等工作环节实现了网络信息化操作，积累了志愿服务网络信息化管理的丰富经验。这些志愿者组织充分利用互联网和科技条件，把志愿者在各环节和各方面的信息都记录在网上，实施动态管理，把志愿者的信息和服务项目的内容公布在网站上，并定期更新完善，使公众随时和全面了解信息，便于志愿者和志愿者组织之间的沟通联系。信息化程度高的优势大大拓展了志愿服务活动的范围和领域[①]。志愿者在申请志愿服务岗位成功之后要阅读并签署《志愿服务协议》，它对志愿者的责任和义务做了明确规定，充分保证了志愿服务的质量。西方发达国家完善的志愿者组织体系大大提升了青年志愿者的自身素质，激发了他们的参与热情，让他们在积极为社会提供服务的同时，也获得了自身成长，形成了志愿精神和公民意识。

（二）重视打造大学生志愿服务育人的品牌和文化

各国普遍高度重视打造志愿服务品牌，以促使志愿精神深入人心。在这个问题上，各国积极为各种志愿服务活动设计具有代表性的简明标志，将志愿服务形象化、符号化、视觉化，以加深人们对志愿服务的共识性认识，而这种共识性正是增强成员之间凝聚力的思想基础和促进志愿服务发展乃至整个社会进步的精神动力。同时，随着市场经济的深入发展，越来越多的大学生不仅注重商品的质量，而且更加注重商品的品牌。鉴于品牌及品牌文化对大学生的巨大影响力，国外及我国港台地区的志愿者组织非常注重结合国家和地区自身的优势与发展需要来选择志愿服务项目，坚持将社会需求量较大的社会服务项目进行长期的规划、培育和运作，努力打造自己的大学生志愿服务的优良品牌，形成其志愿服务育人优势。

第一，重视打造以"国际劳动营"为代表的志愿服务育人品牌。国外的许多志愿者组织在其本国有广泛的群众基础和良好的社会声誉，形成了一套比较完整的运作机制和国际惯例，志愿服务活动已成为这些国家加强公民道德教育和维护社会稳定的有效形式。例如，源于德国和法国青年共同修复第一次世界大战期间被毁的农宅和牧场的国际劳动营项目，在长期的发展过程中已成为一个别具特色的志愿服务项目，是欧洲青年志愿者组织的主要活动形式。国际劳动营这种活动形式自开创以来，其目标和职能经历过一系列变化，现主要成为以国际青年交流为主要目标，围绕某一特定主题而组织的集交流、劳动、教育、娱乐等多种活动为一体的工作夏令营。共同的劳动为双方志愿者创造了交流沟通的机会，加深了彼此的了解，从而消除了战争造成的不和。同时，国际劳动营也逐渐发展成为欧洲各种志愿者组织最普遍的志愿服务项目的活动形式之一。欧洲青年劳动营一般都包括来自各国的青年 15—20 名，一般在暑假期间举办，时间为 20 天左右。营员 80% 以上是青年学生（包括大学生或中学生），跨国参加的青年年龄需在 18 岁以上，营员的平均年龄需在 20—25 岁之间。目前在欧洲及世界各地，每年约有 1500 个劳动营，参加人数为 30000—50000 人。大型志愿者组织每年一般都可以组织上百个劳动营。国际青年服务协会、青年志愿者联盟、国际民众服务组织、青年和平行动等在欧洲影响较大的跨国志愿者组织，几乎都是以主题性国际劳动营作为其主要工作形式[1]。志愿服务营——这种志愿服务项目已成为志愿服务领域中的品牌项目，形成了自身的特色和优势。美国为了加强志愿者组织的品牌建设，对各种志愿服务进行跟踪调查，通常采取走访及问卷的方式对志愿服务的对象进行回访，然后把反馈信息汇总，

---

[1] 张兴博、朱剑松：《大学生志愿服务理论与实践知识读本》，西南交通大学出版社 2014 年版，第 7 页。

再由专门人员对数据进行分析，按照惯例评出等级后将评估结果反馈给志愿者组织，志愿者组织再根据评估的结果及建议做出相应的改进。

第二，注重培育以"志愿精神"为核心的志愿服务育人文化。志愿服务文化是志愿服务活动的内核和精髓，也是推动大学生志愿服务持续健康发展的力量源泉。广泛开展志愿服务活动必须把培育志愿服务文化作为中心环节，贯穿到工作的全过程和各方面。需要特别指出的是，联合国非常注重推动志愿精神文化品牌的宣传打造。联合国前秘书长科菲·安南在"2001国际志愿者年"启动仪式上指出："志愿精神的核心是服务、团结的理想和共同使这个世界变得更加美好的信念。从这个意义上说，志愿精神是联合国精神的最终体现。"志愿精神是一种在自愿的、不计报酬的条件下参与推动人类发展、促进社会进步的精神，是公众参与社会生活的一种重要方式，是个人对生命价值、社会、人类的一种积极态度，概括地说，就是"奉献、友爱、互助、进步"。其中，"奉献"是志愿精神的精髓。志愿者在不计报酬、不求名利、不要特权的情况下参与推动人类发展、促进社会的活动，充分体现了高尚的奉献精神。1938年，白求恩大夫放弃优越的物质生活条件，不远万里从加拿大来到中国，为八路军提供医疗救治服务，帮助创办了军区卫生学校，亲自编写各种教材并讲课。1939年秋，他在抢救伤员时因不幸感染病毒而牺牲。白求恩大夫将自己的生命奉献给了中国，这种国际主义精神就是奉献精神的重要体现。"友爱"是指提倡志愿者欣赏他人、与人为善、有爱无碍、平等尊重。志愿者的友爱精神跨越了国界、职业和贫富差距，超越了文化差异、民族之分和收入高低，让整个社会充满温暖。如无国界医生组织，他们不分种族、政治及宗教信仰，无私地坚持为受天灾人祸影响的受害者提供专业的人道主义援助，这就是一种超越国界的爱。因而无国界医生组织也于1999年10月5日获得了诺贝尔和平奖。"互助"是指提倡"互相帮助、助人自助"。志愿者凭借自己的双手、头脑、知识、爱心开展各种志愿服务活动，帮助那些处于困难和危机中的人。志愿者以互助精神唤醒人们内心的慈善和仁爱，使他们持之以恒地真心奉献，助人自助，帮助人们走出困境，自强自立。而受助者获得生活能力后也会投入到关心他人、帮助他人、为社会做贡献的志愿服务活动中，这就是志愿服务中蕴含的互助精神。进步精神也是志愿精神的重要组成部分，志愿者通过参与志愿服务，使自己的能力得到提高，同时促进了社会进步①。

---

① 百度百科：《志愿精神》，2016年1月25日，http：//baike.baidu.com/link？url＝TuoChSS5N2V_UqiFGLumKAXI－5xBSFdYxuem2Cw4－1YDkS73Q6vfO4Q_HJvbCkbCr7izS7Vk_iNucWP_qweedAtYEGAldyIdmB7FBGVuctXcSyDV－Rss7h2zviK2IbX4LtocKsvjXP838tOo6iJCq，2016年5月10日。

第五章 文化多样化背景下实现大学生志愿服务育人功能的途径

近年来，我国大学生志愿服务育人有了长足进步。在2008年北京奥运会、四川汶川大地震、上海世界博览会上大学生志愿者的精彩亮相，更是唤醒了社会上公民意识的普遍觉醒，使广大公民对大学生志愿服务有了新认识。大学生志愿服务的不断发展，对提升大学生志愿者的思想道德素养具有不可替代的作用，成为高校思想政治教育的重要方式。据此，2008年10月中央精神文明建设指导委员会在《关于深入开展志愿服务活动的意见》中明确提出，要把志愿精神作为进一步加强和改进大学生思想政治教育和未成年人思想道德建设的重要内容，切实加强对学生志愿服务的领导，建立健全学生志愿服务长效机制，深入推进学生的志愿服务活动。在文化多样化背景下，如何增强大学生志愿服务的育人功能，不断提升其志愿服务的育人质量，促进大学生志愿服务育人事业的持续健康发展成为我们面临的一项重要课题，笔者着重从加强法制建设、完善组织管理机制、打造育人合力、推动专业化、常态化及社会化四个方面进行了重点探讨，提出了增强大学生志愿服务育人功能的对策和建议。

第一节 加强国家层面的相关立法，为大学生志愿服务育人提供法律保障

推进志愿服务立法进程，是保证志愿服务健康、有序发展的重要手段，是促进志愿服务在法律范围内真正成为公民义务的重要步骤，

也是大学生志愿服务育人事业发展到一定阶段的必然要求。志愿服务立法的价值和功能在于：为志愿服务创建良好的制度环境，保障志愿服务的自主性，激发志愿服务的潜在资源，规范志愿服务行为，明确志愿者的权利和义务，增进志愿服务的效能，激励志愿者的持续参与，促进政府对志愿服务的支持，防止志愿服务衰落，等等①。由此可见，法制保障并不是强制公众参与服务，而是志愿服务的合法认同要素，是志愿服务事业、志愿者群体、志愿者组织、志愿服务对象健康发展的可靠保障。只有加强有关法律法规的制定，才能消除志愿者的后顾之忧，激发人们的参与意愿，提高志愿服务育人的效率与公信力，赢得社会更广泛的认可与支持。因此，通过专门的国家立法来规范和保障志愿服务活动的开展已成为一股世界潮流，联合国在评估各国志愿服务事业的发展成效时，也把是否制定了志愿服务的法律规范作为重要的评估指标。随着我国志愿服务事业的蓬勃发展，已有部分省市顺应促进志愿服务发展的世界文化潮流，相继制定出台了志愿服务地方性法规。据统计，截至 2014 年年底，除港澳台地区以外的 31 个省级行政区域中，已进行志愿服务地方立法的有 20 个，占 64%，其中地方性法规 19 个，占已有省级行政区域地方立法的 95%；具有地方立法权的 49 个较大的城市（包括 22 个省会城市、5 个自治区首府、18 个国务院特批的较大的城市、4 个经济特区所在的城市），已制定志愿服务地方立法的有 20 个，占 40%，其中地方性立法 18 个，占已有较大城市的地方立法的 90%。在尚未制定志愿服务地方立法的主体中，有 1 个自治区（西藏）和 2 个较大的城市（深圳市和厦门市）已就志愿服务专门出台了行政规范性文件②。地方立法标志着志愿服务育人事业迈进法制化管理的新阶段，对有效调动志愿服务，特别是大学生参与志愿服务的积极性提供了一定的保障。但是，总体上看，地方性法规的法律位阶较低，对基本概念、基本法律关系、权利和义务、责任承担和分配等无法进行权威性界定，而且各地立法水平

---

① 党秀云：《论志愿服务的常态化与可持续发展》，《中国行政管理》2011 年第 3 期。
② 莫于川：《应当尽快立项制定志愿服务法》，《法制日报》2015 年 5 月 6 日。

参差不齐，规范不一致，权威性、可操作性亟待提高。这些问题已成为制约我国大学生志愿服务育人活动发展的"瓶颈"，凸显出制定全国性立法的必要性和紧迫性。国家层面的志愿服务立法不仅有利于引导和规范全国志愿服务活动，提高志愿服务育人的效率和质量，更有利于依法维护志愿者和志愿服务对象的合法权益，促进大学生志愿者组织的有效管理，防范和化解可能存在的各种风险，减少各种矛盾和纠纷，为大学生志愿服务的发展创造一个良好而稳定的外部环境，确保大学生志愿服务育人作用的充分发挥，进一步提升大学生的道德水平。在文化多样化背景下，志愿服务的国家立法不仅应合理借鉴我国在志愿服务地方性立法方面积累的经验，还要借鉴志愿服务起步较早且其育人功效发挥较好的西方国家的先进经验，以拓展我国大学生志愿服务立法的思路，努力做到现实性和先进性相结合。当前国家层面的大学生志愿服务立法应着重解决好以下五个方面的问题。

一 确立大学生志愿服务立法的基本宗旨和原则

志愿服务立法应符合我国志愿服务发展的基本规律，遵循志愿服务的基本特性，坚持"保障志愿者权益、规范志愿服务活动、促进志愿服务事业、服务经济社会发展"的立法宗旨[1]。志愿服务立法的基本原则是在总结志愿服务实践经验的基础上，依据对志愿服务事业发展客观规律的深刻认识，体现在立法过程及其法规条文中的价值理念，它贯穿于志愿服务的具体法律规范中，指导着法规的运行和完善，是志愿服务法律的灵魂[2]。根据我国志愿服务的实践和部分省（市、区）出台的地方性法规的现状，应把握好五个方面的立法基本原则。

第一，坚持立法与国情相适应原则。《诗经·小雅·鹤鸣》曰："他山之石，可以攻玉。"文化多样化的不断发展，为我国借鉴国外志愿服务立法的经验提供了条件。但是，不同文化多数以一种自我更新

---

[1] 莫于川：《应尽快为全国性志愿服务立法》，《中国社会科学报》2009年12月15日第4版。

[2] 赵枞安：《借鉴域外经验推进国家志愿服务立法》，《学术界》2011年第5期。

的方式继续保持自身的特色,因而多元文化的相互作用,其结果并不是我国志愿服务立法与其他国家"趋同"乃至"混一",而是在新的基础上的借鉴和创新。从历史发展来看,一种文化对异质文化的吸收和借鉴,总是根据自己的文化眼光来进行自主选择,取其所需之物,很少会全盘照搬。因此,大学生志愿服务立法应充分考虑我国现阶段的国情,考虑我国社会的文明程度、法律文化传统和公众心理状态等因素[①]。

第二,坚持科学性和前瞻性原则。既要符合志愿服务发展的基本规律,又要对我国志愿服务事业长远发展起到规范和指导作用;既要借鉴发达国家的有益经验,发扬我国优良传统,又要能在此基础上有所创新,体现中国特色[②]。

第三,坚持权利和义务对等原则。任何法律都会涉及权利和义务,志愿服务法是权责法,既要充分体现对志愿者组织、志愿者、志愿服务对象权利的保护,也要体现对志愿者、志愿者组织、志愿服务对象相应的义务要求,不履行义务或者构成侵权,将承担相应的法律责任。

第四,坚持平等、自愿、诚信、合法与重视实效原则。平等、自愿和诚信原则是我国民法确立的基本原则。在志愿服务中,志愿者、志愿者组织和志愿服务对象三方之间的地位平等,应相互尊重,诚实守信,严格履行服务承诺或协议约定。志愿服务应该是符合政策和法规的,不能违反法律法规,也不能违反国家政策和社会公序良俗。志愿服务还应该讲求实效,关注服务质量和成效。志愿者应根据自己的条件量力而行,参加必要的培训,以高度的社会责任感把志愿服务工作做好做实。

第五,坚持为人民服务原则。中共中央关于《公民道德建设实施纲要》规定,社会主义道德建设要坚持以"为人民服务"为核心。

[①] 乐黛云:《全球化趋势下的文化多元化》,《深圳大学学报》(人文社会科学版) 2000 年第 1 期。

[②] 俞亚萍:《推动志愿服务立法的探讨》,《华章》2012 年第 25 期。

这既是对全体公民道德建设的要求，也是对大学生思想道德教育建设的要求。在文化多样化背景下，更要在全体人民中尤其是在大学生中提倡"为人民服务"的精神，提倡尊重人、关心人，热爱集体，热心公益，扶贫帮困，为社会多做好事，反对和抵制拜金主义、享乐主义和个人主义思想。在志愿服务中坚持"为人民服务"原则，与志愿服务的宗旨"服务他人，奉献社会"是一致的，与"奉献、友爱、互助、进步"的志愿精神是一脉相承的。从这个意义上说，抓住了"为人民服务"这一核心，就抓住了志愿服务的宗旨和精神，志愿服务必然成为大学生思想道德建设的有效载体，从而有助于弘扬大学生的志愿精神，为大学生思想道德素养的提升开辟了新途径。

二 规范政府在大学生志愿服务育人事业发展中的职责

政府在推动大学生志愿服务育人事业中发挥着无可争议的主导作用，推动着我国大学生志愿服务育人事业的快速发展，但也使大学生志愿服务育人带有了浓厚的行政化色彩。因此，立法中应厘清政府与大学生志愿者组织的关系，妥善解决志愿服务的管理体制、机制和方式问题，明晰政府在大学生志愿服务育人事业中扮演的角色，促使政府承担相应责任，这符合当今建设服务型政府、和谐社会的时代潮流。

（一）改变带有"审批"性质的登记准入制度，为志愿者组织提供充分的自由发展空间，消除大学生参与志愿服务的机制障碍

在我国大学生志愿服务的逐步发展过程中，志愿者组织多由政府或半政府机构创办，因而带有浓厚的行政化色彩，存在阻碍志愿者组织发展的弊端。

一是志愿者组织登记门槛过高。有的法规规定，志愿者组织要按照《社会团体登记管理条例》在各级民政部门登记注册，这一登记过程非常烦琐，审批也很困难，这成为志愿者组织发育滞后、力量弱小的原因之一。以立法较早的北京市和广东省为例，2007年颁布施行的《北京市志愿促进条例》规定，"本条例所称志愿者组织是指市和区、县志愿者协会及各类专业性志愿者协会等依法成立、专门从事志愿服务活动的非营利性社会团体"，但北京市的立法中并未详细阐明"依

法成立"的根据。2010 年新修订的《广东省志愿服务条例》第八条规定,具备《社会团体登记管理条例》规定条件的志愿者组织,应当在县级以上人民政府民政主管部门依法进行登记,接受其监督和管理。而《社会团体登记管理条例》对社团的成立则设置了"主管单位审查制""登记制"及其他硬性条款。这部行政法规侧重于管理、规制,不利于志愿者组织的进一步发展[①]。

二是限制竞争。《社会团体登记管理条例》第十三条规定,在同一行政区域内已有业务范围相同或者相似的社会团体,没有必要成立的,登记管理机关不予批准筹备。所有志愿者组织在没有法人地位的情况下,为了取得承认,必须按照行业归口找各有关政府部门登记,例如,医疗服务机构要在卫生部门进行审批备案,环保志愿服务要到政府环境部门审批备案,还有大量的志愿者组织找不到归口部门,只能到街道或居委会登记。甚至有些志愿者组织为取得合法地位,不得不到工商部门办理企业登记。这种志愿者组织"准入"制度,必然限制志愿者组织的发展。因此,我国志愿服务活动立法应解放思想,鼓励非政府组织的发展,建立起与发达国家接轨的志愿服务组织管理体制。当前首先要对现行的《社会团体登记管理条例》进行修订完善,简化微小志愿者组织的审批登记手续,减少政府不必要的行政干预,让草根型志愿者组织实现身份合法化,培育广泛的志愿者组织,从而最终为大学生参与志愿服务提供更加广阔的平台。

(二)明确政府对志愿服务的鼓励和支持责任,保证大学生有更多机会参与志愿服务

志愿服务弥补了政府和市场的某些缺位,是社会的"减压阀""润滑剂",理应得到政府的关注和支持。因此,国家志愿服务法必须强化政府在志愿服务发展中的统筹协调、规划立项、资金投入、激励保障以及规范监督等法律责任。具体应包括:强制政府建立志愿服务基金,同时加大对志愿服务的财政支持力度,解决志愿者组织经费短

---

① 罗力:《改革开放以来非营利性组织的立法发展及问题探析——以志愿服务立法为视角》,《法制博览》2013 年第 7 期。

缺的问题；设立志愿服务的专门保险种类，建立相应的社会保障制度，为志愿者提供相应的人身保险服务，使每个志愿者的权利得到保障，解决其后顾之忧；完善税收杠杆倾斜支持志愿服务的制度，出台具有较强可操作性的、有法律责任保障的优惠措施，规范志愿者组织接受捐赠的程序和免税问题，鼓励公民个人、组织、企业更多地参与到公益性活动之中；明确要求国家机关、企事业单位在同等条件下在上学、就业等方面优先录用有志愿服务经历者，从而保障志愿服务活动对大学生的吸引力；在减少直接行政干涉的前提下，加强政府对志愿服务活动的全程监管，防范志愿者、志愿者组织从事营利性及与志愿服务无关的活动，增强大学生志愿者组织的公信力。以法律形式确立政府在推动志愿服务育人事业中的法律职责，这既是对志愿者志愿服务的肯定，也能有效地鼓励志愿者持续开展服务活动，尤其是对当代大学生这一特殊性群体具有目标导向和内在激励等多重育人功能。

三 规定大学生志愿者组织和志愿者的主体法律资格

所谓主体法律资格，是指该主体能够行使相应权利、承担法律义务和责任的资格。也就是说，主体法律资格是该主体在法律上享有权利、承担义务的前提条件或依据。

(一) 关于志愿者组织的主体法律资格

其他国家的志愿服务法一般将志愿者组织界定为公益性、非营利性社团法人，要求在官方登记，经过政府批准或备案才正式成立。而从我国目前各地方已经实施的志愿服务法规来看，由于还没有制定出一部完整的《志愿者组织登记管理条例》，志愿者组织只能适用《社会团体登记管理条例》和《民办非企业单位登记管理暂行条例》的相关规定，志愿者活动通常是通过社会团体和民办非企业单位这类载体来进行的。但是，由于上述两个条例之间存在内容交叉重叠、不协调等问题，影响了法律适用的准确性和一致性，造成目前对志愿者组织法律主体资格认定的混乱[①]。而且，《社会团体登记管理条例》之

---

① 袁文全、欧琴：《志愿者组织主体资格法律规制研究》，《华南师范大学学报》（社会科学版）2012年第3期。

下,我国志愿者组织只能采用社会团体法人的组织形式成立,由此造成了志愿者组织成立门槛过高和大量志愿者组织"地位合法化"问题悬而未决。志愿者和志愿者组织法律地位的不稳定性,使志愿服务活动呈现短期性,无疑会束缚志愿服务的发展,影响大学生参与志愿活动的空间,限制志愿服务育人功能的发挥。国家立法应将我国志愿者组织界定为在民政部门依法登记的公益性社团法人,包括各级各行业的协会及所属的基层志愿者组织。为识别和保障民间自发的志愿者组织,笔者认为,可以借鉴《中华人民共和国行政许可法》中关于备案登记的有关制度,只规定志愿服务组织(无论官办还是民办)设立需向政府有关部门"备案"的义务即可。同时,进一步深化政府备案制度的改革,简化备案事项内容及程序。国家立法还必须强调,志愿者组织依照登记备案的章程进行管理,具有独立性,其内部事务不受行政干预。厘清志愿者组织的法律主体资格,并完善对其主体资格的相关规定,有利于拓展志愿者组织的规模,促使志愿者组织于法律框架内有序发展。同样,这也有利于促进大学生志愿者组织的发展和壮大,使更多大学生有机会参与到志愿者组织中来,充分增强志愿服务的育人功能,最终实现大学生志愿服务育人功能全覆盖。

(二)关于志愿者的主体法律资格

对于志愿者的主体法律资格,各地方志愿服务立法未进行明确、充分的界定。突出表现在四个方面:一是对于志愿者是否有行为能力的规定不一致。比如,2010年新修改的《广东省志愿服务条例》对志愿者资格条件的要求是相应的民事行为能力、志愿服务能力和从事志愿服务必要的身体条件,废除了旧法中关于年龄、当地户口或者有效暂住证等条件的限制,这与大多数地方法规的规定保持了一致。湖北省、天津市、宁波市、银川市、成都市等地区对志愿者的资格做出了年龄限制,而山东省、杭州市在立法文本中没有对志愿者的资格条件做出规定[①]。二是对志愿者是否必须不以报酬为目的的规定不一致。

---

① 袁文全、欧琴:《志愿者组织主体资格法律规制研究》,《华南师范大学学报》(社会科学版)2012年第3期。

三是在志愿者是否需要登记的问题上，各地方的条例规定不一致。四是存在不符合法律语言的非精确性表述。如有的地方将志愿者定义为"人"，有的则定义为"个人"或者"自然人""人员"，但是，它们之间的法律含义却不甚相同，"人"包括自然人和法人，个人与自然人含义基本一致，"人员"则含有组织性的意味①。志愿者法律主体资格界定不明，导致了志愿服务活动内容难以得到有效规范，挫伤了大学生参与志愿服务的积极性。

基于上述问题，全国性志愿服务立法有必要对志愿者主体的资格做出明确的统一界定。

其一，因为志愿者是自愿无偿地参加志愿服务的自然人，所以，在全国性的志愿服务立法中，可以规定志愿者必须有与服务内容相称的技能，但不应规定志愿者的行为能力。

其二，多数国家和地区要求志愿者注册登记为某一个志愿者组织的成员，全国性的志愿服务立法中也应将注册登记规定为志愿者的法律主体资格条件之一。立法有必要提倡志愿者特别是自发的志愿者逐步走向组织化，在为所有志愿者组织设定"注册"义务的同时，可以在"志愿者权利"部分，对注册志愿者在享受政府资助的培训、服务补贴等方面作优先性规定，以鼓励自发志愿者参加某一志愿者组织，在志愿者组织获得注册。对于志愿者在参加志愿服务后，当其向所在单位主张其合法权益时，设定"需向单位提供其由志愿者组织或志愿者组织者开具的参与志愿服务的情况证明"，以鼓励自发志愿者寻求参加某一志愿者组织②。

其三，应划清报酬与补贴之间的界限。在没有报酬的情况下，规定应由志愿者组织给予适当补贴，不能因为志愿者在志愿服务中获取了补贴而否认其主体资格。明确志愿者主体资格，既可以促使大学生志愿者加入志愿者组织，促进其志愿服务活动有序运转，提高其志愿

---

① 李永军：《我国志愿服务立法对策探讨》，《社团管理研究》2012 年第 3 期。
② 王建华：《志愿服务立法的几个问题——评〈志愿服务法（草案初稿）〉》，《中国法学会行政法学研究会 2010 年会论文集》，2010 年。

服务的质量，又可以更好地保护大学生志愿者的权利，增强志愿服务对大学生的吸引力，实现大学生志愿服务育人功能发挥的持久化。

四 明确大学生志愿者的权利和义务

综合概括当前各地方性法规中大致相同的志愿者权利，共有15种，即参加有关志愿服务活动、接受教育和培训、请求志愿者组织帮助解决在志愿服务活动中遇到的实际困难和问题，等等。一般条例仅规定了其中的几种，有的权利，如"接受教育和培训"，只有8个省市进行了规定；如"志愿者的个人信息未经志愿者本人同意不得公开"，只有个别省市进行了规定。而且，这些权利的规定，由于原则性太强，大多流于形式，在具体实施时难度较大[1]。特别是关于志愿服务经费保障的法律规定非常笼统，一般规定志愿者组织和志愿服务活动的经费来源主要有政府财政支持、社会捐赠资助和其他合法来源。但是，在这几个来源方面都缺少明确的、全面的规定，普遍缺少明确的支持或资助志愿者组织的具体办法[2]。从已经规定奖励措施的地方性法规来看，除在精神上给予鼓励以外，没有在制度层面上把志愿者参与志愿服务活动与志愿者素质培养和提高就业质量等有机结合。如《山东省青年志愿服务规定》第十三条第二款规定，"对青年志愿服务活动捐赠有突出贡献的自然人、法人或者其他组织，由人民政府或者其他部门予以表彰"，只有精神奖励，没有物质奖励。现有地方性法规中激励机制不健全，对如何建立志愿服务认证和考评体系及志愿服务档案均未涉及，大部分没有规定表彰奖励依据和标准，可操作性较差。志愿者权利保障和激励措施的缺失，必然导致大学生志愿服务育人活动缺乏最基本的支持，挫伤大学生参与志愿服务育人活动的积极性。

另外，对于志愿者在开展志愿服务时发生的人身损害及产生的纠纷该怎么处理？应该由谁来承担补偿责任？由于缺乏明确的法律规定，在志愿者权益受到损害时，往往形成"依靠无山"的局面。因

---

[1] 李永军：《我国志愿服务立法对策探讨》，《社团管理研究》2012年第3期。
[2] 同上。

此，完善有关法规，充分保障志愿者的权利势在必行。一种是志愿者组织、志愿服务活动组织者对志愿者的保障，这种保障类似于用人单位与劳动者之间的法定劳动保障，但保障种类、程度、范围及条件应相对较弱，以减轻志愿者组织或活动组织方的压力。另一种是政府、用人单位、各类社会组织对志愿服务活动的保障。当进行志愿服务的全国性最高立法时，这些方面可以只作原则性规定，但对一些值得重视并有必要解决的普遍性事项应当做出统一规定。

一是保障志愿者的知情权。志愿者有权利知道自己参与的是何种志愿者组织，从事何种服务内容，可以享受怎样的物质保障，以及服务是否具有危险性等事项。

二是保障志愿者有获得岗前培训的权利，以便使志愿者具备参加志愿服务活动的相应技能。

三是保障志愿者人身安全的权利。志愿者可以根据自身的身体状况、经济状况、精力、时间等决定是否参与志愿服务活动。对个别保障内容可作强制性规定，如规定志愿服务活动组织者安排志愿者从事有一定风险的志愿服务活动时，应当为志愿者办理必要的人身保险。

四是保障受到损害后志愿者得以申诉和赔偿的权利。

五是有要求政府部门和相关部门给予志愿服务活动必要支持的权利。

六是规定志愿者在志愿服务过程中受到人身伤害或造成服务对象及第三人伤害的，志愿服务基金应给予赔偿，不应由志愿者、志愿者组织承担赔偿责任。但是，若是因为志愿者故意不遵守组织安排或者有重大过失行为而造成损害的，应由志愿者本人承担相应责任。

七是关于志愿服务时间应做出明确规定。2008年北京奥运志愿者的日工作小时明确被限定为八小时以内，这样的规定是符合劳动法的，应予以借鉴和采纳。

此外，志愿者的服务对象有很大一部分是国家的职能机构，如环境保护、维护治安、抢险救灾，这就需要与政府职能部门打交道，当志愿者参与这种志愿服务时，可以享受哪些权利、应当履行哪些职责也是立法中值得探究的问题。对志愿者的权利保障和利益激励，是对志愿服务社会价值的一种现实承认，与命令强迫和动员说教相比，更具持久性和长效性，必将打破制约大学生参与志愿服务育人活动的"瓶颈"，激励更多的大学生参与到志愿服务中，推动大学生志愿服务育人事业的蓬勃发展。

义务是与权利相对应的概念，义务是强制性的，无选择性的。法定义务，必须履行，否则就要承担相应法律责任。可见，义务具有违反惩罚机制。志愿者在享有权利的同时也必须履行相应义务。志愿者的基本义务主要包括：一是履行在志愿服务时不得以志愿者身份从事任何以营利为目的或违背社会公德活动的义务。但服务对象根据自愿原则，基于道德观念而给志愿者一定的物质帮助，如提供差旅费、住宿等，志愿者是否可以接受，法律对此应当予以明确规定。二是遵守志愿者组织的规章制度，按照规定接受培训、认真完成志愿活动的义务，每年参与一定时间志愿服务的义务。三是尊重志愿服务对象的权利，为在活动中获悉的服务对象的商业秘密和个人隐私保密的义务，不得故意损害服务对象合法权益的义务等。四是接受监督、维护志愿者组织和志愿者形象的义务。这些义务构成志愿者的基本义务，也是保障志愿服务活动有效运行的前提[1]，既可以使大学生在志愿服务育人活动中更充分地享受各项权利和自由，又可以为志愿服务育人事业提供健康、有序的良好环境。

五 确定大学生志愿服务的范围和类型

志愿服务的范围与类型决定了志愿服务法的调整范围与规制对象。目前的地方性立法多采用列举具体项目的形式，对志愿服务范围的规定相对较为零散。从志愿服务的实践来看，志愿服务的范围可区分为社会公益服务、社区发展服务、弱势群体关爱服务、青少年成长辅导服务、环境保护服务、扶贫开发服务、应急救援服务、国际志愿服务等领域。文化多样化背景下，为了给大学生提供更多参与志愿服务的可能性，根据"法不禁止便自由"的理念，全国性志愿服务立法

---

[1] 赵德传：《厘清志愿者基本权利义务关系》，《检察日报》2013年12月23日第6版。

规定的志愿服务范围,应充分考虑分类标准与国际志愿服务分类相衔接,随时吸收新型志愿服务项目。可采取类型列举加兜底条款的方式引导公众从事相应的志愿服务活动,并对志愿者的招募培训、档案管理、志愿服务的组织实施、表彰激励、质量评估及全过程监督予以规范。但是,志愿服务的范围应当有一定的限制,从宏观上讲,志愿服务不能取代政府的基本职能,应当避免政府懒政;不能涉足明显的高危和风险领域,因为那需要很强的专业性技能;不能介入等价交换的领域,那里是人们就业的空间。志愿服务主要与公共服务相关联,也不排除涉及社会管理领域,但政府执法领域应当排除在外,志愿服务即使涉足社会管理领域,也应仅限于一些协助性、辅助性事务,不应涉及执法职能和权限。由此,公权力执法领域,具有高危风险或纯粹以营利为目的的活动禁止运用志愿服务[①]。大学生志愿服务是我国志愿服务活动的最重要部分,规范大学生志愿服务的范围和类型有利于廓清志愿者服务活动空间,保障志愿服务活动的顺利开展,使大学生志愿者在志愿服务活动中大显身手。唯有如此,才能真正地让志愿服务活动进位升级,不断增强大学生志愿服务的育人功能。

第二节 完善大学生志愿服务组织管理机制,增强其志愿服务育人的有效性

近年来,随着我国志愿服务事业的快速发展,大学生志愿服务队伍不断发展壮大。但仍有许多大学生游离于志愿服务活动之外,不能通过参加志愿服务奉献社会和实现自身发展。为了使更多的大学生参与到志愿服务中来,充分发挥志愿服务对大学生的教育功能,急需加强大学生志愿服务的组织管理机制建设。应该说,无论建立何种机制,志愿服务的制度特征都应该是:使志愿服务在推进安排、组织实施、后续评估等方面有章可循。这些规章所体现出的管理和控制的目

---

① 肖金明:《志愿服务立法若干问题的思考》,《中国行政管理》2010年第8期。

第五章 文化多样化背景下实现大学生志愿服务育人功能的途径

的是为了更有效地推进志愿服务，而不是出于利益目的。具体来说，应做好以下四个方面的工作。

一 构建富有活力的大学生志愿服务动员机制

美国著名管理学家彼得·德鲁克（Peter F. Drucker）认为，非营利组织的经营，不是靠"利润"动机的驱使，而是靠"使命"的凝聚和引导①。任何行为的产生都是内部动力与外部动力共同作用的结果，大学生参与志愿服务育人事业也不例外。内部动力就是大学生志愿者的参与动机，外部动力则主要是来自高校、社会对志愿服务的引导、动员、激励和组织。毋庸置疑，作为一个接受高等教育的特殊群体，大学生就思想认识而言，大部分对"奉献、友爱、互助、进步"的志愿精神都持有认可态度，有参与志愿服务活动的愿望。但是，由于我国大学生志愿服务还不成熟，社会大众对志愿者组织、志愿服务、志愿精神的认知及认可度还比较低，加之市场经济的发展和多元文化的影响，因而大学生参与志愿服务时表现出动机不纯、功利性太强等问题。究其原因，主要在于：第一，由于极端个人主义、狭隘功利主义和拜金主义等不良思潮涌入高校校园，使世界观、人生观和价值观尚未完全形成的大学生受到巨大影响。他们参加志愿服务的目的不仅仅是为了帮助他人，而是掺杂了诸如"自身发展""扩大人脉""寻求锻炼机会""添加评优资本""无聊，找乐子"等其他因素，表现出明显的功利主义和实用主义色彩。第二，对志愿精神的宣传不到位。志愿精神是志愿服务的道德基础，有利于大学生志愿者形成强大持久的内在驱动力，是志愿服务得以蓬勃发展的基石。但目前的动员机制往往更关心如何将大学生吸引到志愿服务活动中来，而忽略了对志愿精神的宣传，导致部分大学生缺乏对志愿精神内涵的理解，更谈不上将志愿精神内化为自己的价值追求，而是抱着随大流或为了获得奖励的心态去参与志愿服务活动。这种实用主义动机会导致大学生志愿者的责任心不足，在志愿服务中很容易产生浮躁心理，出现半途而

---

① 转引自党秀云《论志愿服务的常态化与可持续发展》，《中国行政管理》2011年第3期。

废的状况，影响了大学生志愿服务育人效果。因此，构建大学生志愿服务的动力机制，必须调动各种资源来加大志愿服务宣传力度，让更多的大学生了解志愿精神和志愿文化，激发其参加志愿服务的热情，将参加志愿服务转变成为其自觉的行动。

（一）形成大学生志愿者动员合力

各种动员方式并不孤立存在，而是相互联系、相互补充的。就大学生志愿者动员机制来讲，高校教育教学动员、团委和宣传部门动员是大学生志愿服务的主要动员方式；政府和社会媒体动员具有受众广、传播速度快、方式便捷等特点，是具有重要影响力的动员方式。大学生志愿者组织是相对组织化动员的另一种形式，并处于不断发展之中。可以说，任何一个动员主体都可以采取多种方式动员大学生参与志愿服务活动，以期获得最佳动员效果。

第一，整合高校宣传资源，加大志愿服务宣传力度。高校具有多种宣传资源可以在倡导开展大学生志愿服务活动中产生重要作用。

首先，思想政治理论课是大学生思想政治教育的主渠道和主阵地，高校应将志愿服务课程纳入思想政治理论课的教学计划。高校志愿服务课程的教育目标是以志愿服务为载体，通过向大学生传授志愿服务的相关知识，鼓励并创造条件支持大学生参与志愿服务实践活动，培养大学生的志愿精神和行动能力，并同时丰富大学生的生活阅历，提升大学生的综合素质和专业技能[①]。因此，一是应提供具有时代内涵的价值规范，组织大学生系统学习志愿服务理论，了解志愿服务的发展历程及现状，理解志愿精神的实质，了解志愿者的权利和义务、志愿服务的政策法规等方面的内容，帮助大学生更加理性地对待和认识志愿服务。思想是行为的先知。只有形成对志愿服务育人的正确认识，才会切实解决大学生因缺乏对志愿服务活动的了解而积极性不高的问题，促使大学生主动投身于志愿服务活动，形成参与志愿服务的正确价值观，推动志愿服务育人功能的发挥。二是应在思想政治理论课中增加实践教学环节，组织大学生开展志愿服务实践活动，充

---

① 张晓红：《高校志愿服务教育课程化路径探索》，《思想教育研究》2011年第5期。

第五章 文化多样化背景下实现大学生志愿服务育人功能的途径

分运用志愿精神教育中"体验"的功能，让学生积极践行服务社会的价值观，以在志愿服务中的所见所闻所感与自己的心灵对话，不断进行自我约束，强化服务社会的理念，不断将之升华为毕生所追求的价值目标，形成正确的人生观、价值观。同时，参与志愿服务育人实践，也能够帮助大学生了解社会，增长才干，全面提升大学生的沟通能力、协作能力、实践能力等，有效提升他们的社会竞争力。

其次，高校团委是大学生思想政治教育的重要力量，团委应利用自身得天独厚的优势加强大学生的志愿精神教育，将志愿精神的宣传放在日常工作的重要位置，努力营造有利于志愿服务发展的校园文化氛围。如开展讲座、论坛、志愿者歌曲传唱、志愿服务事迹报告会、志愿服务体验、总结表彰等活动，广泛传播志愿精神和理念，集中展示大学生志愿者的风采，形成理性共识与情感冲击的结合，努力营造弘扬志愿精神的良好氛围。

最后，学校可充分利用校园广播、校报校刊、学校网络论坛等形式，开辟志愿服务专栏，开展志愿精神和志愿服务理念的宣传教育，扩大志愿活动的影响，增强活动的吸引力，使更多的大学生投身到志愿服务活动中来，从而提升他们的综合素质。

第二，注重发挥媒体的作用，有效引导大学生参与志愿服务活动。媒体是思想文化传播的重要载体，是传播志愿服务理念、弘扬志愿精神的主要渠道。它不仅可以控制社会舆论，引导受众态度，其影响力还可以渗透到一般的社会心理及个体思维和行动过程中，对大学生志愿服务活动具有风向标和催化剂的作用。在文化多样化背景下，报刊、广播、电视、互联网等大众传媒将多种价值观和信息传播到社会各个领域，青少年的多数信息是通过大众媒介获得的，他们借助媒介对周围世界有了更深了解，形成了对客观事物的价值判断。因此，利用媒体对志愿服务活动进行动员，具有便捷性、及时性和广泛性的特点，不仅可以宣传志愿精神，而且也可以树立优秀志愿者典型，对志愿者起到巨大的激励作用，成为大学生参与志愿服务的动力。具体而言，媒体的影响力主要表现在以下三个方面。

其一，不断传播"奉献、友爱、互助、进步"志愿精神，提高志愿服务知晓率，唤起公众对志愿服务的认可及重视，赢得大众对大学生志愿服务的支持。《北京奥运会、残奥会志愿者工作成果转化研究》显示，接受调查的5000名奥运志愿者认为，社会各界之所以对北京奥运会志愿服务评价颇高，除因为"奥运志愿者的服务质量高"和"志愿者的自身素质较高"之外，还有近一半（49.0%）的受访者认为，奥运志愿服务的成功"得益于奥组委强大的宣传攻势"①。

其二，动员越来越多的大学生加入到志愿服务中。媒体可以为大学生提供参与志愿服务活动的相关信息，搭建大学生参与志愿服务的平台。

其三，增加志愿者组织的知名度，提升大学生志愿者形象。利用网络不断宣传大学生的志愿服务，把大学生志愿精神广泛传播开来，可以使公众充分了解和认识大学生志愿者组织的运行状况，从而提高公众对大学生志愿服务的认可度。大学生志愿服务工作只有得到社会的认可，才会使更多的人热心于志愿服务，形成强大的社会辐射力，保障大学生志愿服务育人功能的持续发挥。

因此，媒体应特别注重志愿精神的宣传工作，把志愿精神的宣传融入社会主义核心价值观建设中，在全社会营造起志愿服务的浓郁氛围，以此加深全社会对志愿服务的理解和认识。

一是打造一批反映志愿精神的文化精品，通过生动感人的文艺作品和丰富多彩的志愿服务活动，展现志愿者的良好风貌和高尚情操，寓教于乐，使志愿服务理念得到越来越多大学生的接受和认可。

二是深入挖掘并树立典型，通过媒体"放大效应"，形成舆论"冲击波"②。树立大学生志愿服务的先进典型，影响和带动他人投身志愿服务，尤其是大学生身边的先进人物和优秀团队对大学生最具有说服力和劝导力。它以无声的语言、默示的形式潜移默化地影响着大学生。应充分利用先进人物或先进事迹的辐射作用，激发大学生的参

---

① 崔玉开、施佳莹：《媒体对我国志愿服务发展的影响分析》，《甘肃理论学刊》2011年第6期。

② 于鑫、王虎：《媒体传播对志愿服务发展的促进作用》，《北京城市学院学报》2012年第6期。

与热情,引导更多的大学生积极投身志愿服务育人活动。

三是加强志愿服务重大活动和事件的宣传,鼓励大学生积极参加志愿服务活动。例如,在电台、电视台的黄金时段,插播有关希望工程、留守儿童、偏远支教等公益活动的宣传语和宣传片;在各大报纸和杂志上设立专题专栏刊登关于大学生志愿服务活动的文章和报道;对大学生志愿服务活动的特色项目、优秀团队、先进个人等进行主动宣传报道;等等。这些都可以向全社会展示当代大学生服务人民、奉献社会的精神面貌,扩大志愿服务活动的影响力。

四是发挥新媒体的优势,增强大学生志愿服务的社会动员力。随着科技的飞速发展,互联网、手机、数字电视等新媒体越来越受到人们的关注,其外延也在不断扩大和发展,种类也在日益增多。新媒体呈现出数字化、虚拟化、交互性、主控性、快速性、多元性、便捷化、个性化等特征,日益对大学生志愿服务运作模式产生重要影响[1]。新媒体在大学生志愿服务运作过程中具有联络、沟通的优势,可以让大学生志愿者更快、更深入地记录、了解彼此的志愿服务生活,分享和评论身边的志愿服务趣事。因此,它既可以成为大学生进行彼此沟通交流的重要媒介,也是对外宣传志愿精神和志愿服务文化的最佳渠道。志愿者可以通过"贴标签""发话题"的方式发布自己喜欢的、与志愿服务相关的故事,相互交流,打造一个畅所欲言、分享快乐的沟通平台,将志愿精神传播给每一个人。与此同时,利用新媒体的聚众力和高关注度,在志愿服务过程中有效整合各类资源,为有需要的人群提供更为有力的帮助[2]。因此,应注重发挥新媒体等科技平台的作用,加强受众与媒体之间更多更深层次的互动,实现动态信息传播,有效引导大学生志愿者的自觉参与。

第三,大学生志愿者组织自身应加强宣传,营造浓厚的志愿服务校园文化氛围。首先应努力将大学生志愿者协会会员和大学生志愿者

---

[1] 范忠烽、吴文衔、吴长虹、李哲:《新媒体发展对大学生志愿服务运作模式的影响及对策》,《长春师范学院学报》(自然科学版)2013年第4期。

[2] 同上。

组织成员发动起来，使这些组织成员发挥模范带头作用，促使那些还没有参加志愿者组织的个体投身志愿服务。例如，可以通过在校园内张贴海报、发放传单以及同学之间的网络联系，发动大学生参与志愿服务活动，并在开展服务活动的过程中进行引导，提高大学生对"服务他人"的思想认识。同时，应建立一整套大学生志愿服务活动的视觉、听觉的标识，包括志愿者统一制服、志愿标志、队旗、队徽、志愿服务手册、海报等视觉标识，也要包括口号、歌曲、宣传片等听觉标识，形成理性攻势与情感渗透的结合。总之，通过宣传引导，把志愿精神的种子播撒在每个人心中，使大学生普遍接受和认同志愿服务理念，使更多的大学生参与到志愿服务活动中来，将志愿服务意识贯穿到具体的志愿服务行动中去，以形成浓厚的志愿服务校园文化氛围。

（二）创新志愿精神教育的内容和途径

我国志愿服务起步较晚，发展历史较短，社会认知度还不高，大学生志愿服务尚未成为常态，志愿精神尚未普及，志愿服务文化也正处于逐渐形成中。就调查情况看，大部分大学生对志愿精神的了解和认识程度还不够。如很多大学生把志愿精神等同于雷锋精神，把志愿服务等同于学雷锋做好事；也有的大学生认为志愿服务就是义务劳动，志愿者是政府使用的廉价劳动力；有的大学生还认为志愿服务是单向付出，是个人为社会做出的"牺牲"；也有小部分大学生志愿者在志愿服务中有些对自身价值实现的考量，视志愿服务为求职、出国、丰富简历等的"需要"。由于种种认识上的偏差，在很大程度上影响了大学生对志愿服务的认同，严重挫伤了他们参与志愿服务的积极性。正因为如此，迫切需要建立和完善大学生志愿精神的培育体系，提高大学生对志愿精神的认知度，从而从根本上调动大学生的主观能动性，发挥他们的主体意识，吸引他们广泛参与志愿服务活动。

第一，引导大学生正确理解志愿精神的内涵。前联合国秘书长科菲·安南在"2001国际志愿者年"启动仪式上指出："志愿精神的核心是服务、团结的理想和共同使这个世界变得更加美好的信念。"由此可见，作为人类的一种追求、一种理念、一种信仰、一种使命，志愿精神的精髓就在于：对生命价值与人的尊重；对社会和人类发展所持有的积极态度和责任心。自愿、无偿性是志愿精神最基本的内在品质，服务社会、关爱他人是志愿精神的根本宗旨。从一定意义上说，志愿精神是志愿服务活动存在的道德基础，对于保持或促进志愿行为的持久性具有重要功能。只有深入体会志愿精神，才能在大学生志愿者心中形成持久动力，确保参与志愿服务活动的持续性。其一，志愿精神是大学生参与志愿服务的首要动因。正是由于大学生志愿者有了想去帮助他人的观念，才产生了参与志愿服务的行动。在这一精神的指引下，大学生利用自己掌握的技能，无偿为需要帮助的人提供服务，"为社会做出贡献"，从本质上反映了大学生志愿者为社会付出的愿望。其二，实现个人效用最大化也是大学生乐于参与志愿服务的重要动因。根据马斯洛的需求层次理论，自我实现需要是人的最高层次的需要。通过"自我实现"，人们可以体会到自己的社会价值。志愿服务作为一种无报酬的奉献行为，会影响志愿者的心灵体验，也加深志愿者对他人和社会的理解。人们从志愿服务中寻求情感慰藉的同时，也从中获得了成就感。从这个角度来说，正确引导大学生弘扬志愿精神，帮助大学生树立"志愿者既是奉献者，又是受益者"的理念，满足他们最高层次的需求，从而为大学生志愿服务育人提供持续发展的内在驱动力。

第二，把志愿精神教育与传承中华民族传统美德相结合。我国有着五千年的历史和传统文化，在中华民族源远流长、博大精深的文化遗产中，中华民族传统美德有着多方面的内容，其中蕴含着丰富的慈善、济世思想观念，很多优良道德传统至今对大学生仍具有巨大的影响力。一是志愿服务的核心理念是"友爱"。而中华民族历来就有团结互助、见义勇为、尊老爱幼的"仁爱"美德。如墨家主张"利天下为先"的人生理想，要求人们从个人利益的狭小圈子中超脱出来，摆脱家庭与家族利益的束缚，真正趋向"社会之我"。儒家倡导"仁"，历代的"老吾老以及人之老，幼吾幼以及人之幼""先天下之忧而忧，后天下之乐而乐""穷则独善其身，达则兼济天下"的"人世、济世"情怀，彰显出心系天下的人生价值取向。二是重视"感恩"思想的培育。"受人滴水之恩，需当涌泉相报""投之以桃，报之以李""人之生，不能无群""夫爱人者，人必从而爱之；利人者，人必从而利之"等感恩思想，与现代志愿精神强调的"助人自助"理念几乎是完全一致的。在大学生志愿服务中，这种报恩已经不再是发生在具体个人之间，而是将报恩对象泛化了。三是倡导"自省"和"善行"。在我国传统文化中，自省与知行统一是道德修养的要旨之一。这种自省就是用社会道德规范评判自身，观察他人，警觉自己，检点行为；而个体修养更重要的内容在于行为体现，"积小善成大德"，"勿以善小而不为，勿以恶小而为之"，倡导人们要积德行善，传统文化中的这些思想都对大学生志愿服务理念具有涵养作用。

　　大学生志愿服务具有显著的继承性、群众性、自愿性、自主性和实践性等特征。就继承性而言，大学生志愿服务继承了中华民族的传统美德，如传统文化中的"先公后私""公而忘私"，又把传统美德推向了一个新的高度，并赋予它以时代内涵，形成志愿精神，这实际上是中华传统美德在新时期的延续和发展。实践证明，在社会转型时期，大学生参与志愿服务对于弘扬正气，树立社会新风，加强大学生思想道德建设有着不可替代的作用。同时，大学生志愿服务所具有的群众性、自主性和实践性特征，要求大学生志愿者主动走入社区、工厂和农村，投身到群众中去，将自身和社会融为一体，在实践中实现个体和集体的统一，发挥其在活动中的主体作用，自觉地将理论付诸实践，将道德要求转化为自觉行为，将社会的期望、做人的使命内化为自身需求，达到理论与实践的结合，从而在很大程度上弥合了高校思想道德教育与社会现实之间的裂痕，增强了大学生思想道德教育的针对性和实效性。大学生志愿服务的这些特点，符合思想道德教育的内化性和实践性，强化了志愿服务的思想道德教育功能，成为大学生思想道德建设的有效载体。

　　可以说，中华民族的优良传统文化是一座资源宝库，其精神内涵对于当前培育和充实志愿精神,构筑志愿文化具有无可比拟的资源价值①。其一,传统美德教育能够使大学生更加全面地了解道德规范,使群体向善的志愿精神达成共识,为大学生在志愿服务中判断和衡量善恶美丑提供强有力的理论依据。其二,传统美德教育体现了教育的导向性原则,有助于大学生自觉抵制利己主义的侵蚀,摆正个人与他人以及社会的关系,在追求自身利益的时候,能够维护社会和他人的利益,在志愿服务中牢固树立责任意识和奉献精神。志愿服务虽然没有任何报酬,但在我国的教育中,乐于助人等美德不断被学习和提倡,对于大学生这个群体来说,已在他们的心灵上打下了烙印,有助于推动他们更加积极投身于志愿服务活动。其三,提高每个大学生自我道德修养与实践的能力,促进大学生在志愿服务活动中做到知行统一,自觉践行志愿精神和理念。

　　第三,以社会主义核心价值观引领大学生志愿精神教育。在文化多样化背景下,逐步确立符合社会发展的新价值观体系是大多数主权国家所必须经历的一个过程,是社会发展与文明进步的一个基本内容,它构成一个社会在一定时期的认同基础,也是将人们有机联系起来的重要精神支柱和框架系统。从当代中国的现实状况来看,复杂多样的价值观念并存交织,激烈碰撞,人们的价值选择多样化,造成了社会价值取向的无序化,使人们产生了价值观比较、选择和整合上的困难,引起价值追求的困惑、疑虑、徘徊。由于大学生自我意识强、社会阅历浅、社会经验少等,很容易被各种错误价值观所左右,出现价值取向扭曲,只关注自我价值实现,缺乏社会责任感等。在这种情况下,若是不加以引导和教育,将会给大学生志愿精神的传播和推广带来极为严峻的挑战。2012 年 11 月,党的十八大报告明确指出:"倡导富强、民主、文明、和谐,倡导自由、平等、公正、法治,倡导爱国、敬业、诚信、友善,积极培育社会主义核心价值观。"它对社会主义核心价值观的概括实现了政治理想、社会导向、行为准则的

---

① 黄湘、丁丽兴:《青年志愿者活动与高校德育平台的构建》,《漳州师范学院学报》(哲学社会科学版) 2008 年第 2 期。

统一，是我国社会中居主导地位、起支配作用的核心理念，是社会主义社会必须长期坚持和普遍遵循的基本价值标准。在价值观取向多样化的背景下，对大学生进行社会主义核心价值观教育，能很好地培育大学生的奉献精神，可在一定程度上化解了他们身上存在的利己主义、实用主义、享乐主义等不良倾向的影响，提升大学生参与志愿服务的主动性和自觉性，使志愿精神逐渐为大学生所认可和接受，并内化为他们的思想道德素质，外化为他们的社会实践行为。

第四，学习和借鉴国外先进文化，增强志愿精神对大学生的感召力。公益精神的倡导在全世界范围内已经发展成一种趋势，尤其是西方国家，在倡导和发展慈善公益事业及志愿服务事业中形成了浓厚的志愿精神和公益文化，重视志愿服务突出的社会作用和效益。随着我国对外开放程度的不断加深，许多国外的先进文化形式越来越受到国人特别是大学生追捧。因此，在文化多样化背景下，对大学生进行志愿精神的培育，也应该凸显开放性与包容性，做到"海纳百川"，"和而不同"。面对多元文化的交融，我们既应保持自身文化的特点，又要主动顺应世界志愿服务的发展趋势，认真学习和借鉴其他国家志愿服务育人的精华，激发我国志愿服务育人活动的生机与活力，增强志愿服务对大学生的感召力和影响力。

二 完善大学生志愿者招募、注册和培训机制

大学生志愿者的招募、注册和培训机制是否完善，直接决定着志愿服务的水平及其育人能力。因此，应积极探索有效措施，规范和完善大学生志愿者的招募流程、注册制度和培训机制，提高大学生志愿者的服务质量，确保大学生志愿服务育人功能的充分发挥。

（一）规范大学生志愿者招募流程

志愿者招募是把人们切实组织动员起来去完成所确定的志愿服务任务的重要环节，这也是大学生志愿服务育人工作的开始。志愿服务招募工作目的在于招募到合适、优秀的志愿者参与志愿服务，最终满足受助者的需求。招募工作做得到位，就可以把大学生尽可能吸纳到志愿活动中来，以保证志愿服务的顺利开展，促进志愿服务育人功能的最大化。为此，需要解决好招募工作中以下四个问题。

第一，制定大学生志愿者招募的指标体系。通过调查研究，在了解受助者的需求后，结合大学生志愿者组织内部和本地区大学生志愿者的整体情况，制定志愿者招募的指标体系，并在招募指标体系的指导下制订志愿者招募的条件和宣传计划。应明确组织需要哪种类型、具备哪些特殊技能的志愿者，以及需要志愿者的人数比例。此外，按照工作规范要求，为每个志愿工作职位编制正式的职务说明书，概述该项工作的任务、责任、时间安排、工作方式以及所需要的知识技能等，使大学生志愿者明白组织希望他们做什么。

第二，要根据志愿服务的需要，向大学生志愿组织和志愿者及时发布招募信息，明确志愿服务所需的条件和要求，组织开展经常性招募和应急性招募，不断壮大大学生志愿者队伍。

第三，设计科学合理的大学生志愿者申请表，以便在招募时要求申请者表明他们的兴趣、特殊技能以及所希望的工作日程安排和方式，这样，使大学生志愿者的兴趣技能与工作职位要求相匹配，使志愿者能够各尽所能，发挥自身优势。

第四，做好大学生志愿者选拔工作。北美的史密斯·巴克林协会在《非营利管理》一书中指出："事业型的组织，从理论上说，可能要寻找两种不同的人：一种是对事业有热情，但没有完成工作所需的管理或技术能力的人；另一种是具有所要求的技术和经验，但缺少诚意的人。"虽然也存在能够将两者完美结合到一起的人，但既有意识又有技术的人实在是不多，这就需要在选拔的过程中明确志愿服务工作的性质，严格选拔有针对性的人才。不能因为志愿服务对象、工作领域和工作内容的不确定性，就盲目地选拔不合格的志愿者，这样，不仅不利于志愿服务工作的开展，而且还不利于志愿服务对象工作的具体实施。大学生志愿服务选拔工作可以结合志愿者招募指标体系进行，具体操作是将志愿者招募指标体系的各项指标作为评价志愿者是否合格的各项标准，按具体情况打分，对志愿者进行综合排名，从中选出最符合职位需求与组织需求的人。对大学生志愿者的选拔应包括三个阶段：一是申请者申请阶段。由招募机构对申请者的申请材料进行初步审核、筛选。二是笔试和面试阶段。可以对申请者的能力、品质形成直观的印象，以进行综合的评价。三是竞争、选拔阶段。通过对申请者条件信息真实性的进一步核查，以及申请人员间横向的比对，按照志愿者需求数量确定志愿服务人选。这三个环节缺一不可，任何一个环节的疏漏都可能影响大学生志愿服务队伍的质量。

（二）完善大学生志愿者注册制度

对志愿者进行注册登记是国际上通行的做法，我国也已经逐步推行青年志愿者注册制度。各基层团组织或志愿者组织将作为注册单位，按照就近就便原则，对提出申请的志愿者进行注册，并向符合条件的个人发放统一编号的中国志愿者注册登记证，做到对青年志愿者日常活动的有序管理。注册制度的初衷是希望能够建立一个相对完整的志愿者信息资料库，让所有的志愿者把自己的相关信息登记在里面，包括联系方式、服务特长、可以参加服务的时间等。如果建立了这样的资料库，志愿者组织就可以在有某项志愿服务任务的时候直接从志愿者信息库里面选取相应的志愿者。为了提高大学生志愿服务育人工作的针对性和有效性。应该面向大学生全面推行志愿者注册制度，实现志愿资源的有效整合和资源效用的优化。一是要依托有关志愿者组织，建立和完善方便、快捷、灵活、简洁的大学生志愿者注册管理系统和志愿服务信息平台，形成志愿者信息资源库，全面、系统、科学地将大学生志愿者资料储存起来，分类管理、重点应用，保障科学配置志愿服务资源，提升志愿服务的品质和效率。二是大学生志愿者注册后即为其颁发全国统一的注册编号，注册编号记录在志愿者本人的注册档案中。志愿者凭身份证号码和注册编号登录志愿者信息平台及时获取有关志愿服务的需求和供给情况，查询、修改并及时更新个人信息，统计自己服务时长，也可以通过登录志愿者论坛、建立个人微博等方式参与交流。统一的注册编号可以有效地解决重复注册、重复招募的问题，避免志愿资源的无谓消耗和浪费。三是为志愿者发放志愿服务卡。志愿卡是志愿者身份的有效标志和有形载体，是集志愿者身份标志、注册登录、信息记录、激励功能和服务时间的多功能卡①。个人基本信息包括姓名、性别、身份证号码、电子信箱、联系电话等,教育和培训信息包括受教育状况、语言技能、专业技能等,服务意愿类信息包括志愿服务经历、工作领域和工作地点的意愿等。这便于志愿者组织在尊重志愿者意愿的前提下,考虑每个志愿者自身的优点、专业特点等来安排志愿服务的领域。四是重视注册之后组织给大学生志愿者的反馈,及时组织志愿者参加志愿服务,防止注册后因没有下文而挫败他们的服务热情。五是在注册制度中应增加大学生志愿者的退出机制。基于自愿参加志愿活动的前提,志愿者的退出也是自由的。但应当规定志愿者退出时应提前一定时间告知志愿者组织,以避免影响大学生志愿服务活动的正常开展和运行。如果志愿者违反了志愿者组织的规定,志愿者组织也可以依据组织章程予以除名。

(三)建立科学的大学生志愿者培训机制

志愿者的素质不仅包括志愿者的文化、道德素质,还包括对志愿服务理念的高度认同以及相应的服务技能等。随着社会志愿服务工作的深入开展,对大学生志愿者素质的要求更加全面,这关系到大学生志愿服务能否持续健康发展,也关系到志愿服务育人功能能否持久发挥。目前,我国高校的志愿者组织能够利用学生的课余时间,定期向大学生志愿者进行志愿服务理念、人际沟通技能和专业技能等方面的培训,在一定程度上提高了大学生志愿者的综合素质,有利于大学生志愿服务活动的顺利开展。但总体上看,仍存在培训不到位、服务能力不强的问题。如一些活动的主办方在招募到大学生志愿者后,只进行关于介绍活动情况和规章制度、工作内容、自我保护事项的简单培训,而志愿者所需要的实质性知识和技能培训严重不足,导致了客观方面的能力缺失与"失职"。志愿者培训是志愿服务重要的一环,针对大学生志愿服务存在着志愿者素质达不到服务要求、服务水平仍然不高的问题,有必要建立和完善面向大学生的志愿服务教育培训系

---

① 上海青年志愿者协会:《志愿服务与和谐社会——上海青年志愿者行动研究》,中国福利会出版社2009年版,第51页。

统，对大学生志愿者进行全方位的培训，以全面提高大学生志愿者的素质，提升他们的服务能力，激发他们参与志愿服务育人活动的信心。建立科学化的志愿者培训机制，应重点从四个方面入手。

第一，提高大学生志愿者组织对培训工作重要性的认识。由于有些高校尚未把培训作为大学生志愿服务活动的重要环节，在没有对志愿者进行任何教育培训的情况下，直接组织本校大学生参加志愿服务活动，这在一定程度上制约了大学生志愿服务的持续健康发展，也限制了其育人作用的发挥。高校团组织应当在组织志愿者开展日常活动的同时，根据不同的学校、专业、年级、时期、服务对象、服务内容和服务形式，邀请相关专家对大学生志愿者进行多层次、多渠道、多形式的能力培训和岗前培训，以满足志愿服务活动的各种具体需求，保证大学生志愿者能够圆满地完成志愿服务任务。高校志愿者组织也是志愿服务活动的组织者和实施者，是影响大学生志愿服务育人工作质量的重要方面，同样应充分认识培训在大学生志愿服务育人事业中的重要作用，承担起对大学生志愿者进行培训的责任。

第二，丰富大学生志愿者培训内容。一是志愿服务的基础理论培训。要制定志愿者培训大纲和培训计划，系统地讲解志愿者、志愿服务和志愿精神的内涵，全面阐述志愿服务的基本概念、发展历史、志愿服务宗旨、发展目标和理想信念，阐明志愿者享有的权利及应履行的义务，强调志愿服务应坚持的原则和纪律要求等，努力使大学生志愿者对志愿服务产生较强的认同感，增强服务意识、道德观念、纪律观念，提高心理素质，为开展志愿服务活动做好思想和心理准备。要通过生动的形式宣讲志愿服务、志愿者、志愿精神的内涵，全面阐述志愿服务的价值及其社会意义，提升大学生志愿者的志愿服务意识，增进志愿者队员之间的情感交流，促进志愿精神的互相传递。尤其要注意树立学习榜样，定期举行大学生志愿者事迹的宣讲，同时组织观摩志愿服务影片、阅读相关书籍，使大学生志愿者充分体会到志愿精神的伟大与光荣，让志愿者有向杰出志愿者靠近的动力。二是基本素质的训练。这包括多方面的内容，如志愿服务能力培训包括人际沟通技巧、团队协作能力、独立解决问题的能力和驾驭复杂场面的能力等；管理技能培训主要有服务策划能力、领导才能、资源管理能力等；安全技能培训包括志愿者自身的安全保护、服务对象可能出现的安全问题等。三是针对特定的重点活动，开展专项培训活动。志愿服务涉及诸多领域，对志愿者的专业和技能要求是复杂的，根据特定服务岗位的具体要求，要组织专家对大学生志愿者进行专门培训，以便使大学生在不同类型的志愿服务活动中能够胜任相关的服务工作。例如，南京航空航天大学针对全国第十届运动会而组建的射击志愿者服务队，将培训课程分为南京历史介绍、十运会介绍、射击竞赛服务专项培训和礼仪培训四节课程，对作为辅助裁判的志愿者进行了三级培训，邀请十运会射击竞赛委员会的总裁判长对他们进行专业培训和裁判实习工作。例如，对远赴偏远山区支教的大学生志愿者，不仅要从专业上对他们进行教师素质的强化，还要训练他们的求生技能、急救技能、日常生活技能等，使志愿者尽快熟悉服务工作岗位的情况，适应服务工作岗位的要求，确保志愿服务任务的顺利完成。四是尽可能地把志愿活动的技能培训与大学生的专业学习联系起来。多年来，我国大学生就业情况不容乐观，形势比较严峻，大学生就业压力较大。在开展志愿服务活动时，根据每个专业的特点进行技能培训，不仅能够提高大学生的志愿服务能力和服务质量，而且可以有效地提高大学生的专业素质和实践水平，增强大学生从事本专业工作的能力。

第三，创新大学生志愿者培训方式。对大学生的志愿服务培训方式要不拘一格，采取多种形式，比如实践与理论相结合、集中与分散相结合、面授与远程相结合等。根据培训内容，可采取培训班、经验交流会、案例分析会、组织观摩考察等形式，尽量做到生动活泼，使志愿者便于理解、乐于接受。也可以将志愿服务纳入教学计划，开设《大学生志愿服务》课程，组织学生进行系统的学习和实践。这种做法在国外许多国家比较盛行，北京科技大学也进行了类似的探索和尝试。北京科技大学制定了专门的教学大纲、实施方案、考核方式，让学生掌握相关的志愿服务知识和技能，逐步推进志愿服务内容课程化、教学制度化。网络是当今最广泛、最有效的传播媒介，具有信息量大、灵活性强、效率高等特点，普遍受到大学生的喜爱，成为大学生开展学习的重要平台。因此，学校可创办志愿服务专题网站网页，内容包括志愿服务新闻、专项志愿服务活动信息、课堂讲授视频与课件、服务心得、志愿者风采、网上答疑等内容，方便学生进行日常网上学习、宣传展示、沟通交流、解答疑难等，从而提高大学生志愿服务培训的信息化水平[①]。在培训中要避免三种倾向：一是避免将培训当作任务；二是避免将领导讲话等同于培训；三是避免将课堂授课作为唯一培训方式。应采用讲座、研讨、专题讨论、实地考察、角色扮演等生动、形象的培训方式，将知识培训与实践培训结合起来；或通过以老带新的方式，由资深志愿者带领新成员从事志愿服务，以增强新队员的实践体验能力。实践证明，通过灵活丰富的培训方式，让大学生志愿者理解、接受志愿服务相关的内容，掌握志愿服务相关的技能，便于大学生志愿者在愉快的气氛中感受志愿精神，提升思想境界，并在潜移默化中增强自己的专业技能。

第四，建立一支优秀的大学生志愿服务培训师资队伍。志愿服务培训师资队伍的结构和质量是决定志愿服务质量的关键要素。现阶段，我国高校志愿服务教育师资大部分由学生辅导员或者团干部兼任，他们基本上没有接受过系统的专业知识教育培训，不具备管理志愿者组织的经验，专业化程度明显不够。如有的管理者自身对志愿服务的理解就存有偏差，有的只是机械地将政府部门的一套管理办法照搬过来，甚至有的凭借自身工作经验和自身感悟开展志愿服务教育培训工作。要提高志愿服务教育的效果，需要建立一支素质高、专业性强的培训队伍：一是从团委干部和辅导员中选拔专职的志愿服务活动指导教师，由他们定期参加专门的志愿服务工作师资培训，不断提高理论水平和业务水平，逐步成为大学生志愿服务领域的资深教师。二是参考国际通行的服务学习模式，让专业教师结合本专业教学工作，设计志愿服务项目，把课程与社会服务结合在一起，在教学中一并完成志愿服务培训。三是针对具体项目邀请相关专家、学者对大学生志

---

① 肖立新、陈新亮、张晓星：《大学生网络素养现状及其培育途径》，《教育与职业》2014年第3期。

愿者进行专业化的培训，丰富他们的志愿服务专业知识，提高志愿服务的技能和素质，由此保证志愿服务质量和水平，使大学生志愿服务育人功能得以持续发挥。

三 健全大学生志愿服务育人考评和激励机制

科学考核和评估能够发现与优化大学生志愿服务工作的不足，提高大学生志愿服务的质量；及时而公正的表彰激励能够使大学生积极投身志愿服务活动，推动大学生志愿服务育人工作长效发展。因此，我们应健全我国大学生志愿服务育人考评和激励机制，推动大学生志愿服务育人事业的健康持续发展。

（一）完善大学生志愿服务育人考评机制

目前，我国高校志愿服务活动的组织者往往对活动内容、动态进展进行大力宣传，对于活动效果缺乏合理的评价，使大学生志愿者认为在志愿活动中干好干坏一个样，干多干少一个样，干与不干一个样，严重阻碍了其志愿服务质量的提高，不利于志愿服务育人功能的实现。为了对大学生志愿者付出的劳动进行公平和公正的激励，迫切需要建立健全一整套行之有效的考评制度。对志愿者考评，就是指评估志愿者在一段时间内的工作表现和成效，亦即对志愿者的服务绩效进行量化处理[1]。大学生志愿服务的考评类似于专业知识学习的考试机制一样，把志愿服务纳入对大学生考评的内容，体现出对大学生所作贡献的评价、认同和鼓励，这是对志愿者进行奖励、表彰甚至公共补偿的依据，能有效地提高大学生志愿服务的质量，激发他们参加志愿服务的热情和效能。对大学生志愿服务的考评应着重推行标准化的评估制度，建立以服务时间和服务质量为主要内容的认定制度，逐步形成一套公平公正、系统化的大学生志愿者考评机制，科学地评估大学生志愿者在一段时间内的工作表现及其取得的成绩。

其一，建立志愿服务计时计量制度，将大学生志愿服务时间量化，建立以小时为标准的考评方法，激励大学生志愿者投入更多的时

---

[1] 北京志愿者协会：《志愿者组织建设与管理》，中国国际广播出版社2006年版，第245页。

间参与志愿服务。我国《青年志愿者行动工作手册》规定:"大学生志愿者注册后参加志愿服务实践累计达到 400 小时的,授予中国青年志愿服务奖奖章;从获得中国青年志愿服务奖奖章后起算,参加志愿服务时间累计达到 600 小时的,授予中国青年志愿服务铜奖奖章;从获得中国青年志愿服务铜奖奖章后起算,参加志愿服务时间累计达到 800 小时的,授予中国青年志愿服务银奖奖章。"[①] 部分高校对此已进行了有益探索,取得了良好效果。如 2005 年 10 月北京科技大学将公益劳动与志愿服务结合,将《大学生志愿服务》作为独立的实践课程,纳入本科生教学计划,要求学生在入学后 6 个学期内累计完成 36 工时的公益性志愿服务活动,校内服务与校外服务均可。该校多年的实践表明,自《大学生志愿服务》纳入教学计划以来,每年约有 6600 人进行《大学生志愿服务》的课程学习,学生对志愿精神有了更深刻的理解,志愿服务的热情和主动性也大大提高。通过参加志愿服务活动,学生加深了对社会的了解和认识,树立了自信心,培养了服务意识和感恩精神,综合素质和能力也得到了显著提高[②]。

其二,建立志愿服务质量评定制度,通过分等评价法、实地评估法等对大学生志愿服务质量进行评价。分等评价法是将大学生志愿者的服务技能与志愿服务的工作绩效相结合,根据志愿者评价指标体系对志愿者进行打分,打分工作由受助者、志愿者组织工作人员、其他志愿者共同完成。这种考核方法将大学生志愿者的工作态度、组织能力、可靠性、对同事的态度、对督导的态度等都作为考核项目,这种考核方法具有细致性、广泛性、综合性的特点。实地评估法是志愿服务领导机构或组织委托或者派出一些志愿服务的督导或专家,到大学生志愿者工作岗位或服务现场进行考察,系统、全面地收集与大学生志愿者工作绩效相关的材料。这种评估方法具有科学性、规范性和公正性。通过对志愿者活动质量予以科学公正的考评,不仅可以让管理

[①] 中国青少年研究会:《青年志愿者行动工作手册》,天津社会科学院,2010 年,第 13 页。

[②] 陈曦、潘小俪、刘晓东:《构建大学生志愿服务长效机制加强和改进大学生思想政治教育》,《思想教育研究》2009 年第 8 期。

者掌握志愿者团队运行的状况,了解大学生志愿者的思想状况、服务态度、遇到的困难以及未来的规划等,有利于团队人员潜能的开发、目标的确立、计划的执行,而且也能帮助大学生志愿者认识到自己的优点和缺点,继续充分发挥自己的优点,及时改正不足之处,进一步提高自身的思想道德素质和专业服务技能。

其三,有效运用考核结果。考核结果的使用是考核工作的最后一个环节,也是最重要的一环。所有非营利组织的管理者要高度重视志愿者考核结果与志愿者的任用、培训、表彰奖励挂钩这一奖惩制度,以保证考核发挥正常的激励约束作用。大学生志愿服务评价考核结果落到实处,使志愿者形成继续奉献的内在要求和动力,是保证志愿服务育人事业常态发展的关键。高校要真正把大学生志愿者的服务情况与评优、评先相挂钩,与就业创业优先推荐相挂钩,与学分补偿相挂钩。要加强与被考核人的沟通,特别是存在问题的志愿者,要如实指出其缺点,帮助其总结经验教训,找出产生问题的原因,指明改进方法,维护考核的严肃性,使考核的结果真正体现个人的工作业绩。

(二) 健全大学生志愿服务育人激励机制

及时而公正的表彰激励是大学生积极投身志愿服务活动、推动大学生志愿服务育人工作长远发展的助推器。哈佛大学詹姆斯教授在多年研究的基础上指出:"如果没有激励,一个人的能力发挥将仅为20%—30%;如果施以适当的激励,将通过其自身努力使能力发挥出80%—90%。这就是说,同样一个人在通过充分激励后所发挥的作用是激励前的3—4倍。"[①] 美国心理学家亚伯拉罕·马斯洛在《人类激励理论》一文中也提出,动机是个体成长发展过程中的内在力量。激励是"最伟大的管理原理",因此,各类激励机制的建立与完善对大学生志愿者极其重要。大学生志愿者参与志愿活动为社会和他人提供服务,其目的并不在于为了获得回报,但随着年龄的增长、自我意识的增强,他们渴望得到他人、社会和服务对象的尊重和认可。政府、社会、学校给予一定的激励,能够使大学生志愿者感受到服务的价值

---

① 苏东水:《管理心理学》,复旦大学出版社1998年版,第225页。

和自身的价值,产生自豪感和成就感,从而以更加饱满的热情参与到志愿服务活动中来。事实上,许多发达国家和外资企业,把是否从事过志愿服务当成衡量一个人综合素质和品质的一种参数。近些年来,我国总体上对于志愿服务的认识有很大提高,也对优秀的大学生志愿者进行过表彰奖励,如授予"年度中国青年志愿服务金奖奖章""杰出青年志愿者"等各种称号,服务"两项计划"的大学生志愿者在考研、考公务员时给予加分、优先录取等。但是,仍然存在低估大学生志愿服务的社会意义、激励环节薄弱、激励措施有待于改进等问题。特别是在就业时,用人单位对于大学生志愿者缺少认同,最明显的表现就是在招聘大学生时,党员和学生干部的身份常常被视为能力的证明,而大学生从事志愿者行动的经历则往往被忽略。这样,那些寄希望于将志愿服务经历作为个人今后就业竞争资本的大学生,便会失去参加志愿服务的热情,直接影响到志愿者在服务过程中的积极性和成就感。借鉴国外其他国家的一些先进做法,当前迫切需要建立人性化的志愿者激励机制。一种是"正激励",就是对志愿者的某种行为给予肯定和奖励,使这种行为得以保持和增强;另一种是"负激励",即对某种不正当的行为给予否定和惩罚,使它减弱、消退。从质的方面看,要把握好准确度,表扬和奖励、批评和惩罚都要做到准确、公正;在量的方面,应以正激励为主,精神激励和物质激励相结合,以精神激励为主。在具体操作中,应发挥好以下组织在激励中的主要作用。

第一,政府通过法律和政策等多种途径鼓励志愿服务发展。借鉴其他国家的经验,我国的各级政府应为大学生志愿者特别是优秀志愿者提供入学优先录取机会、发放奖学金、优先就业等激励措施,为志愿者提供精神嘉奖和实际利益奖励,这将有力地激发志愿者的荣誉感和成就感,从而为大学志愿服务育人提供良好的社会基础和持久动力。

第二,高校以志愿服务作为培养人才的重要载体,把对大学生志愿服务的激励制度化。

其一,建立志愿者荣誉表彰体系,把志愿服务纳入学生综合评优中，使之成为评优评奖的重要考核指标。对那些在志愿服务活动中表现突出的学生个人和集体，给予精神鼓励，授予他们荣誉称号，并对他们的事迹进行宣传报道。实践证明，选择在每年的"12·5世界志愿者日"前后召开一年一度的优秀志愿者表彰大会是非常有意义的。这是一种创造重大意义的仪式和典礼。当具有代表性的优秀大学生志愿者被挑选出来在公众活动中予以认可和表扬时，会激励他们鼓足干劲，更好地参与志愿服务活动，还会激励其他同学积极参与到志愿服务中来。所以，举行这种表彰大会将为大学生志愿服务工作持续性注入活力。调查表明，相对于物质的补贴，荣誉性的精神奖励更加能够满足大学生自身的需求，能够使大学生志愿者感受到服务的价值和自豪感。

其二，把参加志愿服务作为培养入党积极分子的重要实践环节，探索形成志愿者"推优入党"长效机制，使之成为学生党员综合素质测评的重要指标。将学生参与志愿服务活动的具体表现同学生干部的遴选、奖学金的评定、升学推荐等方面的综合评定相挂钩，也可以把志愿服务活动的参与情况纳入学分制度，鼓励他们积极参与志愿服务。

其三，高校可以设立"志愿服务奖学金"，对大学生志愿者服务予以物质奖励，激发大学生参加志愿服务的热情。

其四，探索课程化建设。高校可以将志愿服务列入大学生的培养方案之中，规定在校期间必须参加一定时间的志愿服务活动，并和其他必修课程一样获得志愿服务学分，完成志愿服务学分后方可拿到其他相应学分和毕业证书。国外很多国家有这样的规定，我国虽没有将参加志愿服务作为大学生获得毕业证的必要条件，但已有一些评优方面的规定。如北京交通大学建立了青年志愿者档案，每年考核一次，被评为"优"或"良"的青年志愿者可作为推优对象；被评为"差"的青年志愿者，要求在限期内改正，否则取消会员资格，并收回服务卡。另外，高校可通过设立奖励制度来体现学校对学生参与社会公益事业的鼓励和支持。如为长期服务的学生志愿者提高学分，在社会工作奖中分出一定名额来给从事公益事业的学生，为成绩突出、表现优秀的志愿者设立专项奖学金等。

其五,高校应为大学生志愿服务活动的开展提供充足的资金,为参与志愿服务活动的大学生做好交通、住宿等方面的经费保障,解决大学生志愿者的实际困难。

第三,机关和企事业单位逐步把大学生参加志愿服务情况纳入聘用的重要标准之中,鼓励在同等条件下优先录取和聘用有志愿服务经历且表现突出者。多年来,大学生的成才与就业成为我国社会的热点问题之一,企事业单位已经成为越来越多大学生就业的落脚点,它们对志愿服务活动的认可和重视,是社会激励措施的重要表现形式,对大学生有极大吸引力。因而,企事业单位招聘时不能仅看重大学生在学生会的任职经历或者在学校获得的相关荣誉,还应对大学生的志愿服务经历予以足够重视。据报道,中国民营企业联合馆举行"民营企业馆参展企业应届生招聘会",已有不少企业提前从民营企业馆180名志愿者中"挖"走所需的人才,普遍认为志愿者经过世博会的锻炼,有一定的工作经验和沟通能力,比别的应届学生更具优势,这对大学生有一定的启示和激励作用[1]。

第四,大学生志愿者组织应尊重和关爱志愿者。大学生志愿者组织是志愿者的精神家园,组织的支持和认同是增强大学生志愿者归属感的重要因素。特别是在当前志愿服务参与率和社会认同度还不高的情况下,志愿者从身边环境中很难获得足够的精神支持,甚至还有许多动摇志愿者信念的负面因素存在,组织的激励就显得尤为重要[2]。组织激励最重要的表现是在对大学生志愿者的关怀上,要真诚地征求志愿者的意见,倾听志愿者的心声,及时发现和解决大学生志愿者在思想上的困惑和服务中的困难。志愿者也是普通人,在扶助弱势群体的同时也需要来自组织的"扶助"。志愿者在工作生活中遇到困难的时候,应该给予热情的关心和帮助,特别是在精神和情感方面,志愿

---

[1] 李华玲、陈文飞:《新时期大学生志愿服务活动长效机制建设探讨》,《卫生职业教育》2012年第17期。

[2] 刘宏涛:《新时期青年志愿服务问题研究》,硕士学位论文,清华大学,2005年。

者组织要时刻关注大学生志愿者的思想动态，及时给予"扶助"，及时发现并解决志愿者在思想上的困惑和服务中的困难，为大学生志愿者提供相应的服务条件。同时，让优秀志愿者充当培训师、组织志愿服务宣讲团及先进事迹宣传报告会等也是激励大学生志愿者的有效方式。另外，把大学生提供志愿服务与优先享受志愿服务结合起来，为志愿者设立志愿服务的"特殊账户"，在志愿者自身需要社会提供帮助的时候提取出来，优先得到相应时间的志愿服务，也能在一定程度上提高志愿者从事服务活动的积极性。上述措施不仅体现了组织对大学生志愿者辛勤付出的重视程度，更重要的是能够提高大学生志愿者的工作激情与满意度，并激励更多大学生参与到志愿服务行动之中，为志愿服务育人事业奠定坚实的基础。

第五，注重发挥大学生志愿者骨干作用。无论民间志愿者组织还是大学生志愿者组织，志愿者骨干都是提高动员成效、推动志愿服务活动持续发展的重要力量。任何一个大学生志愿者组织都有其核心人物，他们有较强的组织管理能力和号召力，与组织内的其他成员保持着较近的心理距离和空间距离，他们表现的思想道德水平、精神境界和能力素质对其他成员的思想和行为起着示范与引导作用，对大学生志愿者组织的活动及发展具有一定影响。因此，必须重视培养大学生志愿者骨干，利用他们贴近大学生的优势，充分发挥其在志愿服务工作中的管理能力和号召作用。同时，也要注意对大学生志愿者骨干的严格要求、严格管理、严格监督，特别注重提高其思想政治素质，督促他们以身作则、言行一致，提高自我管理和自我约束的自觉性，发挥好示范和表率作用，使大学生志愿服务育人工作取得事半功倍的效果。

四 优化大学生志愿服务育人活动的经费筹措机制

任何活动的进行都会发生许多费用支出，所以，必须要有一定数量的资金支持。大学生志愿服务虽然不以获取物质利益为目的，但志愿服务并非不产生服务费用，其中的宣传、组织、培训、活动等工作都需要资金支持，也需要为志愿者提供最低的生活保障。特别是大学生群体基本上没有独立的收入来源，如果参加志愿服务活动对他们造成经济上的压力，会在一定程度上打击他们参与志愿服务的积极性，尤其是会把家庭困难的大学生阻挡在志愿服务的大门之外，阻止志愿服务育人功能的有效发挥。在美国、加拿大等一些西方国家，大学生志愿服务活动开展得比较成功的原因之一就是因为有雄厚的资金支持[①]。其志愿服务资金既有来自政府的资助，又有来自社会的赞助、基金组织和社会组织的支持。由于我国大学生志愿服务开展的时间不长，因而还没有形成完善的经费支持体系，志愿服务经费来源单一，志愿服务活动所需资金缺口相对较大，已经成为制约我国大学生志愿服务育人事业稳步发展的"瓶颈"因素。2008年10月，中央精神文明建设指导委员会制定的《关于深入开展志愿服务活动的意见》中，强调"加大经费投入、提供基本保障"，要求充分发挥政府投入的引导作用，采取适当方式，为开展志愿服务活动提供必要的经费支持；提出积极鼓励企事业单位、公益基金会和公民个人对志愿服务活动进行资助，形成多渠道、社会化的筹资机制。根据这一文件精神，当前应积极探索"从各级政府到高校，再到社会企事业单位"的立体支持体系，形成多渠道的经费筹资机制，实现经费来源渠道多元化，以缓解大学生志愿服务活动经费不足的问题，解除大学生志愿者的后顾之忧，推进和保障大学生志愿服务育人事业广泛深入开展。

（一）政府应发挥大学生志愿服务经费投入的引导作用

在国外，志愿服务资金的主要来源是政府资助。从目前的状况来看，我国志愿服务的资金来源也主要依靠政府财政，主要形式有财政拨款、补贴、提供项目经费等。但是，政府财政支持远远不能解决大学生志愿服务资金短缺问题。随着各地经济的发展和财政收入的提高，政府应当在志愿服务活动经费保障方面发挥越来越重要的作用。政府可考虑通过以下四种方式给予大学生志愿服务活动以必要的经费保障。

第一，在经费保障制度方面，政府通过立法加强对志愿服务经费的支持力度。其中，用立法的形式减免相关税收，是保障志愿者组织

---

① 张广济：《中外志愿服务比较》，《浙江工贸职业技术学院学报》2003年第3期。

经费的有效途径。主要表现在以下两个方面：一是减免志愿者组织的税收。志愿者组织是以非营利为宗旨的社团组织，从事的是公益活动，提供的服务基本上是公共产品或准公共产品，对社会产生积极效应。因此，在立法上要给予志愿者组织在所得税、财产税等方面的免税优惠，从而减轻志愿者组织的经费压力，更好地服务社会公益事业。在确定立法后，要出台相关的实施细则，确保减免税收落到实处。二是捐赠人的税收优惠。目前我国对企业捐赠有一定税收优惠，但对于捐赠人尚未有税收优惠规定。在实际运作中，志愿行动的一个重要资金来源就是社会捐赠。社会捐赠在志愿者组织资金来源中占据越来越重要的地位。许多国家都用税收减免制度来调动社会捐赠的积极性，如匈牙利规定，企业和个人向志愿者组织提供捐助后，税收收入的20%—50%可以减税。我们应借鉴此类成功经验，给予捐赠人以适当的税收优惠，激励社会的捐赠热情。

第二，给予直接的项目经费拨款和工作补贴。一是做到简化项目经费的审批程序和环节，及时给予项目对应的经费拨款，使志愿服务活动能顺利开展；二是给予一定量的工作补贴，为全身心投入志愿服务的工作人员提供必要的生活保障。

第三，政府通过设立专项基金等方式为大学生志愿服务提供必要的经费支持。从国外很多非政府组织的实践经验来看，以开发服务项目来弥补资金缺口已成为一种必然趋势。志愿者组织要寻找政府提供项目经费，首先，要策划一份项目申请书，申请书中详细说明该项目与政府关注点的密切性，项目的实施可以为政府带来的好处以及社会效益。其次，要采取积极的措施与政府部门保持良好、密切的联系，收集相关政府部门的信息，熟知申请资助的相关程序，确保本组织的行动适应政府工作部门的工作重点和兴趣愿望。可以说，项目资金支持是大学生志愿者组织最有效的筹集资金的方式，这类资金具有"专款专用"的特点，由大学生志愿者组织提出项目申请，政府主管部门进行评估，经审批确认后给予经济资助。例如，中国大学生志愿支教基金专门用于大学生志愿者为全国教育欠发达地区进行义务支教活动。这些基金的建立具有专款专用的优势，可以很好地支持某些大学生志愿服务项目的开展。

第四，采用政府采购方式购买大学生志愿服务。在国际社会，很多发达国家都鼓励非政府组织从事某一领域的工作或开展一些特殊方面的工作，然后由政府来购买志愿者组织的服务用于解决社会发展中出现的问题。在我国，政府购买志愿者组织的服务已经成为一种必然趋势并被逐渐接纳和推广。在这里，政府购买服务付费，指的是有资格享受某些政府项目的人不是由公共机构为其提供服务，而是由志愿者组织提供服务，或是向志愿者组织购买了服务，然后由政府公共机构向志愿者组织支付服务费或者给从志愿者组织购买服务的人支付一定补偿费。这种方式不同于直接提供财政补贴，它一方面有利于政府资金的高效使用，另一方面有利于促使志愿者组织为了获得后续的服务购买支付而不断提高服务质量。因此，政府采购，尤其是对服务的采购，是志愿者组织获得政府资金支持的重要渠道。政府每年核拨经费，面向所有大学生志愿者组织购买社会服务，既可以为大学生志愿服务育人提供相应的资源，又能够促进大学生志愿者组织提高自己的竞争力，保证公共服务的供给质量，实现政府部门、大学生志愿者组织和服务对象多方面共赢。

（二）促使企事业单位和社会公众为大学生志愿服务育人提供资助

"社会力量参与是志愿服务的不竭动力。"[①] 志愿服务面向的是公共事业，是为社会大众利益服务的事业。所以，要扩大资金来源渠道，必须积极争取社会力量的支持。当今企业发展与社会发展的关系越来越紧密，越来越多的企业为赢得更大的社会效益，更加关注自身的公共形象。正如日本学者冈室美惠子所说："企业市民，这既不是企业的压力也不是负不负担得起责任的问题，而是关系到企业的本质问题，即基于企业本身的活动为社会做贡献。但这并不意味着如果企业本身的活动没有做好，就可以不必对社会做贡献，而是企业本来的

[①] 福建社会科学院课题组：《社会志愿服务的实践与探索——以福建为例》，《福建论坛（人文社会科学版）》2009年第7期。

活动就要做到与社会共生化，如此方可取得很大的成果。"[1] 国外志愿服务活动得以蓬勃发展，有赖于企业、社会组织和个人多方面的扶持，很多企业愿意为志愿服务提供资金、场地、设备、实习机会等支持，鼓励大学生积极参与志愿服务活动。从资金方面看，国外志愿者筹措经费的一个重要渠道是信托公司、基金会、公司和个人捐助。我国拥有众多人口，又有互帮互助、团结友爱的传统美德，发动社会力量支持大学生志愿服务活动具有深厚的社会基础。随着我国经济的持续发展，企业数量增多、规模扩大，高收入人群增加，资助志愿服务活动和社会公益事业的愿望增强，这使通过吸纳企业和个人捐助资金来发展大学生志愿服务事业的设想成为可能。政府应利用这一有利时机，出台促进社会支持大学生志愿服务的有关政策。一是通过立法鼓励社会捐助，包括捐资、提供场所和设施等。二是仿效国外捐赠免税的办法，对企业机构参与志愿服务提供相应的税收减免、财政补贴等方面的政策优惠。三是组织举办慈善演出、大型义卖公益宣传活动和企业捐赠等多种渠道募集资金。四是探索成立民间志愿服务基金会，为民众和企业赞助、支持志愿服务提供有效的渠道。基金会是对国内外社会团体和其他组织以及个人自愿捐赠的资金进行管理的民间非营利组织。基金会的宗旨是通过资金资助推进科学研究、文化教育、社会福利和其他公益事业的发展。在国内外，存在着种类繁多的基金会，并掌握着大量的资金。每个基金会都有明确的目标和资助领域，而且现在的基金会对基金资助项目有着明确的方向，其管理人员也都具有一定的专业素质。然而，这种模式也存在一定的局限性，主要是企业对大学生志愿服务的支持在形式上商业气息较浓，甚至部分志愿服务活动有沦落为给商家做广告、为企业谋利益的工具，与志愿服务无偿性的特点相违背，不仅不能提升志愿服务活动的质量，反而使志愿服务流于形式[2]。因此，有必要加强社会责任感的宣传和教育，避

---

[1] 唐丽萍、陈蕴：《高校志愿服务教育的驱动模式和实践路径分析》，《上海海关学院学报》2013年第2期。
[2] 同上。

免让大学生志愿服务育人活动成为某些组织或个人赢利的工具。

（三）高校应设立专项经费，为大学生志愿服务育人活动提供资金支持

从以往的志愿服务工作来看，很多高校支持大学生志愿服务活动的资金主要来源于学校行政拨款。为了促进大学生志愿者提供更多、更好、更广泛的志愿服务，学校不仅要在财务方面拨出专门的款项来支持本校的大学生志愿服务，还要努力争取地方党政机关的支持，争取更多配套资金，保证其大学生志愿服务深入、持续开展。同时，也可以通过学校的努力，获得社会上知名企业的赞助，建立大学生志愿服务专项基金，保证其大学生志愿服务活动的正常进行，为大学生志愿服务育人提供专项资金保障。

（四）鼓励大学生志愿者组织自谋财源

从大学生志愿服务育人活动长远发展来考虑，在政府资金支持的条件下，志愿者组织自身也要学会用营利观念和商业管理手段进行经营，开发营利项目以支持公益性的支出。从我国国情来看，大学生志愿者组织在现阶段可以利用的营利手段主要有以下五种：（1）服务项目的商业化。在运作服务项目时，采用冠名权方式，开展志愿服务活动时在服装、标志、公益广告等打出赞助商的名称。（2）政府项目的争取。即争取使政府将自己向社会提供服务的权利让渡给志愿者组织，与志愿者组织签订合同，由政府提供资金，志愿者组织提供服务。（3）企业项目的争取。即企业将慈善投资或社会公益服务项目移交给大学生志愿者组织来实施。（4）设立收费项目。对一些社会或部分群体有需求、志愿者组织有服务能力但又明显不属于志愿服务范围的项目适当收费[1]。（5）通过公益活动进行募捐。常见的有义演义卖等大型公益活动，通过电视、广播等新闻媒体的宣传，号召公众进行捐赠。这类募捐往往会起到较好的效果，但由于涉及资金数额巨大，往往要求志愿者组织有良好的管理能力和协调能力，事先要做好充分

---

[1] 刘宏涛：《新时期青年志愿服务问题研究》，硕士学位论文，清华大学，2005年，第45页。

准备，做好宣传工作，事后要及时公布善款的使用情况和项目的进展状况。此外，吸收境外基金会、慈善机构的资助也是志愿者组织不错的选择。从长远来看，大学生志愿者通过参与国际志愿者组织，争取境外资金的资助，不仅拓宽了经费捐助渠道，也将有力地推动大学生志愿服务育人工作的开展。

第三节 调动大学生志愿服务育人的各方力量，形成其志愿服务育人合力

管理体制是指管理系统的结构和组成方式，即采用怎样的组织形式以及如何将这些组织形式结合成为一个有机系统，并以怎样的手段、方法来实现管理的任务和目的。其核心是管理机构的设置、各管理机构职权的分配以及各机构间的相互协调。科学的管理体制是大学生志愿服务活动顺利推进的重要保证，直接关系着大学生志愿服务育人的效率和功能。伴随着社会化程度的提高，不断提高大学生志愿服务育人的实效性，迫切需要加强志愿服务管理机构的建设，形成一套比较完整的科学有效的管理体制，从而对各方资源及其作用进行优化整合，合理配置，使其发挥最佳效用，促使大学生志愿服务育人功能的有效发挥。

一 发挥好政府对大学生志愿服务育人事业的引导和监管作用

自发性、民间性组织的定位既带来了志愿服务活动多元化发展的优势，也难免存在组织涣散、参差不齐的弊端。因此，政府作为社会治理的主导力量，在社会管理中应充当大学生志愿者团体的组织协调角色，担负起规范和保障的责任，才能将志愿者力量充分整合，在社会管理创新中最大限度地发挥作用。为了促进大学生志愿服务健康有序地开展，有必要借鉴其他国家的经验，进一步明确政府在志愿服务中的职责、权限，规范政府行为，更好地发挥政府对志愿服务的推动、引导和服务等方面的作用，以推动大学生志愿服务的有效运行，充分发挥其志愿服务的育人功能。

(一) 成立全国性的大学生志愿服务协调机构

政府掌握了最丰富的社会信息资源，大学生志愿服务工作离不开政府的指导和协调。但是，现阶段我国大学生志愿服务活动管理体制混乱，形成了多样的志愿服务管理体制，有志愿者工作委员会领导体制、精神文明建设委员会领导体制、共青团管理体制、社团管理体制以及混合管理体制等多种管理体制，不仅造成了大学生志愿服务管理的混乱，也在一定程度上存在政社不分、条块分割、政出多门、资源浪费等情况，使志愿服务难以持续、规范、有效、快速的发展。因此，建立全国性的大学生志愿服务指导规划和协调机制，使全国大学生志愿服务资源得到充分利用，对于增强大学生志愿服务的育人功能具有重要意义。志愿服务协调机构可由精神文明建设委员会统筹管理，教育、民政、工会、共青团、中国青年志愿者协会及各地青年志愿者协会等多方面志愿服务力量密切配合，改变目前存在的志愿服务管理部门比较混乱、各自为政的现象。因此，建议相关机关和团体建立联席会议制度，加强分工与合作，各地方可以根据实际情况确定牵头单位。

(二) 发挥政府对大学生志愿服务的宣传推广作用

我国大学生志愿服务开展较晚，志愿服务发展还不够成熟，加上社会对志愿精神、志愿文化的宣传力度不够，大学生对志愿者组织、志愿服务、志愿精神的认知及认可程度还非常有限。特别是在文化多样化背景下，享乐主义、实用主义、功利主义、拜金主义、极端个人主义等西方思潮的广泛传播，对高校思想政治教育工作和身心尚未成熟的大学生产生了强烈的冲击，使大学生的价值判断产生偏差，制约了大学生参与志愿服务活动的热情。因此，相关政府部门和机构，特别是宣传部门、团委、政府主导下的新闻媒体有必要利用好自己的平台和资源，广渠道、全方位、多角度地对大学生志愿服务进行宣传推广。当前，尤其要注重利用网络、媒体等载体，以创办志愿服务电子杂志、开设志愿服务专栏等形式，集中展示大学生志愿服务的活动情况和重要意义，增强志愿服务的社会动员力。发挥新媒体的优势，有利于让更多的大学生和更广泛的群体了解志愿服务文化，加入志愿服务行列；同时，可以加深全社会对大学生志愿服务的理解和认识，争取民众舆论支持，形成全社会支持大学生志愿服务育人事业的合力。

（三）发挥政府在大学生志愿服务中联络员和调度员的作用

开展志愿服务活动离不开良好的组织机构、组织者队伍等资源基础。我国的大学生志愿者组织数量众多，但组织之间缺乏相互沟通和联系，经常会出现服务项目重叠或互相模仿等现象，造成了志愿者人力资源的巨大浪费。政府作为社会公益事业的管理者，对大学生志愿服务育人事业的整体发展承担着重要的规划责任，在这方面应该充当联络员和调度员的角色，促使大学生志愿者组织真正形成充满活力、紧密协作、高效参与的力量。具体来说，应做好三项工作：一是对大学生志愿服务资源进行整合，统筹规划资金、项目、物质、技术、人才等资源，以便更好地促进大学生志愿服务的有效开展。二是采取积极有效的措施，邀请相关专家参与大学生志愿服务的培训，指导和帮助大学生志愿服务活动的开展，为志愿者组织的日常管理和危机处理提供专业咨询和建议，确保大学生志愿服务活动的健康有序运转。三是加强国际志愿服务的合作与交流，为大学生志愿服务育人事业的发展提供更加广阔的平台。

（四）监督大学生志愿者组织的运行

大学生志愿服务的有效开展和志愿者组织的良性运行，需要其自身的"自律"，组织内的"互律"以及社会和政府的"他律"。在"互律""他律"中，政府具备一定的公信力和权威性，同时又具备一定的强制力，因而其监督更为有效。政府的监督职能是政府社会管理的重要内容，通过建立有效的监管机制，将对志愿者组织的监督纳入社会宏观管理范围内，能够为大学生志愿者组织的发展提供一个更为自由、公正的发展空间。但政府的监督管理不能随意、随性，而应该遵循一定的科学原则，采用以经济、法律、财政、税务等手段为主的间接方式来监管志愿者组织的运行。具体来说，一是立法机关应加快制定志愿服务方面的国家法律法规，对志愿者的招募与权责、服务对象的范围、物质与政策保障、志愿服务活动的范畴、损害补偿机制等方面做出明确的法律规范，并优化志愿者组织的成立、准入条件，登记和注册管理制度、财经制度、审计制度等，为大学生志愿服务发展提供良好的法律保障。二是民政部门应当完善志愿者组织的登记制度。既要按照社团管理法规依法对大学生志愿者组织实施管理，也要修改不合理的规定，建立健全志愿者分类注册制度，适当降低准入门槛，为提高大学生志愿者的身份认同、维护合法权益提供保障，避免大学生志愿者组织发展受到过多的制约，积极促进大学生志愿者组织的建立，壮大大学生志愿者队伍。三是税务部门应调整税收政策吸引更多社会捐赠，主要包括：志愿者组织自身享受免税优惠的待遇，向其捐赠的纳税人享受税收扣除优惠待遇等，从而吸纳更多社会资金，为大学生志愿服务育人活动提供基本的财力保障。四是政府作为国家公权力的代表，对在大学生志愿服务活动过程中的违法、违规行为应进行监督，及时纠正违法行为，并给予必要的处罚，以此促进大学生志愿服务育人事业的健康运行。

总之，推动我国大学生志愿服务育人事业的发展，政府需要强化服务职能，将管理和促进大学生志愿服务事业发展作为自己的法定职责，使志愿服务从"非法定业务"成为"法定业务"，这有助于促进政府积极支持大学生志愿服务育人事业的发展。但政府的管理是间接管理，而不是直接控制。不论是"自上而下"发起的志愿者组织，还是"自下而上"发展的志愿者组织，政府或主管部门都应该减少对大学生志愿者组织的人事任免、其他业务的干涉，更多地发挥"活动过程上的监督""业务上的指导"职能，而赋予大学生志愿者组织更多的发展空间，促使大学生志愿服务育人功能的实现。

二 提升高校对志愿服务育人项目的管理和实施水平

从高校育人角度看，志愿服务是大学生自我教育、自我管理、自我服务的重要渠道，志愿服务也已经从简单的学生活动转化为重要的育人载体，并在大学生成长成才过程中扮演着越来越重要的角色。学校领导要充分认识志愿服务对高校思想政治教育的促进作用，建立由学校党委统一领导、校团委负责、各职能部门积极参与的志愿者组织保障体系，通过对志愿者组织的有效管理，逐步将志愿服务育人事业制度化、长期化、专业化，构建可持续的长效运行机制。

（一）在高校团委中建立专门负责大学生志愿服务的部门

从以往经验看，高校团委作为开展校园文化建设和大学生思想政治教育的重要职能部门之一，具有负责指导和管理大学生志愿者队伍、帮助大学生志愿者组织开展各种志愿服务活动的优势，在大学生志愿服务育人中发挥着重要作用。主要表现在：其一，可与共青团中央、省级共青团、市级共青团等进行联络，其掌握的资源对于大学生开展志愿服务活动来讲是一个巨大的优势。其二，在组织志愿服务活动时，校团委可以在学校内部招募志愿者，方便利用学校的资源。其三，便于与学校党委沟通，在一定程度上容易得到学校给予的支持。其四，作为有官方背景的机构，校团委在志愿者权益保障、培训、激励等方面做得更全面，在联系服务项目时更容易取得服务方的信任和支持，使服务活动也更持久和正规。因此，对大学生的志愿服务活动，要充分发挥学校团委的统领和指导作用。鉴于目前高校团委在人力、物力、财力有限的情况下，很难把大学生志愿服务作为工作重点，在团委中应增设专门负责大学生志愿服务的部门，如志愿服务管理部，由专设部门和专人负责组织开展大学生志愿服务活动。这有利于发挥团委的领导作用，加强对大学生志愿服务的管理、咨询和指导，保障大学生志愿服务育人事业健康有序发展。

（二）优化高校团委在大学生志愿服务中的组织管理职能

应该注意的是，当前高校团委在帮助和推进大学生志愿服务发展的同时，过多地注重"管理"，经常对大学生志愿者任意调动和随意安排，制约了大学生志愿者组织自身活动的开展。这不仅容易感染并滋生严重的"官僚主义"，影响大学生志愿服务的效率，而且也容易使大学生产生被动参与的心理，使志愿者在心理上对志愿服务活动产生抵触情绪和给予较低的评价，影响志愿者的服务热情和积极性[①]。针对这一情况，作为党和政府助手的共青团应正确运用行政力量，提高办事效率，为大学生志愿服务活动创造更好的发展环境。主要应做到：归还自主权于大学生志愿者主体，注重发挥志愿者组织以及志愿

---

① 党秀云：《论志愿服务的常态化与可持续发展》，《中国行政管理》2011年第3期。

者的创新性和自主性；在活动策划书和场地的审批、活动经费的拨付等方面应简化程序；督促指导大学生志愿服务信息的发布、大学生志愿服务注册和档案管理；加强大学生志愿服务的文化环境建设，营造开展大学生志愿服务的良好文化氛围；积极争取对开展大学生志愿服务的财政支持，落实必要的费用支出，保障大学生志愿服务社区活动长期有效地开展；指导志愿者的培训工作，定期对志愿者进行多方面培训，切实保证志愿服务的质量；指导对志愿者的考核鉴定；负责拓展大学生志愿服务基地建设；做好内引外联工作，与大型活动执行方联络，为大学生志愿者提供便利和更多服务机会；加强高校之间以及高校与企事业单位、社会团体、社会组织的联系，实现相互联合、优势互补、资源共享，从而为大学生志愿服务育人事业提供更加坚实的基础。

三　增强大学生志愿者组织的自我管理和服务能力

志愿者工作社会化程度提高的一个重要标志是实现"志愿者管理志愿者"[①]。大学生志愿服务活动组织化就是要将个体的志愿服务活动纳入特定的组织与组织管理系统之中。自1993年底共青团中央发出开展青年志愿者行动号召以来，许多高校建立了志愿者协会、志愿服务部等组织，为大学生志愿服务育人活动的有序开展奠定了基础。但从总体上看，我国的大学生志愿者组织普遍存在着组织目标不明确，职责权限不清晰，服务行为不规范，管理能力不强、效率不高等问题，严重影响和制约了志愿服务育人功能的发挥。因此，健全大学生志愿者组织的工作机制和组织架构，增强大学生志愿服务的育人功能就成为一项迫切而艰巨的任务。

（一）建立地方性大学生志愿服务协会

志愿服务的条块分割，不利于志愿者组织之间的优势互补和良性互动。在高校云集的地区，应建立健全大学生志愿服务协会，对志愿者组织进行协调、服务、管理、监督，并成为志愿服务的信息中心和协调中心，以有效整合志愿服务资源，使志愿服务活动能够发挥最大限度的育人功能和效用。一是提供公共服务。动态、准确而全面地分

---

① 丁元竹：《志愿活动研究》，天津人民出版社2001年版，第34页。

析各个大学生志愿者组织的公共需要，提供相应的公共产品，杜绝重复建设带来的资源浪费。二是进行引导。作为独立的第三方，对大学生志愿者组织与志愿者进行奖励，以激励先进，鞭策后进。同时，根据社会需求与政府规划，从宏观上统筹志愿服务项目，促进大学生志愿者组织自由自主地发展。

（二）规范大学生志愿服务组织管理工作

没有规矩不成方圆。科学、规范、系统的志愿服务组织管理对大学生志愿服务活动的顺利开展、服务质量的保证及志愿者的持续参与都是十分重要的。由于我国大学生志愿者组织发展时间较短，大学生志愿者组织在人员招募、活动设置、志愿者管理方面还面临着管理无效或信誉不高等问题，亟待自我完善。

第一，规范志愿者组织章程，通过规范章程来规范志愿者组织的设立和自我运行机制。

第二，准确划分团队结构，设立核心管理层，对组织人员进行科学合理的分工，以便提高志愿者团队的工作效率。考虑到大学生志愿服务活动的自身特点，大学生自己应当设立理事会或管理委员会等组织，并在组织架构中分层分级，可以设立志愿者总队、志愿者中队、志愿者分队等层级组织，在组织内部设立总队长、中队长、分队长及各部门部长、副部长等岗位，便于组织的凝聚力和号召力的发挥，也有助于通过组织志愿服务活动锻炼大学生志愿者的骨干力量，进一步提高其组织管理能力。对负责人员的选拔要综合考虑，着重考察其责任心、领导力、团队凝聚力等方面的专业能力。

第三，完善志愿者组织制度建设。大学生志愿服务活动不同于企业或是其他社会组织团体的运行，所以必须要根据实际情况，制定财务管理办法、考核评比办法、安全管理办法、突发问题应急预案等管理制度。另外，还可以根据不同志愿者组织的具体情况，提出应对特殊服务的专门管理要求。

第四，完善志愿者组织的服务和管理工作。一是志愿者组织应制定活动规划，具有志愿服务发展计划、宣传方案、志愿者招募条件，选择科学有效的志愿服务方式，制定规范的志愿服务运行守则，组织全面的培训或者实习等。二是积极有效地对志愿者进行评价和奖励。三是负责志愿者网站的日常维护和更新，接受和发布各协会、分会、专业委员会的活动信息，为政府、社会公众和大学生提供志愿服务项目及其他方面的信息服务。四是负责志愿服务项目经费的申请、使用和管理工作。只有这样，才能为大学生志愿服务育人工作搭建起科学、规范的组织平台。

（三）健全大学生志愿者组织的民主管理机制

大学生志愿者组织的自身建设需要从完善内部管理机制入手。其核心是健全领导管理机制与财务管理机制。在领导管理机制方面，发达国家志愿者组织一般采取理事会制度，理事会一般由社会上有影响的人物、专家和赞助人（机构）代表组成。它的职能包括募捐、指导、决策、扩大社会影响、监督等。虽然国内有些组织也建立了理事会制度，明确了职权和每届的任期，但是，国内志愿者组织理事会制度还不普及，即便是实行了这一制度的服务组织也多是强调理事会的名人效益，而忽视了它在工作决策、指导和监督等方面的领导作用。在志愿者组织的财务管理方面，国内志愿者组织普遍没有公开透明。一方面，国内还没有制定出针对志愿者组织的财务管理规章和审计制度。另一方面，各志愿者组织也没有在财务管理上进行公开。财务管理制度的缺失和"暗箱"操作，造成社会包括志愿者本身对组织都存在不信任问题，即使是作为国内最大的基金会组织——中国青少年发展基金会也曾因财务管理问题受到海外捐赠者的质疑和批评。因此，应不断提高志愿服务的专业化水平，努力健全大学生志愿者组织的民主管理机制。具体应做到：一是健全参与机制，为大学生参与志愿服务提供畅通的渠道，鼓励大学生志愿者积极参与组织管理和决策，以激发志愿者的信任感。二是注重工作自主与适当授权，为大学生志愿者充分发挥聪明才智及接受更具挑战性的任务提供相对宽松、自由的环境。三是注意倾听大学生志愿者的心声，采用更为灵活、柔性的方式管理大学生志愿者，建立有效的互动沟通机制。四是规范志愿服务活动程序，在活动宣传、公开招募、专门培训、组织上岗、总结交流等各个环节制定规范的标准，避免出现因部分环节工作不到位而导致大学生志愿服务活动质量不高的问题。五是建立财务公开制，确保资金运用透明，便于相关部门和志愿者的监督，防止资金滥用和贪污腐败问题的发生。

（四）尝试在大学生志愿者组织中建立党团组织

通过建立大学生党团组织加强对大学生志愿服务工作的管理，即把党组织（一般是临时党支部）、团组织（一般是临时团支部）建立在大学生志愿者组织内，形成由理事会、党支部、团支部共同组成的领导和管理机构，充分发挥党组织"政治核心"和"战斗堡垒"作用，努力发挥团组织的"党的助手"和"团结青年"的作用，积极调动理事会的主动性，大胆管理，创造性地开展业务工作。只有不断完善党组织、团组织和理事会的工作制度，才能保证党团组织牢牢掌握大学生思想政治教育的主动权，始终使大学生思想政治教育保持鲜明的时代特色和蓬勃的生机与活力，坚持和保证大学生志愿服务育人事业的正确方向。

第四节 加强大学生志愿服务的专业化、常态化和社会化建设，促进其育人功能长效发挥

大学生志愿服务育人作为一项高尚的社会事业，近年来，在我国实现了良好发展。比如，参加志愿服务的人数日益增多，志愿服务的领域不断拓展，志愿服务的质量不断提高等。在国家和社会的指引和号召下，大学生踊跃参与各项志愿服务活动，为我国志愿服务的发展贡献了力量，也为大学生志愿者自身素质的提高和自身价值的实现提供了平台。通过参与志愿服务，大学生能够了解社会，增长才干，养成社会责任意识，使大学生志愿服务的育人功能得到良好发挥，志愿精神也在全社会发扬光大。可以说，我国大学生志愿服务育人取得了一定成就。但是，我国大学生志愿服务育人事业的发展还不能满足社会进步的需要，与新时期大学生健康成长的需要还不相适应。因此，

应动员全社会成员共同参与，整合各种资源，完善保障制度，建立健全大学生志愿服务育人的运行机制，真正使大学生志愿服务育人走上专业化、常态化、社会化的发展轨道。

一 强化大学生志愿服务育人活动的专业化

志愿服务按照服务过程和内容可分为非专业化服务和专业化服务两种。非专业化服务是指技术含量较低的一般性服务活动；专业化服务是指具有某项专业知识技能或获得专业资格的人士提供的服务。专业化志愿服务是大学生专业学习的课外延伸与拓展，不仅能锻炼和检验大学生的知识运用能力，也能提升志愿服务的质量，增强大学生志愿服务的社会知名度和影响力，充分体现大学生的社会价值，实现社会、高校、学生三者的共赢[1]。但是，目前专业化志愿服务还未能大规模开展，大学生对志愿服务项目建设的认识还停留在低层次的非专业化、非技术化的水平，志愿服务项目建设形式单一，对志愿服务项目的选择带有明显的情感倾向性，缺乏与专业学习挂钩的相关性，技能型、科技型志愿服务项目较少，不利于志愿服务本身和志愿者主体的长远发展，降低了大学生参与志愿服务的热情，阻碍了大学生志愿服务育人功能的良好发挥。随着市场经济的发展和科技水平的不断提高，大型活动需要某些专业化服务，大学生志愿服务必须顺应时代变化，在积极巩固传统服务领域的基础上，不断拓展新的服务领域，积极向行业、职业领域渗透，向科技领域拓展，努力走出一条专业化发展的新路，破解制约志愿服务育人事业发展的"瓶颈"，使大学生志愿服务拥有一个更为广阔、充满生机和活力的发展空间。

（一）对大学生志愿者进行专业的分类和培训

大学生志愿者能力不足是影响志愿服务持续健康发展的重要原因。由于相当一部分大学生与社会处于"半隔离"状态或涉世不深，对社会的了解非常有限，一旦委以重任就暴露出其综合素质方面存在的不足。例如，提供技术服务能力不足、沟通协调能力较弱、独立发

---

[1] 曾雅丽：《比较视角下的大学生志愿服务——制度化与专业化》，《高等教育研究》2012年第3期。

现问题与自觉服务能力不强等，导致工作绩效较差，难以胜任委派的工作。这不仅使大学生志愿者的自信心受到打击，而且会影响其能力的发挥和继续参与志愿服务的热情。因此，应按照专业类别对大学生志愿者进行分类、组织和管理，特别是应有针对性地对专业型志愿者进行相关专业理论与技能的培训。培训的内容和方式要因人、因地、因机构不同而有异，不能千篇一律，要邀请相关领域的专家对大学生志愿者进行多领域、多层次、多渠道、多形式的能力培训和岗前培训，以满足各种类型志愿服务活动的具体需求，保证大学生志愿者更加圆满地完成所承担的志愿服务任务，切实提高大学生志愿者的服务能力和综合素质。

（二）创新大学生志愿服务的传统项目

经过多年的发展，我国大学生志愿服务在服务领域开拓方面取得了显著成绩。目前，我国已经在扶贫开发、社区建设、环境保护、大型赛事服务、抢险救灾等多个领域开发和实施了一系列大学生志愿服务项目，为我国社会主义建设和发展做出了积极贡献。但是，上述大学生志愿服务项目大多属于提供人力服务的项目类型，技术含量比较低，我们称为"传统的服务项目"。长期以来，传统服务项目是我国大学生志愿服务育人的重要载体，推动了我国大学生志愿服务的广泛开展，因此，我们不能因为传统服务项目技术含量低而漠视它。应发挥大学生志愿者的创新能力，对传统的志愿服务项目进行大胆改革和创新，不断引入新技术，丰富和扩大大学生志愿服务的内涵与外延，不断提升大学生志愿服务活动的层次和水平，促进大学生志愿服务及其育人功能的有效发挥。

（三）创建多种大学生志愿服务的专业服务项目

专业技术领域的工作需要知识和科技含量较高的志愿服务。这一领域服务项目的开拓是大学生志愿者组织未来工作规划的重点。从国际志愿服务的发展现状来看，技术服务占了相当大的比例。联合国志愿服务项目涉及的专业技术领域有110多个，如农业、卫生、教育、职业技术培训、工业技术、交通、环境保护和人口研究等。美国在志愿服务方面的项目涉及人道服务、健康、国际援助、宗教等。可以预见,在社会经济快速发展的背景下,社会对专业性志愿服务的需求会越来越多,大学生志愿者组织在专业技术领域的工作必将继续扩大直至成为志愿服务的主体与重点。大学生最大的优势是接受专业教育,拥有较为丰富的专业知识和专业技能,对事物充满了热情,喜欢进行探索,渴望将知识应用于实践,回馈社会。发展专业化志愿服务,既可以服务社会,增加社会资源,也可以使大学生志愿者的能力得到充分发挥,使他们获得满足感和自豪感。应充分发挥这一优势,以社会需求为导向,根据大学生的能力和素质结构,推出多个具有专业特色的志愿服务项目,运用大学生志愿者所拥有的专业知识,树立品牌服务意识,建立富有特色和实效的服务平台。一是不断扩大高端服务和专业服务。高端服务是指心理、法律咨询和医疗服务等专业性较强的服务工作,它对志愿者有较高的素质要求。随着社会的发展,对专业性服务的需求必将越来越大,比如在面对青少年问题、外来务工人员问题时,单纯的"温暖""献爱心"是远远不够的,他们急需心理咨询、法律援助等方面的志愿服务。所以,要不断扩大高端服务和专业服务,以满足社会日益增长的需求。二是大力发展预防型服务。预防型服务是针对发展过程中可能出现的问题,以预测危机、建立社会危机管理信息系统为目标[1]。预防型服务的开展,主要是以志愿者组织为载体将不同领域、不同专业的具有不同技能特长的大学生志愿者联合起来,及时汇集、传递和共享信息,判断危机发生的可能性,评估其损害和风险,为政府决策提供信息参考,减缓或降低危机造成的损害。三是努力发展公益创业服务。公益创业以满足社会公共需求、创造社会效益为核心目标,涉及绿色环保、扶贫发展、社区服务、信息化普及、特殊群体关爱等领域。随着社会的发展和科技的不断进步,公益领域存在庞大的社会需求。目前,国内的联想集团、腾讯集团、零点计划等有社会责任感的企业正在尝试支持大学生公益创业项目的开展,大学生参加这一领域的服务项目,可以为自己创造更多的就业

---

[1] 徐靓:《和谐社会建设背景下青年志愿服务创新研究》,硕士学位论文,东北师范大学,2008年。

机会。四是丰富社区志愿服务的内容。目前,我国的城乡社区不断发展,为大学生志愿者提供了参与建设、参与服务的众多机会和平台,如环境建设服务、安全保障服务、家居生活服务、健康文化服务、特殊群体服务等。

(四) 加强大学生志愿服务与民间志愿者组织的联动与合作

近些年来,大学生志愿服务活动有了长足发展。但是,它也受到物力、财力及信息交流不畅通等诸多方面的限制,其选择余地还不够宽广。在志愿服务过程中,大学生志愿者得到了锻炼和提高。但是,志愿服务的育人功能还没有充分发挥出来。加强与民间志愿者组织的联动与合作,不仅有利于缓解大学生社团在资金上的困难,而且有利于大学生志愿服务活动走向社会化,提高大学生志愿者组织开展活动的专业化水平,尤其是在专业服务技术层面能够获得辅导和帮助,更能发挥他们的专业特长,提高大学生志愿服务活动的专业化水平,更好地满足不同服务对象的不同服务需求,进而感化和带动服务对象也参与到志愿服务活动中来,在全社会形成浓厚的志愿服务文化氛围,更好地发挥大学生志愿服务的育人功能。

(五) 加强大学生志愿服务的国际交流合作

在文化多样化背景下,各国都开设了一些国际志愿服务合作项目。国际志愿服务为大学生志愿者提供了一个开阔眼界和历练能力的广阔平台。它一方面帮助学生开阔视野,增长见识,提高对外交往能力,成为培养具有国际化视野人才的有效途径;另一方面作为一种"民间外交",为我们提供了展示中国文化的舞台,是一个国家"软实力"和国际影响力的重要体现,也是在国际舞台上展现中国青年人良好风貌和优良素质的良机。因此,加强国际交流与合作是大学生志愿服务适应全球化趋势的必然要求,我国大学生志愿服务理应成为世界志愿服务的一支重要力量。因此,在国际交流与合作方面,应致力于做好以下三个方面的工作。

第一,积极参与国际人道主义援助。国际人道主义援助在维护世界和平与安全、促进国际经济、社会发展等方面发挥着重要作用。积极参与世界人道主义救援,对于提高大学生志愿服务的影响力和国际化水平具有重要意义。

第二，积极参与国际重大志愿服务活动。国际重大志愿服务活动一般参与的成员国范围广泛，活动的影响力和边际效应大。大学生参与志愿服务活动可以很好地提升其在国际上的形象，为大学生志愿服务的发展开拓更广阔的国际空间。同时，对大型志愿服务活动的参与也可以增进参与者对世界的了解和认识，增长自己的阅历，促进个人成长成才。

第三，建立面向国际化的大学生志愿者组织，加强大学生志愿者组织与外部的沟通合作。志愿服务发展的国际化方向是志愿者组织建设国际化、网络化的必然结果。建立面向国际化的大学生志愿者组织，有利于汇集多方面的力量，提供更具专业化和针对性的服务培训，形成符合国际化志愿服务要求的制度和规范，满足在世界范围内开展志愿服务的要求，通过促进群体间的融合来推动志愿服务活动的长期稳定开展。要在立足于中国国情的基础上走向世界，与海外志愿者团体实现资源共享，不仅使海外资源进入中国，支持中国的公益事业，而且还要使我国大学生志愿服务走向世界，将海外社会逐步拓展成为我国大学生志愿服务事业未来发展的一个广阔活动空间，为充分发挥大学生志愿服务的育人功能打造新平台。

二 实现大学生志愿服务育人活动的常态化

大学生志愿服务的常态化有两层含义：第一层含义是相对于灾害紧急状态而言的非灾害情况下的志愿服务，第二层含义是指志愿服务发展的持续性和常态化。同样，大学生志愿服务育人工作是一项事业，而不是一次活动或一场运动。因此，常态化是大学生志愿服务的内在要求。在许多国家，志愿服务已经成为公民常态化行为，有的甚至成为生活方式中不可或缺的重要组成部分。2001年《全球志愿者宣言》明确指出：志愿服务对于我们不应是心血来潮的冲动，不应是趋利从众的跟风，而应成为一种全民习惯、一种生活方式、一种文化①。可以说，志愿服务常态化和制度化已经成为一种世界潮流。在

---

① 党秀云：《论志愿服务的常态化与可持续发展》，《中国行政管理》2011年第3期。

我国，由于志愿服务起步晚，发展时间短，大学生参加的志愿服务很多是短期服务项目，距离志愿服务"常态化"还有很长的路要走，这严重制约了大学生志愿服务育人功能的持续性发挥。突出表现在以下三个方面。

第一，志愿服务内容单一且持续性差，大学生志愿者参与机会不多。我国的大学生志愿服务活动多以各种特定的活动为主，如在奥运会、世博会、亚运会、助残日、预防艾滋病日、学雷锋活动日、国际志愿者日等期间开展的志愿服务，这种志愿服务活动带有明显的短期化、运动化的特点，往往围绕某一个主题进行，时间较短、内容单一，不能充分满足大学生志愿者参与志愿服务的愿望。

第二，大学生参与志愿服务活动不稳定，并未达到经常或者定期参与志愿服务的"理想状态"。问卷调查表明，在一年里参加志愿服务5次以上的大学生仅占14.4%，3—4次的大学生占15.0%，1—2次的大学生占47.3%，一年内从未参加过志愿服务的大学生占22.8%。这说明大学生对志愿服务的参与意愿比较强，但是，志愿服务行动在大学生群体中并不持久。究其原因，首先，大学生的流动性较强，志愿者队伍中有经验的骨干人员较少，导致许多较为出色的服务项目随着人员变动而中断，而新发展的项目也往往不能够深入持久。其次，由于大学生大都是利用课余时间参与志愿服务活动的，易受到自身学习、生活、工作等各方面因素的影响，参加志愿服务的时间不能保证，有相当一部分志愿者只是偶尔参加志愿服务。再次，大学生还处于生理和心理成长发育时期，还不够成熟，自控能力和意志力相对较弱，容易喜新厌旧。所以，许多大学生在开展志愿服务时容易出现"打一枪换一个地方"的现象，阵地建设意识较差，导致很多优质的服务项目无法持续进行，很难形成服务品牌。最后，参与志愿服务的大学生仍然只是大学生群体中的一小部分，还有很多大学生并未参与到志愿服务的行列中来。

第三，志愿者组织自身建设存在明显问题。具体来说，一是大学生志愿者组织不够发达，一些志愿者组织的动员能力不强，大学生参与志愿服务行动的渠道狭窄；二是大学生志愿者组织工作不规范，不少志愿者组织缺乏相应的工作守则与行为规范，组织志愿服务活动缺乏具体的测评标准，只重视参与过程而不重视服务结果，很容易使大学生志愿服务流于形式；三是大学生志愿者组织对志愿者队伍的管理缺乏科学性，采用的是比较粗放的管理模式，容易引起大学生的反感，降低了大学生参加志愿服务的热情。

2008年，中央精神文明建设指导委员会在《关于深入开展志愿服务活动的意见》中强调指出："各级党委政府要把深入开展志愿服务活动，作为精神文明建设的一件大事摆上重要议事日程，切实抓紧抓好，推动志愿服务机制化、常态化。"在这种情况下，迫切需要因势利导，积极采取措施，推进大学生志愿服务的常态化发展，以更充分发挥大学生志愿服务的育人作用。实现大学生志愿服务育人的常态化，应从以下四个方面入手。

（一）拓展大学生参与志愿服务的途径和空间

大学生志愿服务育人常态化发展的水平是与其志愿服务的途径和空间密切相连的。如果大学生志愿者参与志愿服务的途径不多，那么志愿者组织的志愿服务行动就只能在极其有限的范围内展开，这样的情形是不可能在整个社会形成常态化发展的良好态势的。要解决这一问题，必须做好以下四个方面的工作。

第一，将志愿服务活动列入大学生培养方案，探索志愿服务活动的规范化、课程化建设，纳入学分制管理，在每学期给予足够的课时安排。高校应增加实践实习、认知课程，在安排设置社会实践活动时，要协调好志愿者专业学习与社会服务之间的关系，为志愿者开展志愿服务提供充足的活动时间。

第二，制定累积"志愿服务时间"等激励保障措施，对大学生参与志愿服务的时间加以限定，改变以往时间上的随机性和灵活性。通过建立志愿服务计时计量制度，把大学生参加服务的活动次数、累次时间记录在案，体现出对大学生所做贡献的评价、认同和鼓励。

第三，要保持已注册大学生志愿者队伍的稳定性。除一些短期性的志愿服务项目可以临时招募志愿者外，大学生志愿者队伍的主体应该由注册志愿者组成。对注册大学生志愿者要形成一套科学的管理机制，鼓励他们选择部分中长期的服务项目，并引导他们逐步参与志愿服务的管理工作，以形成稳定的核心力量。

第四，以志愿者为基础、专业志愿者为骨干，建立起一支门类齐全、组织严密的大学生志愿者队伍，不断满足经常性志愿服务、重大活动志愿服务和应急性志愿服务的需求，有效破解"志愿者找志愿服务活动难，志愿者组织找志愿者难"的问题。

(二) 创建大学生志愿服务活动基地

要想大力拓展大学生志愿服务育人的行动领域，需要建立一大批校内外志愿服务活动基地，特别是建立校外的服务活动基地，这是大学生志愿者活动立足校园、走向社会的重要渠道，也是大学生加强与社会联系、锻炼成长成才的重要平台。基地建设不仅可以避免由于缺少固定的服务阵地而引起志愿服务萎缩的现象，更重要的是，可以实现大学生志愿服务的示范功能、辐射功能和教育功能。因此，在国家层面，应建立国家级大学生志愿服务活动基地，如建立西部大开发服务活动基地，社会主义新农村建设服务基地等，以此推进大学生志愿服务活动的长期、健康发展。高校也要根据自身的办学特点，建立固定的大学生志愿服务活动基地，如可以通过签订协议、挂牌等形式与街道社区、企业等社会机构建立长期合作关系。这样，既可以帮助社区、企业等机构提高管理和服务质量，又可以为更多大学生参与志愿服务育人活动创造条件。

(三) 实现志愿服务从服务重大事件、赛事向常态化转变

对"常态化"的基本理解来说，志愿服务作为公民表达回馈社会、追求公益的重要方式，不仅应该体现在参与应对突发事件、举办的重要活动当中，更要体现在"时时可为、处处可为、就近就便、持之以恒"的社会生活过程当中，这样，才能具有"常态化"意义[①]。大学生志愿服务项目的实施是志愿服务的基本环节，是推动志愿服务发展的支点。要做到大学生志愿服务项目的持久推进，确定服务项目

---

① 麦佶妍：《志愿行动的常态化发展》，《提高领导创新社会管理能力理论研讨会暨中国领导科学研究会 2011 年年会论文集》，2011 年，第 211 页。

时就必须经过严密的科学论证，不能盲目地贪多，求全求大，一经付诸实施，就必须持之以恒地坚持下去，务必取得应有的成效。当前，帮助敬老院老人、关爱福利院儿童、农村扶贫开发、文化科技卫生"三下乡"活动、大学生志愿服务西部计划、大学生志愿服务欠发达地区计划、"关爱留守儿童"行动、城市社区建设、环境保护、大型赛会、应急救援、国际青年交流等都是大学生志愿服务育人活动的重要载体，丰富的内容是吸引大学生加入志愿服务活动的重要原因之一。在今后的常态化发展中，应注重以服务项目来组织大学生参加志愿服务，整合服务资源，包括志愿服务时间、服务地点以及志愿者有兴趣参与的志愿服务项目。在资源的流通中不断增值，以保证各项志愿服务的公益实践项目长久发展，持之以恒[1]。这一环节需要抓好三方面的工作。一是大学生志愿者招募。志愿者招募是一个寻找能够满足服务对象需求的志愿人员的过程，志愿者组织应建立类似"志愿服务银行"的系统，使每一位志愿者的志愿服务资源成为整个社会志愿服务资源的有机组成部分，在需要开展某些服务项目时，实现快速而有效的招募。二是项目实施过程的监督与激励。大学生志愿者组织应随时掌握志愿者的工作情况，适时进行考核与激励，保持大学生志愿者的服务热情。三是意外情况与困难的处理。对志愿服务过程中出现的意外情况和志愿者遇到的实际困难，大学生志愿者组织应及时研究解决，确保服务工作顺利进行[2]。品牌是公益事业的生命线，品牌越好，志愿服务事业的边际效用就越大。高校应该根据本校的特点，找到与社会需求的黄金结合点，形成本校的大学生志愿服务品牌，逐步把目前的服务项目打造成为精品项目，用优质服务寻求社会的认同和支持，形成良好的社会效益和较高的社会关注度，树立品牌形象，增强对大学生志愿者的吸引力，从而通过志愿服务更好地实现对大学生的教育、锻炼和培养。

---

[1] 郭新保、王育：《对北京志愿服务常态化发展的思考》，《北京城市学院学报》2010年第3期。

[2] 刘宏涛：《新时期青年志愿服务问题研究》，硕士学位论文，清华大学，2005年。

（四）坚持大学生志愿者参与服务的自愿性、自主性和适量性

自愿性是大学生志愿服务的基本特征之一，是大学生志愿服务育人常态化发展不可或缺的首要条件之一。真正意义上的"志愿者"，是不受私人利益的驱使，不受法律或组织等因素强制的，是基于道义、信念、良知、同情心和责任而从事以帮助他人和服务社会为目的的公益事业。所以，即使是通过有组织的方式去动员大学生志愿者，也应该让每个大学生志愿者都在没有任何压力的情况下自愿投入到志愿服务活动中去。正是由于大学生志愿服务以自愿参与为前提，参与志愿服务的动力又来自参与者自身，因而参与者更具有主动性、积极性和责任感，在参与志愿服务活动中表现出积极的姿态，坚持不懈、持之以恒，这样，才有利于促进大学生志愿者素质的不断提升。自主性意味着志愿服务作为公民社会的重要参与方式，要有很强的自我选择性。如果志愿服务没有这种选择的自由，而是受制于行政命令，那么大学生参加志愿服务的积极性和主动性也会大打折扣，难以实现大学生志愿服务的育人功能。适当强调"量力而行"，是开展大学生志愿服务活动，特别是实现大学生志愿服务育人常态化需要坚持的基本原则之一，因而，大学生志愿者开展志愿服务的整个过程或各个环节不是零成本的，志愿者组织服务社会的能力也是相对有限的，因此，它要求大学生志愿者个人或者组织从自身的实际出发，从社会需求的实际出发，根据自己的人力、物力、时间等条件来开展力所能及的志愿服务活动，否则会欲速则不达[1]。可见，大学生志愿者组织需要坚持在志愿者自愿、自主和适量服务的原则下，正确合理的设计服务项目，尽量圆满地完成每一项服务任务，以保证大学生志愿者今后参加志愿服务活动的热情，更好地发挥大学生志愿服务的育人作用。

三　推动大学生志愿服务育人活动的社会化

社会化是大学生志愿服务育人活动发展的趋势和方向。当前，志

---

[1] 麦佶妍：《志愿行动的常态化发展》，《提高领导创新社会管理能力理论研讨会暨中国领导科学研究会 2011 年年会论文集》，2011 年。

愿服务已经成为促进大学生向实践学习、向社会学习、向人民群众学习的一个有效形式。中共中央、国务院《关于进一步加强和改进大学生思想政治教育的意见》明确指出:"社会实践是大学生思想政治教育的重要环节,对于促进大学生了解社会、了解国情、增长才干、奉献社会、锻炼毅力、培养品格、增强社会责任感具有不可替代的作用。"[1] 目前,大学生志愿服务社会化主要体现为社区志愿服务。社区志愿服务需求主要来自社区的各项日常事务,众多社区居民的需求可以说千差万别,包括社会救助、社区慈善活动、社区就业服务、社区治安服务、文教卫生服务、心理咨询服务、纠纷调解服务、环境建设与环境保护服务、突发事件和大型活动服务等。同时,在社区中也存在一些需要照顾的特殊群体,包括老年人、青少年、流动人口、优抚对象、妇女儿童等。这些都需要结合需求的特性来动员志愿者参与或提供相应的服务,而且往往需要志愿者具有一技之长,而大学生志愿服务正好可以解决社区建设中的这些难题。如大学生志愿者可为老年人、残疾人、儿童、社区贫困户、优抚对象等提供社会福利服务与便民利民服务,可以就环保、科普等问题在社区开展宣传活动,还可利用高校的学科优势在社区开展专业服务等,为社区经济、社会、文化的发展提供社区服务活动[2]。这些社区志愿服务活动不仅有助于大学生在具体的实践过程中提升道德修养,而且能够使每一个大学生志愿者获得精神满足,并进一步促进个体更好地反省自己的言行,把社会对大学生的道德要求转化为自己的信念追求,形成自觉的道德习惯,进而转化为内在品质。可以说,大学生志愿服务社会化,不仅是促进公民参与社区建设和倡导社会文明风尚的需要,也是大学生实现丰富生活体验、扩大人际交往、奉献社会和自我实现的需要。因此,要想充分发挥大学生志愿服务的育人功能,就必须创造良好的社会环境与氛围,进一步推动大学生志愿服务育人的社会化。具体来说,应该做

---

[1] 中共中央、国务院:《关于进一步加强和改进大学生思想政治教育的意见》,2004年10月14日。
[2] 北京市民政局:《社区志愿服务项目化运作与管理——社会治理创新实践》,中国社会出版社2015年版,第96页。

好以下四个方面工作。

(一) 弘扬志愿服务文化,树立志愿服务育人的社会化理念

理念及其价值观不仅代表着一种文化、一种世界观,而且也代表和影响着人们的行为取向和选择,而志愿精神与志愿文化则是志愿服务理念及志愿者价值观的一种集合与反映。作为一种精神源泉和价值导向,先进的志愿服务理念、积极的志愿服务精神、良好的志愿服务氛围,是营造良好社会风尚的重要条件。同时,良好的社会环境与氛围又是实现和促进大学生志愿服务育人社会化的必要前提和精神基础。大学生志愿服务活动作为一种文化现象,从一开始就发挥着一般文化的共同职能,即"通过一定的物质环境和精神氛围使生活在其中的每个个体都有意或无意地在思想观念、心理素质、行为方式、价值取向等诸多方面与现实文化发生认可,从而实现对人的精神、心灵、性格的塑造"[①]。大学生志愿服务活动,致力于帮助有困难的社会成员,推动社会保障体系的建立与完善;致力于消除贫困和落后,消灭公害和环境污染,普及科学文化知识,促进社会协调发展和全面进步;致力于建立互助友爱的人际关系和良好的社会公德,推动社会主义精神文明建设。这种文化现象与社会主义主流文化是完全一致的,必须要大力弘扬。大学生志愿服务活动弘扬"奉献、友爱、互助、进步"的志愿精神,树立团结友爱、诚实守信、相互帮助、见义勇为的道德风尚,倡导健康、文明、科学的生活方式,奉行从小事做起和爱国、爱民、爱集体的道德原则,体现了人与人、人与社会、人与自然相互关爱、和谐共处的美好理想,反映的是中华民族最质朴、最诚实、最平凡、最伟大的传统美德。同时,大学生志愿者作为一支代表时代发展潮流、充满生机和活力的新生力量,积极开展社会志愿服务活动,有助于促进人与人之间的融合和互助,加强人与人之间的关怀和接触,减轻甚至消除彼此间的距离与隔阂,从而提升全民素质,树立良好社会风气。

[①] 李潇潇:《论志愿精神在构建社会主义核心价值体系中的功能》,《北京青年政治学院学报》2007年第4期。

（二）加强志愿者组织建设，打造大学生志愿服务育人的社会化品牌

规范的管理、完善的组织模式是成功开展大学生志愿服务育人活动的重要保障。加强大学生志愿者组织的建设，有利于加强对大学生志愿服务活动的管理和思想动员工作的开展，有利于保证大学生志愿服务活动的组织性、一致性和连贯性，有利于保证大学生志愿服务活动的高效有序开展。目前，我国大学生志愿服务活动整体上尚处于起步阶段，并未从根本上改变临时、短期服务的做法，大多数还停留在承担突击任务的层面，部分大学生志愿服务活动还存在品质不高、项目活动不规范等问题，不仅影响着大学生志愿服务活动的顺利展开，而且严重影响着大学生志愿者组织的公信力和社会吸引力。为此，必须改变目前大学生志愿服务活动相对松散的状况，设立专门领导机构，划分职责，将活动经费、活动内容和活动时间列入组织管理范围，做好总体规划、具体落实等工作，充分借鉴品牌管理经验，积极探索大学生志愿服务育人活动的社会化运行模式，构建便民利民、帮困助弱、文明创建、大型活动服务、应急突击服务、义工服务等志愿服务育人项目体系，建立大学生志愿者特色专业服务团队，通过打造一些品牌项目来塑造良好的社会形象，扩大社会影响，提升民众对志愿者组织及其志愿服务活动的认同与支持，以便促使更大、更广范围的大学生志愿服务育人活动的开展。

（三）着力创新服务形式，拓展大学生志愿服务育人的社会化领域

大学生可以在服务社会的过程中成长成才，但服务社会应该成为大学生志愿者的根本出发点和落脚点。相对于过去那种以满足少数受助者生活需求为主要内容的志愿服务模式，当今大学生志愿服务要着眼于国家和社会发展大局，积极创建在经济和文化领域中寻求服务项目的志愿服务模式。随着时代的发展，大学生志愿服务育人活动的内容、模式也要随之改变，大学生志愿服务活动应结合国家和地区的实际情况不断发展。因此，大学生志愿服务要充分挖掘社区资源，考虑社区的实际需要，发挥大学生志愿者的专业特长和资源优势，不断征

集或设计有创新性的社区志愿服务项目。只有充分利用和发挥大学生志愿者的专业资源和优势，其服务才会更加有效，才会更受欢迎和更具有生命力。同时，大学生志愿服务应进一步主动向行业领域渗透和进军，不断拓展其志愿服务的广度和深度，使其志愿服务拥有一个更为广阔的发展空间。另外，还要按照社会化运作模式，积极探索无偿服务和有偿服务相结合的大学生志愿服务模式。在扶贫济困、助老爱残、植树造林、文明创建等各类社会公益活动上，坚持无偿服务；在解决人民群众基本生活急需、志愿者能为、服务对象自愿的基础上，开发有偿低廉的志愿服务项目。这样，不仅能够为社区提供更有针对性的优质服务，而且可以增强大学生社区志愿服务的活力，从而促进大学生社区志愿服务育人工作的可持续发展。

（四）建立健全长效机制，提供大学生志愿服务育人的社会化保障

大学生志愿服务育人的社会化离不开制度机制的支持。要建立健全大学生志愿服务活动的制度保障机制，使大学生志愿服务活动制度化、规范化，是大学生志愿服务育人活动健康、有序、常态发展的根本保障。政府要进一步加快志愿服务立法进度，尽快明确志愿者组织和志愿者的权利与义务等问题，从法律角度为大学生志愿服务育人事业发展建立保障。高校要将大学生志愿服务作为培养人才的重要载体，把大学生参加志愿服务的情况纳入校园生活的方方面面并制度化。一方面，要建立科学的大学生志愿服务激励机制，如可将参与志愿服务活动的具体表现与学生党员的发展、学生干部的遴选、奖学金的评定、升学就业推荐以及奖、贷、助等方面的综合评定相结合，明确每个大学生志愿者的职责范围，形成一套行之有效的奖惩激励机制，从而充分激发大学生志愿者的潜能，给予他们想要的荣誉感和成就感。另一方面，高校还应对大学生志愿者活动建立科学公正的评估体系，对大学生志愿服务团体及个人的服务情况进行考核①。如对大学生志愿者参与日常志愿服务的情况进行统一的积分制管理，探索建

---

① 张扬：《大学生志愿服务的现状与对策分析》，《山东省团校学报》2007年第5期。

立以"小时制"为主导取向、兼顾服务质量测评的志愿服务评价认可体系。同时,要以满足社会发展需求作为大学生志愿服务的切入点,完善对大学生志愿者的专业技能、服务态度和精神面貌等方面的培训,在志愿服务中充分体现大学生志愿者的基本素质和精神面貌,从而为大学生志愿服务育人的社会化提供切实保障。至于大学生志愿者组织,应具有不断创新的精神和能力,改革和完善大学生志愿者组织的内部治理结构,加强大学生志愿者组织的能力建设,实现与社会的协作共赢,推动大学生志愿服务育人事业的社会化发展。

结　语

　　文化多样化已成为当代中国社会的客观现实，也是未来中国社会的发展趋势，并且我国正处于社会转型时期，社会失范现象比较明显。而大学生作为一个特殊群体，是中国特色社会主义事业的建设者和接班人，对未来中国社会的发展具有决定性作用，因而大学生的成长成才成为一个极为重要的问题。大学阶段是大学生世界观、人生观、价值观形成的关键时期。文化多样化和社会转型的影响和冲击，既有利于开阔大学生的视野，提高大学生的自主性，也使大学生受到许多不良思想的影响。如何在这样一个背景下促进大学生的健康成长，使他们"趋利避害"，就成为一个我们不得不认真考虑和需要积极应对的问题。志愿服务是一种独特的实践方式和教育载体，对大学生的成长有不可替代的作用。它能够让大学生通过自愿参与的方式，检验课堂上学到的知识和经过各种途径获得的观念，通过切身的体验明辨"是"与"非"，真正认识到什么是有价值而应当坚持的，什么是无价值而应当抛弃的，让大学生在实践的磨炼中逐渐成长起来。不仅如此，在社会转型期，某些消极因素所具有的负能量给社会带来了许多不良影响，而大学生参加志愿服务活动，为社会进步和公益做出了自己的贡献，就是在用实际行动传播正能量，在一定程度上消除了负能量的影响，既有利于自身的健康成长，也感染了服务对象和社会上的其他人员，发挥了引导、示范和带动作用。因此，志愿服务育人功能不仅局限于促进大学生成长成才，而且也是在重新塑造人们的精神风貌，扭转整个社会的风气，起到了"移风易俗"的作用。所以，全社会应当更加重视大学生志愿服务育人功能，为大学生志愿服务育人功能的发挥创造良好的环境。

本书研究既取得了一定成果，也存在一些不足之处。就目前的完成情况来看，虽然已经基本达到了预期研究目标，但是，随着研究的不断深入，笔者发现，还有很多相关问题需要作进一步深入研究。故而笔者将把本研究当作一个新起点，在今后把本书中没能深入研究的问题继续研究下去。敬请各位专家对本书提出宝贵意见和建议，以便笔者对本书进行修改和完善。

附　　录

一　调查问卷

亲爱的同学：您好！

　　感谢您参与我们的问卷。本次问卷旨在了解当前大学生志愿服务育人功能的现状。问卷调查采取不记名方式，所得数据仅用于分析研究，不会外泄您的任何信息，请同学放心填写自己的真实想法。您的意见对本研究很重要，感谢您的支持与合作。

　　请选择您的基本信息：

年级：A. 大一　　　B. 大二　　　C. 大三　　　D. 大四

专业：A. 文科　　　B. 理科　　　C. 工科　　　D. 艺术类

身份：A. 学生干部　　　　　　B. 普通学生

请在您选择的选项前画"√"。

1. 您认为当前实施大学生志愿服务育人是否必要？

　　A. 非常必要　　　　　　　　B. 必要，但要适度

　　C. 可有可无　　　　　　　　D. 没必要

2. 您曾经参加过哪些大学生志愿服务活动？（可多选）

　　A. 社区服务　　　　　　　　B. 假期实践

　　C. 毕业实习　　　　　　　　D. 其他

3. 在志愿服务过程中，您觉得自身存在哪些不足？（可多选）

　　A. 事前没做任何准备

　　B. 缺乏吃苦精神

　　C. 毅力不够，半途而废

　　D. 心理素质差，受不了挫折和委屈

　　E. 其他

4. 您参加过的志愿服务活动与您的专业联系如何？

A. 联系密切　　　　　　　　　B. 联系较大

C. 联系不大　　　　　　　　　D. 没联系

5. 您参加的志愿服务内容范围如何？涉及哪些方面的知识？

A. 非常广，涉及农林牧、政史地等

B. 较广，涉及法律、基础科学等

C. 较窄，仅涉及爱国主义教育

D. 较窄，如仅涉及所学专业

6. 您参加志愿服务最主要的目的是什么？

A. 积累社会经验，为就业做准备

B. 为社会做贡献

C. 完成学校所布置的加分任务

D. 获得经济补贴

E. 巩固理论知识提高实践技能

F. 其他

7. 通过参加志愿服务，您觉得哪些方面的能力有所提高？（可多选）

A. 学习知识的能力　　　　　　B. 分析解决问题能力

C. 组织协调能力　　　　　　　D. 适应社会能力

E. 理论科研能力　　　　　　　F. 其他

8. 您认为志愿服务有哪些教育功能？（可多选）

A. 提高思想觉悟　　　　　　　B. 增强爱国主义意识

C. 提高理论修养　　　　　　　D. 促进自我认识

E. 提高人际交往能力　　　　　F. 提高劳动技能

G. 其他

9. 您觉得学校对你们志愿服务活动的重视程度如何？

A. 非常重视　　　　　　　　　B. 比较重视

C. 偶尔重视　　　　　　　　　D. 不重视

10. 目前学校安排理论知识学习与志愿服务的学时比例如何？

A. 理论知识较重　　　　　　　B. 志愿服务较重

C. 两者差不多　　　　　　　　D. 不清楚

11. 学校对您参加志愿服务有没有明确的目标要求？

A. 有，非常明确　　　　　　　　B. 有，但不明确

C. 没有　　　　　　　　　　　　D. 不清楚

12. 您认为学校在志愿服务单位选择上遵循的原则是什么？

A. 选择与专业相关的志愿服务单位　B. 就近选择

C. 选择爱国主义教育基地　　　　　D. 随便选择

13. 在进行志愿服务活动前，学校或单位有没有对您进行培训？

A. 只有志愿服务单位进行了培训

B. 学校和志愿服务单位都进行了培训

C. 只有学校进行了培训

D. 学校和志愿服务单位只是走了个形式

E. 都没有进行培训

F. 其他

14. 在志愿服务过程中，老师有没有根据志愿服务活动内容对您进行教育引导？

A. 老师在志愿服务过程中随时进行各方面指导

B. 老师仅指导业务，不进行思想教育

C. 老师跟随但并未指导

D. 没有老师指导

E. 其他

15. 在志愿服务活动中，老师有没有定期召开活动总结会议？

A. 定期召开　　　　　　　　　　B. 不定期召开

C. 极少召开　　　　　　　　　　D. 没有召开

16. 在志愿服务过程中，服务单位的配合如何？教育环境如何？

A. 非常配合，教育环境好　　　　B. 配合一般，教育环境一般

C. 不太配合，教育环境较差　　　D. 不配合，没法进行教育

17. 您在参加志愿服务时，有没有签订保障您人身安全和其他权益的合同？

A. 学校有这方面的规定，但没签

B. 学校没有相关规定，但与志愿服务单位签了

C. 学校代签

D. 没有签订

18. 志愿服务结束后，学校有没有开展相关宣传教育活动？活动方式有哪些？

 A. 有，开会表彰优秀实践个人

 B. 有，组织学生写心得体会上交

 C. 有，通过一定方式进行心得交流

 D. 没有开展任何宣传教育活动

 E. 其他

19. 学校、服务单位对你们的志愿服务活动是如何进行评估的？

 A. 学校和志愿服务单位分别进行评估，综合检验结果

 B. 学校、志愿服务单位各评各的

 C. 只是学校检查实践报告

 D. 流于形式

 E. 其他

20. 学校有没有对您参加志愿服务进行奖励？如何奖励的？

 A. 有，加学分　　　　　　B. 有，只发奖金

 C. 有，只发荣誉证书　　　D. 没有

 E. 有，发放奖金和荣誉证书

21. 您认为高校和服务单位合作中存在的主要问题是什么？（可多选）

 A. 可操作的有关政策法规缺乏

 B. 地方政府协调不够

 C. 高校与志愿服务单位之间缺乏良好的合作机制

 D. 志愿服务单位花费的时间、精力不够，其效果难以保证

 E. 其他

22. 您认为应该如何调动志愿服务单位参与志愿服务育人的积极性？（可多选）

 A. 通过舆论宣传，在全社会形成重视合作教育的氛围

 B. 拨给志愿服务单位合作经费

C. 制定可操作的有关政策法规

D. 为志愿服务单位提供税收、金融等政策优惠

E. 其他

23. 您认为目前大学生志愿服务育人存在什么问题？（可多选）

A. 活动时间较短，不够重视　　B. 内容、形式不够丰富

C. 保障制度不健全　　　　　　D. 评估体系不完善

E. 实践内容与专业结合不够密切　F. 其他

24. 您认为应该如何改善大学生志愿服务育人的状况？（可多选）

A. 加大宣传，提高重视程度

B. 内容要丰富，形式要多样

C. 建立完善的管理体系包括保障评估等制度

D. 要扩大学生的参与面

E. 加强服务过程中的教育指导

F. 其他

25. 您对大学生志愿服务的育人状况及其功能有什么意见和建议？

_____

_____

_____。

二　问卷分析结果

调查对象：本问卷是对我国华南、华中、西南、西北、中南、东南、东北、华北等不同地区挑选出的理工类、人文类、综合类、艺术类、政法类、师范类、高职类的 21 所代表性高校即山东大学（97 份）、山东科技大学（100 份）、中国石油大学（107 份）、东营职业学院（80 份）、上海外国语大学（贤达学院）（87 份）、清华大学（22 份）、东北大学（59 份）、海南琼台师专（45 份）、海南医学院（44 份）、兰州大学（90 份）、贵州师范大学（94 份）、聊城大学（148 份）、重庆邮电大学（11 份）、华中师范大学（66 份）、华东师范大学（89 份）、南京大学（100 份）、南京师范大学（86 份）、陕西师范大学（63 份）、甘肃政法大学（60 份）、西安音乐学院（102 份）和哈尔滨工业大学（100 份）的 1650 位在校大学生做的问卷调

查。用SPSS软件统计分析，最后得出以下结果。

（一）基本描述分析

共有1650名大学生参与本次调查，具体分析见表1。

表1　　　　　　　　　　　基本描述分析

		频次	百分比（%）
年级	大二	708	44.6
	大三	710	44.8
	大四	168	10.6
专业	文科	634	40.4
	理科	477	30.4
	工科	319	20.3
	艺术类	141	9.0
身份	学生干部	311	19.8
	普通学生	1258	80.1
所在地区	华东	939	59.2
	华北	25	1.6
	东北	154	9.7
	华南	90	5.7
	西南	103	6.5
	中南	65	4.1
	西北	210	13.2

（二）各项题目分析

（1）您在过去的一年里参加过多少次志愿服务？（　　）

A.0次　　　　　　　　　　　　B.1—2次

C.3—4次　　　　　　　　　　D.5次及以上

题1的结果见表2和图1，从表1中可以发现，一年内参与1—2次的志愿服务最多（占47.5%），其次为一年内从未参与过志愿服务（占22.9%），依次是3—4次（占15.1%）、5次及以上（占14.5%）。这说明，大学生对志愿服务的参与程度比较强，但是志愿服务行为在大学生人群中并未完全普及。

表 2　　　　　　　　　题（1）的结果

选项	频次	百分比（%）
0 次	362	22.9
1—2 次	750	47.5
3—4 次	238	15.1
5 次及以上	229	14.5

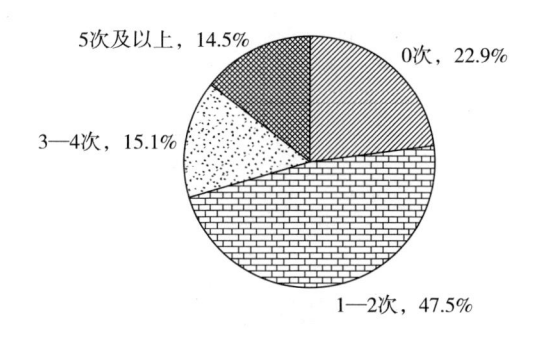

图 1　题（1）的结果图示

（2）您曾经参加过哪些志愿服务活动？（可多选）（　　）
　　A. 社区服务　　　　　　　　B. "三下乡"活动
　　C. 体育赛事等大型活动服务　　D. 扶贫济困活动
　　E. 敬老院服务　　　　　　　F. 秩序维持
　　G. 灾难服务　　　　　　　　H. 其他

题（2）的结果见表 3 和图 2，从表中可以发现，大学生参与最多的志愿服务是社区服务（占 47.1%），依次为体育赛事等大型活动服务（占 35.9%）、扶贫济困服务（占 22.2%）、敬老院服务（占 21.0%）、秩序维持（占 17.3%）、"三下乡"活动（占 14.0%）、其他（占 13.1%）、灾难服务（占 5.3%）。

242 | 文化多样化背景下大学生志愿服务育人功能研究

表3　　　　　　　　　题（2）的结果

选项	频次	百分比（%）
社区服务	740	47.1
"三下乡"活动	212	14.0
体育赛事等大型活动服务	561	35.9
扶贫济困活动	339	22.2
敬老院服务	308	21.0
秩序维持	270	17.3
灾难服务	73	5.3
其他	202	13.1

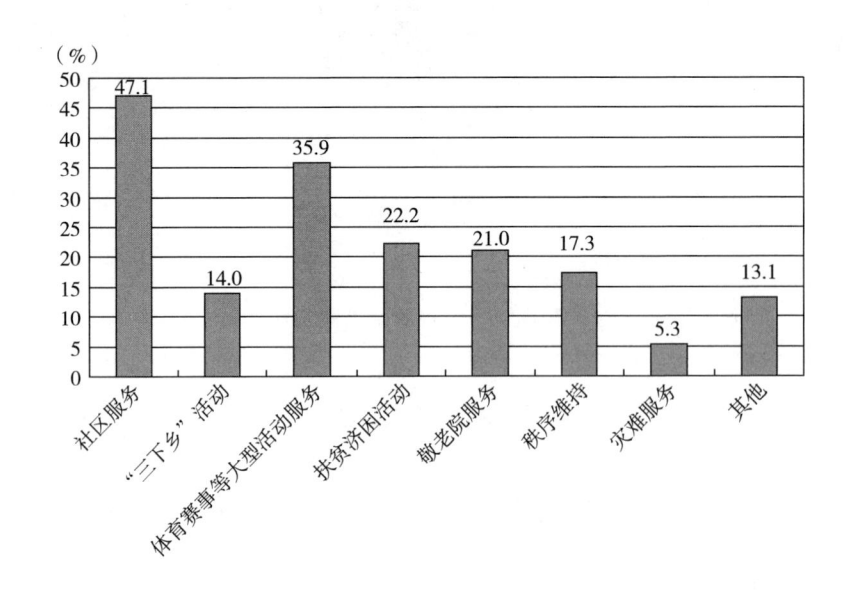

图2　题（2）的结果图示

（3）您主要是通过什么渠道获得志愿服务信息的？（可多选）（　　）

　　A. 校团委及社团　　　　　　B. 亲戚、朋友或同学
　　C. 广播、报纸等媒体　　　　D. 社会招募通知
　　E. 其他_____

题（3）的结果见表4和图3，从表中可以发现，大部分学生是通

过校团委及社团获得志愿服务信息（占67.1%），依次分别是亲戚、朋友或同学（占25.3%），社会招募通知（占15.9%），广播、报纸等媒体（占14.2%）和其他（占4.1%）。

表4　　　　　　　　　题（3）的结果

选项	频次	百分比（%）
校团委及社团	1062	67.1
亲戚、朋友或同学	399	25.3
广播、报纸等媒体	225	14.2
社会招募通知	252	15.9
其他	60	4.1

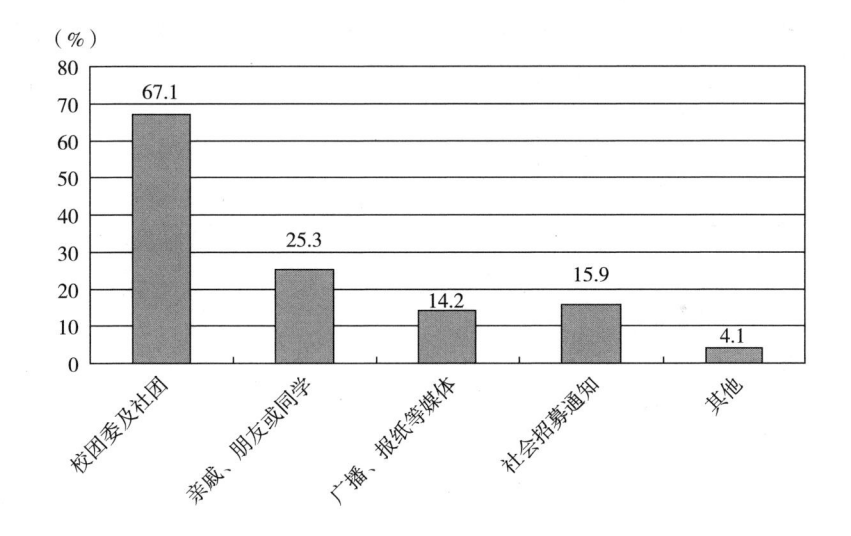

图3　题（3）的结果图示

（4）您觉得目前志愿服务活动存在的主要问题是（可多选）（　　）。

A. 宣传力度不够　　　　　　　B. 政府重视不够

C. 活动经费缺乏　　　　　　　D. 志愿者权益得不到保障

E. 愿意参加者太少　　　　　　F. 志愿服务组织管理混乱

G. 活动过于单一　　　　　　　H. 其他_____

题（4）的结果见表5和图4，从表中可以发现，大学生普遍认为大学生志愿服务目前存在的问题主要是活动经费缺乏（占39.3%），经费的缺乏导致活动无法正常开展，需要志愿服务单位寻找保障的经济支持，以保证志愿服务活动的正常开展。其次是宣传力度不够（占36.9%），主流媒体对大学生志愿服务的情况以及招募宣传力度不够。志愿者权益得不到保障（占28.5%），需要出台一系列政策来保护志愿者的权益，激发志愿者的服务热情。政府重视不够（占26.3%），政府相关职能部门需要对志愿服务投入更多的资源。愿意参加者太少（占24.6%），需要学校、社会、政府各方面来鼓舞大学生积极参与到志愿服务，志愿服务单位也需要积极吸纳志愿者参与到服务中。活动过于单一（占23.8%），大学生志愿者和服务单位需要共同协力，学习其他优秀社工服务的组织活动，精心设计并开展各式各样的志愿服务，避免活动单一化。志愿者组织管理混乱（占17.8%），志愿者服务单位需要设立一系列管理条例，保障志愿服务的正常进行。其他（占1.3%）。

表5　　　　　　　　　　　题（4）的结果

选项	频次	百分比（%）
宣传力度不够	570	36.9
政府重视不够	403	26.3
活动经费缺乏	612	39.3
志愿者权益得不到保障	438	28.5
愿意参加者太少	375	24.6
志愿者组织管理混乱	318	17.8
活动过于单一	225	23.8
其他	18	1.3

（5）在志愿服务过程中，您觉得自身存在哪些不足？（可多选）（　　）

　　A. 事前没做任何准备　　　　B. 缺乏吃苦精神
　　C. 毅力不够　　　　　　　　D. 实际操作能力差
　　E. 其他

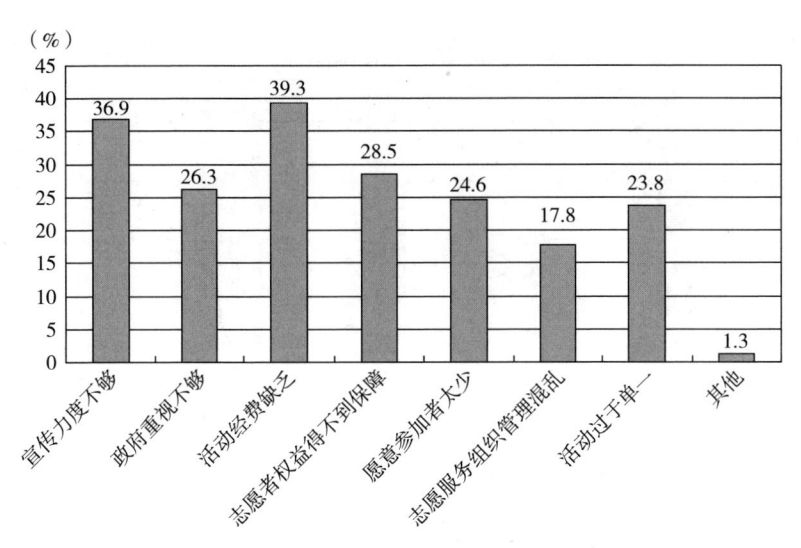

图 4　题（4）的结果图示

题（5）的结果见表 6 和图 5，从表中可以发现，在志愿服务中，大部分学生会认为自己的实际操作能力差（44.0%），这说明大学生能清楚地评价自我，并发现自己的不足。志愿服务也是将知识转化为实际操作的一项活动，学生可以通过志愿服务发现自己的不足，强化自己的知识，真正实现互惠互利。有 41.2% 的学生认为，自己在志愿服务之前没有做好准备。有 25.2% 的学生认为自己的毅力不够。有 20.9% 的学生认为自己缺乏吃苦精神。其他占 6.5%。

（6）在志愿服务过程中，当遇到困难和挫折时您会如何做？（可多选）（　　）

　　A. 努力克服困难，锻炼自己　　B. 接受教训，继续工作
　　C. 受到打击，退出活动　　　　D. 请指导老师帮助

表 6　　　　　　　　　题（5）的结果

选项	频次	百分比（%）
事前没做任何准备	650	41.2
缺乏吃苦精神	329	20.9
毅力不够	398	25.2
实际操作能力差	695	44.0
其他	98	6.5

(%)

图表显示:
- 事前没做任何准备: 41.2
- 缺乏吃苦精神: 20.9
- 毅力不够: 25.2
- 实际操作能力差: 44.0
- 其他: 6.5

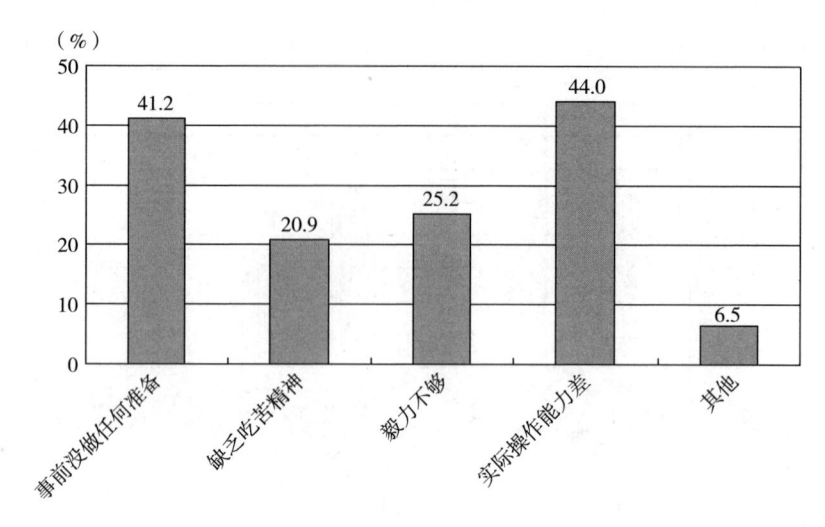

图 5 题（5）的结果图示

题（6）的结果见表 7 和图（6），从表中可以发现，大学生在参加志愿服务过程中，如果遇到困难和挫折，一般会克服困难，锻炼自己（占 59.2%），表现出大学生的意志力坚定，有艰苦耐劳，勇于奋进的精神。不会为了小小的挫折轻易放弃自己的信念，表现出良好的素养。并且，大部分学生也会接受教训，继续工作（占 37.9%），这说明大学生的志愿服务热情十足，能够在工作失败中总结经验和方法，继续参与志愿服务，也表明大学生有较好的心理素质。有的学生遇到困难请老师指导（占 11.6%），这说明大学生服务者能良好地认识自我，并能寻求一定的社会支持，帮助其工作得以进行。不过，仍有小部分学生遇到困难和挫折后会深受打击，退出活动（占 6.9%），这部分学生较少，但也说明部分学生承受能力较差，意志不坚定，需要进一步引导与帮助。

表 7   题（6）的结果

选项	频次	百分比（%）
克服困难，锻炼自己	937	59.2
接受教训，继续工作	615	37.9
深受打击，退出活动	109	6.9
请老师指导	184	11.6

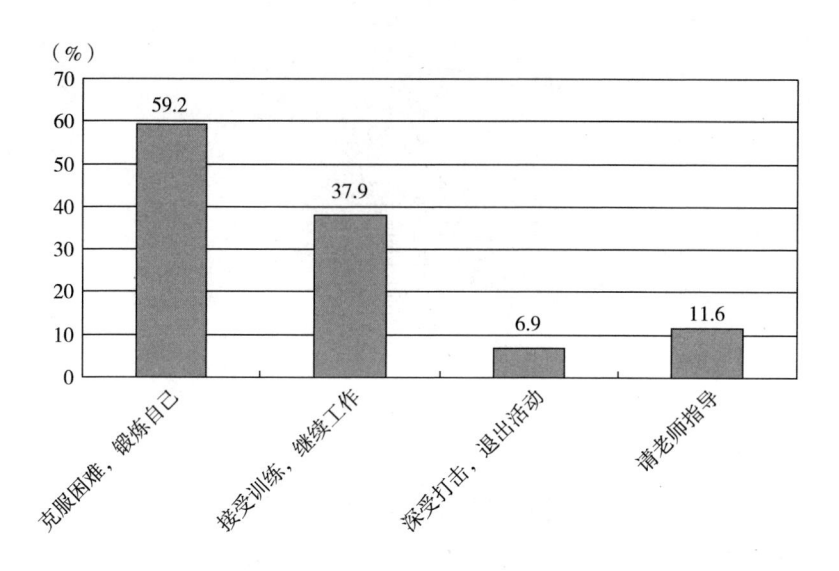

```
(%)
70
60  59.2
50
40        37.9
30
20
10              6.9    11.6
 0
   克服困难,  接受训练,  深受打击,  请老师指导
   锻炼自己  继续工作  退出活动
```

图 6　题（6）的结果图示

（7）您参加过的志愿服务活动与您的专业有联系吗？（　　）
A. 联系密切　　　　　　　　B. 联系较大
C. 联系不大　　　　　　　　D. 没联系

题（7）结果见表 8 和图 7，从表中可以发现，参加志愿服务活动与专业联系不大（占 58.4%），与专业基本上没联系（占 17.8%），这说明大学生参与的志愿服务活动与专业并无多大关系，无论是不是文科学生，还是理科、工科学生，或者是艺术学生，他们都会积极参与志愿服务。认为专业与志愿服务活动联系较大的占 17.2%，联系密切的占 7.2%。

表 8　　　　　　　　　题（7）的结果

选项	频次	百分比（%）
联系密切	113	7.2
联系较大	271	17.2
联系不大	926	58.4
没联系	281	17.8

248 | 文化多样化背景下大学生志愿服务育人功能研究

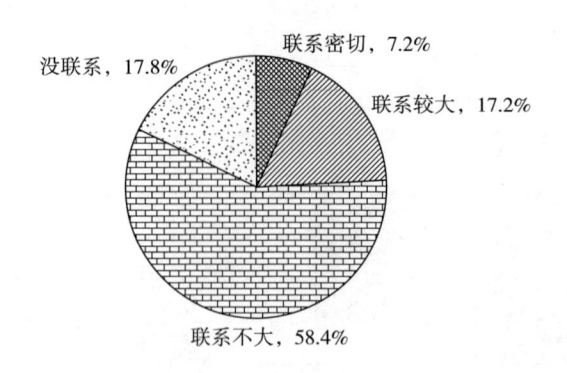

没联系，17.8%
联系密切，7.2%
联系较大，17.2%
联系不大，58.4%

图7 题（7）的结果图示

（8）您参加志愿服务活动的最主要目的是什么？（可多选）（   ）
A. 积累社会经验，为就业做准备　　B. 为了帮助别人
C. 为了认识朋友　　　　　　　　　D. 为完成学校布置的加分任务
E. 其他

题（8）的结果见表9和图8，从表中可以发现，大学生参与志愿服务活动的最主要目的是帮助别人（占63.7%），这说明大学生有很强的利他行为，有高尚的情操和无私奉献的精神。其次是积累社会经验，为就业做准备（占61.1%），虽有点功利色彩，但也可以看出大学生能良好地设计自己的学习任务，规划好自己的人生。为了认识朋友（占26.7%），这说明大学生为了扩大自己人际交往圈，能积极参与到各项活动中。为了完成学校布置的加分任务（占21.0%）和其他（占3.4%）。

表9　　　　　　　　　　题（8）的结果

选项	频率	百分比（%）
积累社会经验，为就业做准备	968	61.1
为了帮助别人	1007	63.7
为了认识朋友	422	26.7
为完成学校布置的加分任务	334	21.0
其他	59	3.4

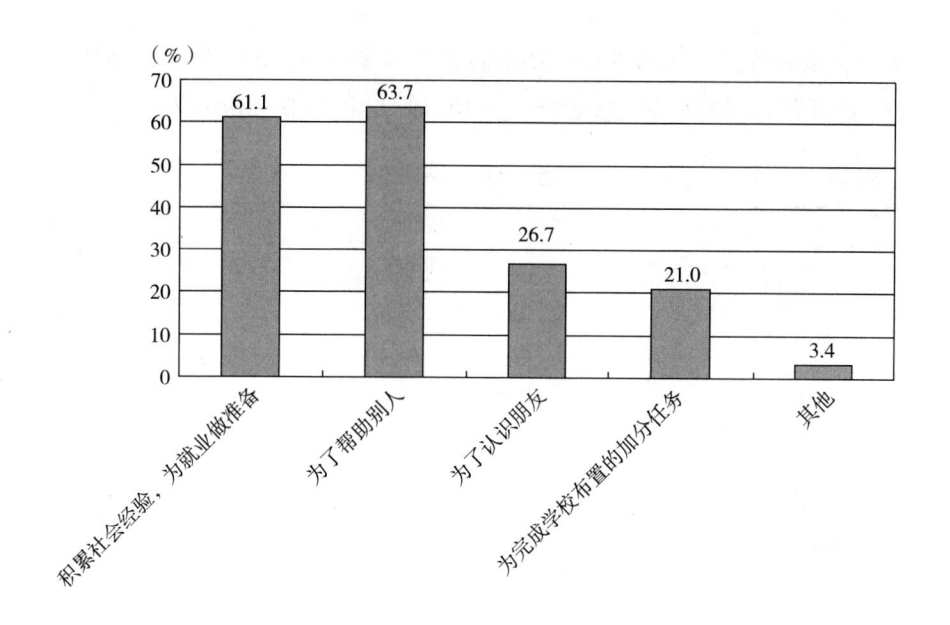

图 8 题（8）的结果图示

（9）通过志愿服务，您觉得自己有什么收获？（可多选）（　　）
A. 加深了对社会的了解　　　　B. 提高了综合能力
C. 增强了社会责任感　　　　　D. 提高了思想觉悟
E. 认识了很多朋友　　　　　　F. 增加了知识储备
G. 体会到了助人的快乐　　　　H. 其他_____

题（9）的结果见表 10 和图 9，从表中可以发现，大学生通过志愿服务，认为自己的收获最大的是加深了对社会的了解（占66.9%），通过志愿服务，大学生能更真实地与人打交道，在工作过程中加深对社会的了解。认为通过志愿服务增强了社会责任感的占61.8%，这说明志愿者在服务过程中，能感同身受，同情弱者，感受到作为未来主人翁肩上所承担的责任，增强了自身的社会责任感。提高了综合能力（占56.8%），在志愿服务过程中，不仅需要发挥自身专业知识能力，还需要运用其他专业知识能力，这有助于优化志愿者的知识结构，提高其综合能力。体会到了助人的快乐（占46.0%），这说明大学生通过志愿服务能体验到助人为乐的快乐，有助于培养积极情绪。其他的收获依次为增加了知识储备（占21.6%）、认识了很多朋友（占15.1%）、提高了思想觉悟（占13.1%）和其他（占1.7%）。

表10 题（9）的结果

选项	频次	百分比（%）
加深了对社会的了解	1055	66.9
提高了综合能力	890	56.8
增强了社会责任感	972	61.8
提高了思想觉悟	203	13.1
认识了很多朋友	249	15.1
增加了知识储备	352	21.6
体会到了助人的快乐	772	46.0
其他	23	1.7

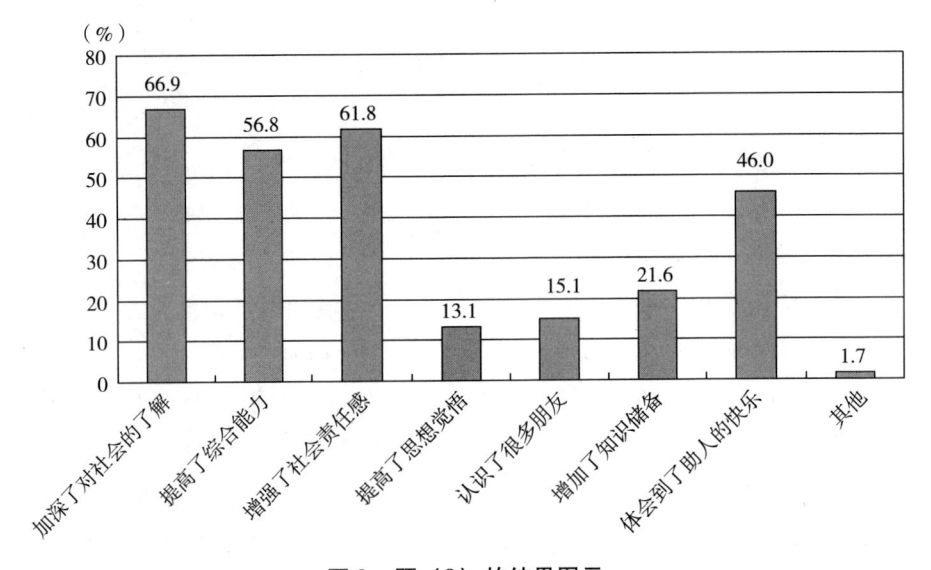

图9 题（9）的结果图示

（10）您认为大学生志愿服务有哪些教育功能？（可多选）（　　）

A. 提高思想觉悟　　　　　　B. 增强爱国主义意识

C. 提高理论修养　　　　　　D. 促进自我认识

E. 提高人际交往能力　　　　F. 提高劳动技能

G. 其他

题（10）的结果见表 11 和图 10，从表中可以发现，大学生认为志愿服务具有提高人际交往能力（占 63.7%），其他依次为提高思想觉悟功能（62.0%）、促进自我认识（占 57.7%）、提高劳动技能（占 43.6%）、提高理论修养（占 40.9%）、增强爱国主义意识（占 38.0%）和其他（占 3.0%）。

表 11　　　　　　　　　题（10）的结果

选项	频次	百分比（%）
提高思想觉悟	974	62.0
增强爱国主义意识	593	38.0
提高理论修养	642	40.9
促进自我认识	909	57.7
提高人际交往能力	1003	63.7
提高劳动技能	685	43.6
其他	44	3.0

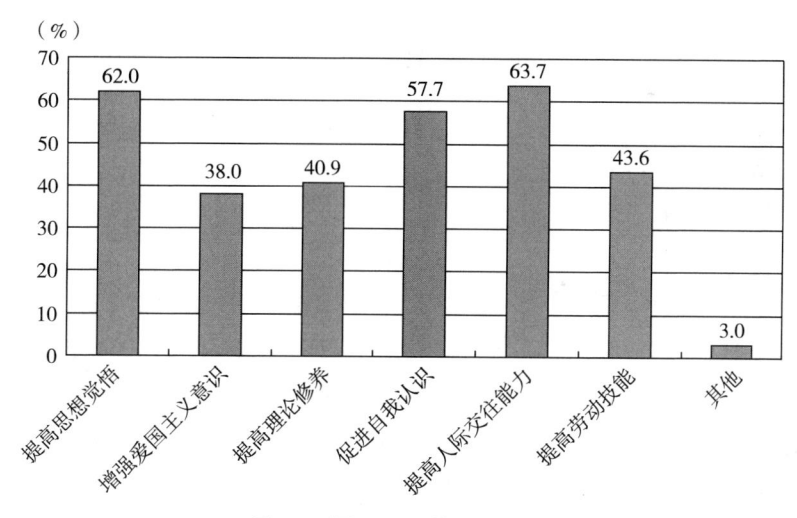

图 10　题（10）的结果图示

(11) 您觉得学校对志愿服务活动的重视程度如何？（　　　）

A. 非常重视　　　　　　　　　　B. 比较重视

C. 偶尔重视　　　　　　　　　　D. 不重视

题（11）的结果见表 12 和图 11，从表中可以发现，学校对志愿服务的重视程度较高比较重视占 49.6%，这表明学校管理层已经比较重视大学生志愿服务，能积极鼓励大学生参与志愿服务，并给予相应的支持。

表 12　　　　　　　　　题（11）结果

选项	频次	百分比（%）
非常重视	135	8.3
比较重视	786	49.6
偶尔重视	460	29.1
不重视	204	13.0

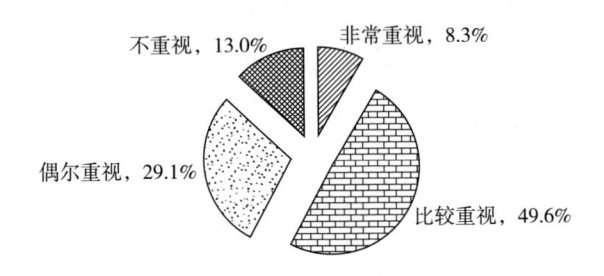

图 11　题（11）的结果图示

（12）学校对您参加志愿服务有没有明确的目标要求？（　　）
　　A. 有，非常明确　　　　　　B. 有，但不明确
　　C. 没有　　　　　　　　　　D. 不清楚

题（12）的结果见表 13 和图 12，从表中可以发现，学校对学生参与志愿服务有明确目标要求，但是不明确（占 39.6%），这说明学校已经非常重视大学生参与志愿服务，并且有一定的目标要求，但是，具体目标是什么？怎么进行规范？怎么进行考核？这些还尚未明确。因此，作为学校层面的管理者应该制定出一系列的规章政策，对大学生参与志愿服务行为进行深入探索。从研究结果中还发现，学校对大学生参与志愿服务没有明确目标要求的占 33.5%，这说明有些学校还未将大学生志愿服务纳入目标考核体系。

表 13　　　　　　　　　题（12）的结果

选项	频率	百分比（%）
有，非常明确	272	17.2
有，但不明确	628	39.6
没有	532	33.5
不清楚	154	9.7

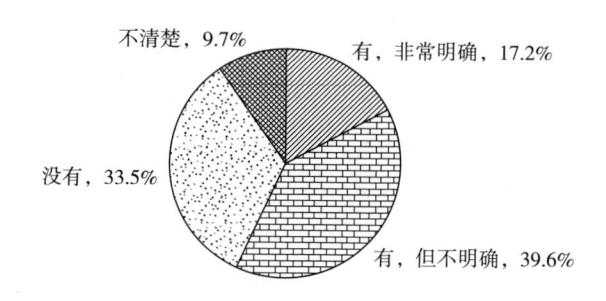

图 12　题（12）的结果图示

（13）您认为学校在志愿服务单位选择上遵循的原则是（　　）。
A. 选择与专业相关的服务单位　　B. 选择爱国主义教育基地
C. 就近选择　　　　　　　　　　D. 随便选择

题（13）的结果见表 14 和图 13，从表中可以发现，大部分学生认为学校在志愿服务单位的选择上应该选择与专业相关的服务单位（占 34.1%），这说明大学生能够理智地判断自己，将其所长得到充分所用。例如，心理学专业的学生更倾向于做青少年心理咨询方面工作，能将自己的专业知识得以充分发挥。医学专业学生可以加入到医疗队的工作中，在实践中既发挥又充实了自己的知识能力。学校管理层可以根据学生的专业特长，选择适合的志愿服务单位，帮助学生学有所用，志愿服务单位也能得到专业型人才的支持，互惠互利。也有部分学生就近选择志愿服务（占 30.5%），大学生学习时间宝贵，专业课程较多，利用业余时间参加志愿服务，更多希望就近，能更加便利地往返志愿服务单位，节省来回奔波的时间。学校在志愿服务单位的选择上也应该考虑路途长短，有利于提高学生积极参与志愿服务积极性。选择爱国主义教育基地（占 22.2%），说明大学生有强烈的爱国主义精神,希望在爱国主义教育基地开展志愿服务,将爱国精神、民族精神传递给受助者。

表 14　　　　　　　　　题(13)的结果

选项	频次	百分比(%)
选择与专业相关的服务单位	540	34.1
选择爱国主义教育基地	352	22.2
就近选择	484	30.5
随便选择	256	16.2

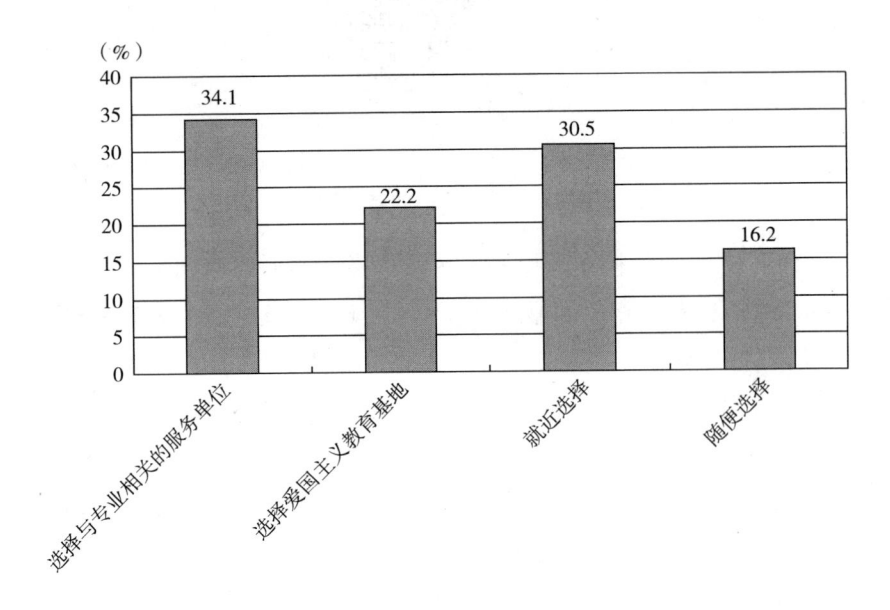

图 13　题(13)的结果图示

(14)在进行志愿服务之前,学校或服务单位是否对您进行了培训?(　　)

A. 学校和服务单位都培训了　　B. 只有服务单位培训了
C. 只有学校培训了　　D. 两者都没有进行培训

题(14)的结果见表 15 和图 14,从表中发现,大学生在进行志愿服务之前,两者都没有进行培训(占 42.0%),这充分说明了,学校以及志愿服务单位的管理以及培训并不完善,学生有很高的积极性，但是，没有相应的指导来保证工作顺利完成。这需要学校以及志愿服务单位进一步加强管理。

表15　　　　　　　　　题（14）结果

选项	频次	百分比（%）
学校和服务单位都培训了	296	18.7
只有服务单位培训	303	19.2
只有学校培训了	317	20.1
两者都没有进行培训	664	42.0

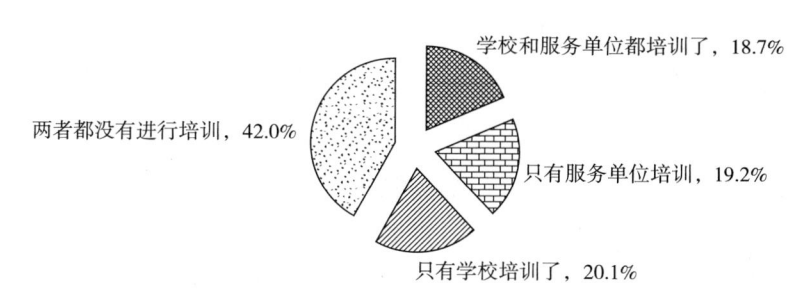

图14　题（14）的结果图示

15. 在志愿服务过程中，老师有没有根据服务内容对您进行思想教育和引导？（　　）

　　A. 老师在服务过程中随时进行各方面指导

　　B. 老师仅指导业务不进行思想教育

　　C. 老师跟随但并未指导

　　D. 没有老师指导

　　E. 其他

题（15）的结果见表16和图15，从表中发现，在志愿服务过程中，大部分都没有老师指导（占40.1%），这说明大学生志愿服务过程中，老师的参与程度较低。大学生还处于象牙塔内，生活阅历浅，在志愿服务中也容易碰见一些意想不到的问题，如果没有老师跟随指导，容易被引上歧路。因此，在志愿服务过程中，需要鼓励老师参与指导，做一个积极的监督者，帮助学生顺利完成志愿服务。从表中还可以发现，选择老师在活动过程中随时进行各方面的指导的占28.7%，表明一部分学校的老师积极参与了大学生志愿服务，并对学生进行了各方面的指导，无论是在工作中还是生活上，对学生助人行为的塑造进行了良好的引导。学校管理部门以及志愿服务单位应该协助老师做好指导工作，为其指导工作的开展提供良好环境。

表 16　　　　　　题（15）的结果

选项	频次	百分比（%）
老师在活动过程中随时进行各方面的指导	458	28.7
老师仅指导业务不进行思想政治教育	268	16.8
老师跟随但未进行指导	189	11.8
没有老师指导	640	40.1
其他	42	2.6

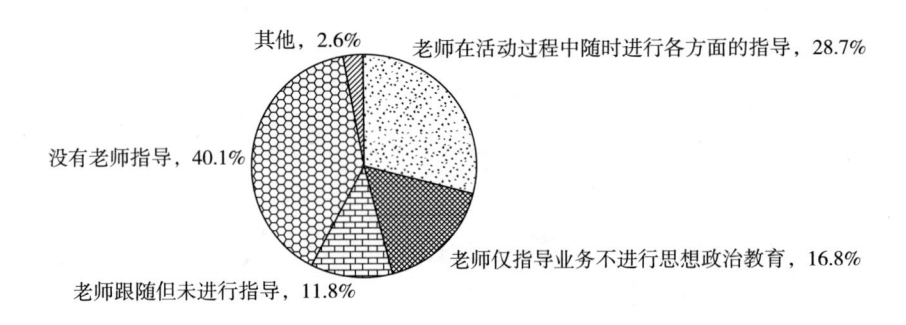

图 15　题（15）的结果图示

（16）在志愿服务过程中，指导老师有没有随程指导或定期召开总结会议？（　　）

　　A. 有指导，定期召开会议　　　　B. 有指导，不定期召开会议
　　C. 有指导，没有召开会议　　　　D. 没有指导，召开会议

题（16）的结果见表 17 和图 16，从表中可以发现，在志愿服务过程中，指导老师有定期随程指导或定期召开会议的占 32.1%，说明

老师能清晰认识到他们的职责所在,能在志愿服务过程中指导学生顺利完成志愿服务。但是,也有大部分的指导老师没有指导,召开会议(占 29.1%),这需要指导老师重视其指导工作。

表 17　　题(16)的结果

选项	频次	百分比(%)
有指导,定期召开会议	340	20.3
有指导,不定期召开会议	539	32.1
有指导,没召开会议	310	18.5
没有指导,召开会议	488	29.1

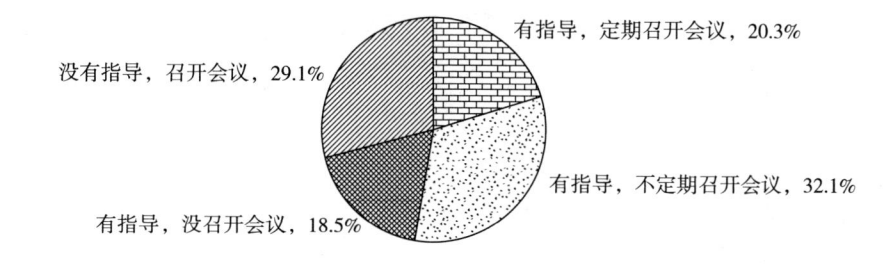

图 16　题(16)的结果图示

(17) 在志愿服务过程中,服务单位的配合如何?服务环境如何?(　　)

A. 非常配合,服务环境好

B. 配合一般,服务环境一般

C. 不太配合,服务环境较差

D. 不配合,没法提供必要的服务条件

题(17)的结果见表 18 和图 17,可以发现,在志愿服务过程中,服务单位配合一般,服务环境一般(占 57.9%),这说明服务单位与志愿者之间的互相配合还未完全贴切,志愿者充分发挥其作用,不仅在于自身,也需要服务单位的引导和创造有利条件,服务单位应该认识到这一点。创造有利的服务条件，这需要社会的关注，也需要政府部门的投入。

表 18　题（17）的结果

选项	频次	百分比（%）
非常配合，服务环境好	487	30.9
配合一般，服务环境一般	914	57.9
不太配合，服务环境较差	104	6.6
不配合，没法提供必要的服务条件	73	4.6

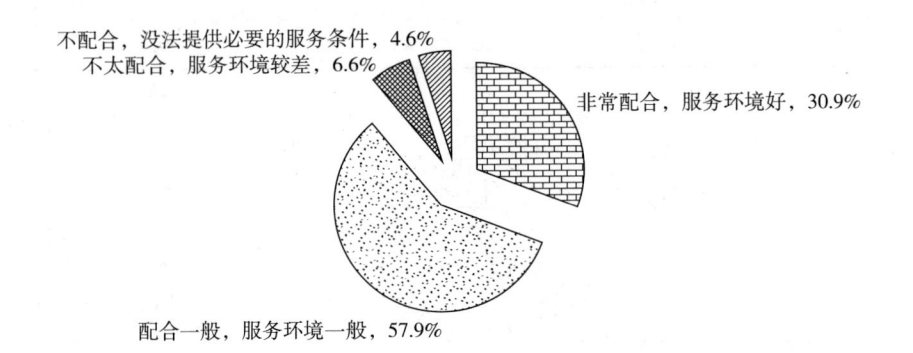

图 17　题（17）的结果图示

（18）您在参加志愿服务时，有没有签订保障您人身安全和其他权益的合同？（　　）

A. 学校有相关规定，没有签订

B. 学校没有相关规定，但与服务单位签了

C. 学校代签

D. 没有签订

题（18）的结果见表 19 和图 18，从表中可以发现，大学生在参加志愿服务时，有 53.2%的学生没有签订保障人身安全和其他利益的合同，这说明大学生的法律意识不强，同时也表现出服务单位的法律意识与法律保护手段不全面。另外，学校没有相关规定，但与服务单位签了（占 18.3%），学校有相关规定，但没有签订（占 15.9%），学校代签（占 12.6%）。从这些数据中发现，学校和服务单位需加强

志愿者人身安全和权益的保护策略,在志愿服务开展之前要对志愿者讲述其将会面对的突发事件,增强其安全意识,签订合同,保障志愿者人身安全与权益。

表19　题(18)的结果

选项	频次	百分比(%)
学校有相关规定,但没有签订	251	15.9
学校没有相关规定,但与服务单位签了	290	18.3
学校代签	200	12.6
没有签订	842	53.2

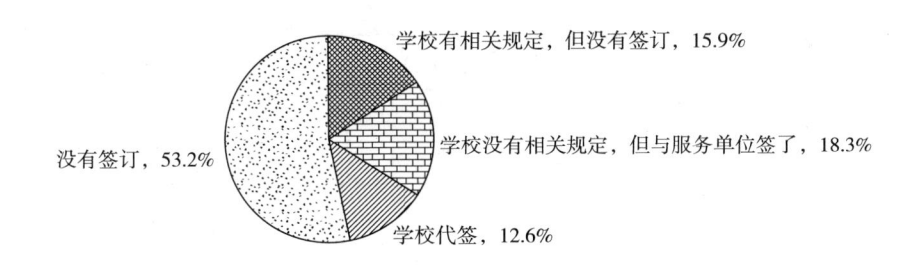

图18　题(18)的结果图示

(19)志愿服务结束后,学校有没有开展相关的宣传教育活动?活动方式有哪些?(　　)

A. 有,开会表彰优秀志愿者　B. 有,组织学生写心得体会上交

C. 有,组织召开经验交流会　D. 没有开展任何宣传教育活动

E. 其他

题(19)的结果见表20和图19,从表中可以发现,志愿服务结束后,学校会开展相关的宣传教育活动,大部分是组织学生写心得体会(占35.0%),也有一大部分学校没开展任何宣传教育活动(占24.2%),开会表彰志愿者的占20.6%,组织召开经验交流会的占17.6%,其他的是2.6%。这说明大部分学校还是比较重视志愿服务活动,并对其活动做总结和宣传。

表20　题（19）的结果

选项	频次	百分比（%）
有，开会表彰优秀志愿者	350	20.6
有，组织学生写心得体会上交	595	35.0
有，组织召开经验交流会	300	17.6
没有开展任何宣传教育活动	412	24.2
其他	45	2.6

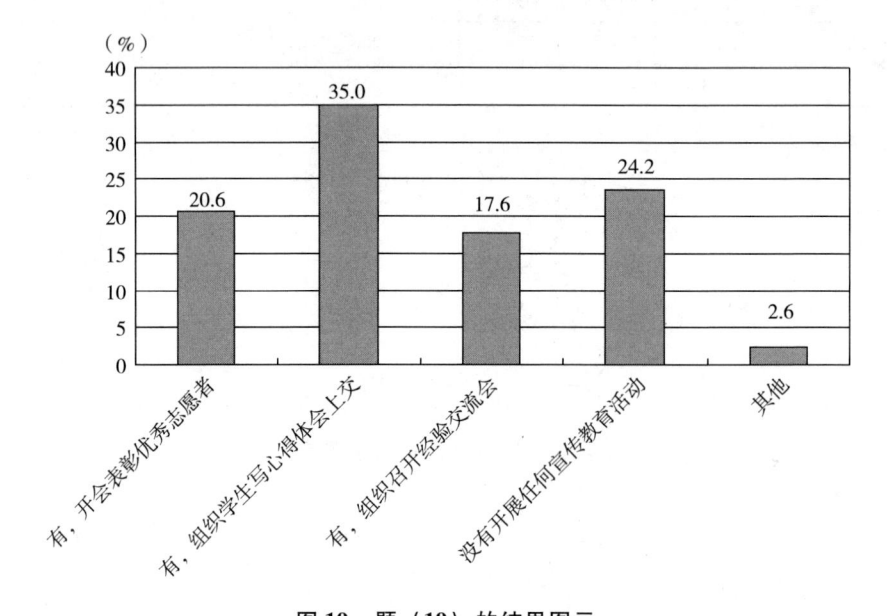

图19　题（19）的结果图示

（20）学校、服务单位对你们的志愿服务是如何进行评估的？（　　）

A. 学校和服务单位协同评估，综合检验结果

B. 学校、服务单位各自评估的

C. 只有学校检查总结报告

D. 流于形式

E. 其他

题（20）的结果见表21和图20，从表中可以发现，学校和服

务单位协同评估，综合检验结果的占28.5%，流于形式的占27.9%，学校和服务单位各自评估的占21.4%，只有学校检查总结报告的占18.1%，其他占4.1%。这说明大部分的志愿服务评估是由学校和服务单位共同评估并检验其结果的，能公平合理地对学生的志愿服务进行有效评估。但是，也有部分评估是流于形式的，这需要引起学校和服务单位的注意，要采用正确、公平的方法评估志愿者的服务行为。

表21　　　　　　　　　题（20）的结果

选项	频次	百分比（%）
学校和服务单位协同评估，综合检验结果	459	28.5
学校和服务单位各自评估	345	21.4
只有学校检查总结报告	292	18.1
流于形式	449	27.9
其他	67	4.1

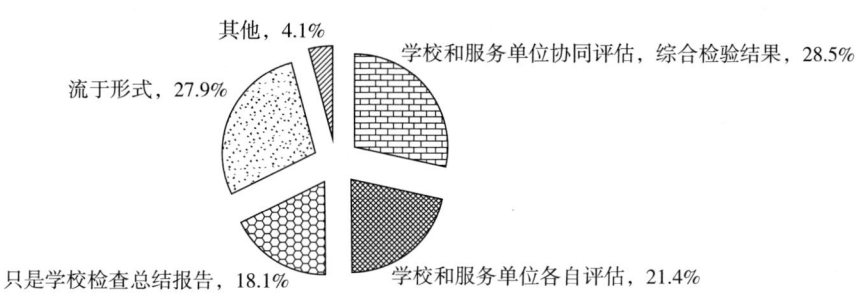

图20　题（20）的结果图示

（21）学校有没有对志愿服务的参加者进行奖励？如何奖励的？（可多选）（　　　）

A. 有，加学分　　　　　　　　B. 有，发奖金

C. 有，发荣誉证书　　　　　　D. 没有

题（21）的结果见表22和图21，可以发现，大部分学校会对志愿服务参加者进行奖励，一般是发荣誉证书（占51.0%）。这说明学校比较重视大学生志愿服务，并会通过精神奖励的方式来鼓舞参与者。通过

加学分的占 36.5%，发奖金的占 14.8%，没有任何奖励的占 24.2%。

表 22　　　　　　　　　题（21）的结果

选项	频次	百分比（%）
有，加学分	587	36.5
有，发奖金	233	14.8
有，发荣誉证书	808	51.0
没有	382	24.2

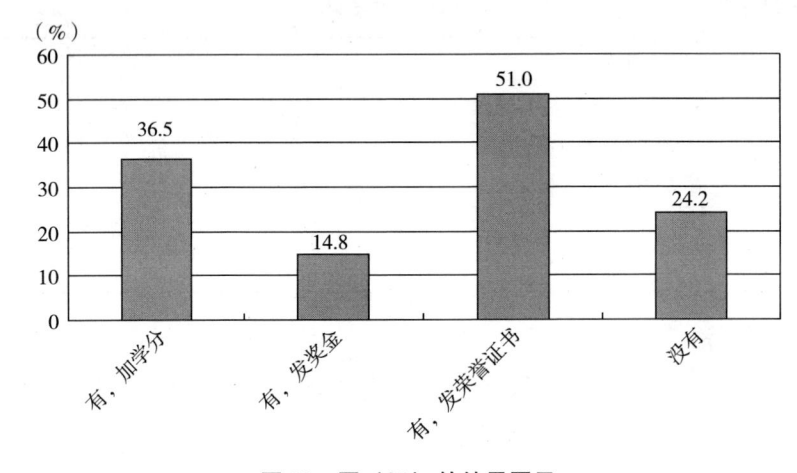

图 21　题（21）的结果图示

（22）您认为学校和服务单位合作中存在的主要问题是什么？（可多选）（　　）

　　A. 可操作的有关法制缺乏

　　B. 地方政府协调不够

　　C. 学校与服务单位之间缺乏良好的合作机制

　　D. 服务单位花费的时间、精力不够，其效果难以保证

　　E. 其他

题（22）的结果见表 23 和图 22，从表中可以发现，大学生认为高校与服务单位合作中最主要的问题是学校与合作单位之间缺乏良好的合作机制（占 59.9%），这说明学校和服务单位之间需要互相沟通，制定良好的合作方案，以及出台一系列政策，促进他们的合作。认为服务单

位花费的时间、精力不够,其效果难以保证的占 44.7%。这说明服务单位需投入更多的时间与精力于合作问题。可操作的有关法制缺乏(占 35.3%),这需要高校和服务单位共同协商,制定出相关的保障政策,为志愿服务的进行提供有效保障。地方政府协调不够(占 33.8%),说明地方政府需要重视大学生志愿服务,为其顺利开展保驾护航。其他占 3.3%。

表 23　　　　　　　　　　题(22)的结果

选项	频次	百分比(%)
可操作的有关法制缺乏	556	35.3
地方政府协调不够	536	33.8
高校与服务单位之间缺乏良好的合作机制	948	59.9
服务单位花费的时间、精力不够,其效果难以保证	707	44.7
其他	63	3.3

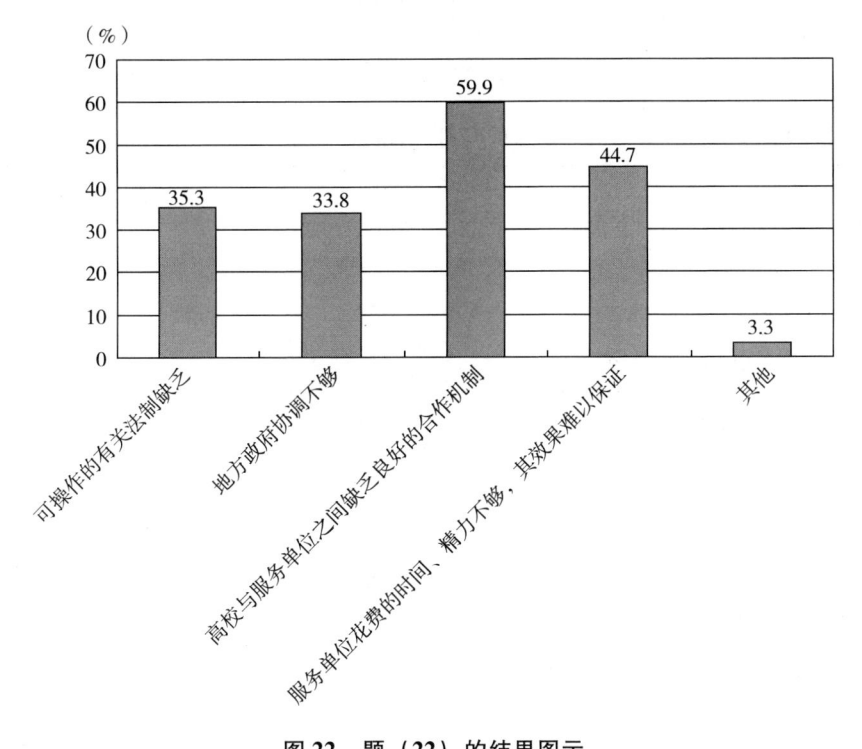

图 22　题(22)的结果图示

(23) 您认为目前大学生志愿服务存在什么问题？（可多选)(　　)

  A. 学校不够重视　　　　B. 内容和形式不够丰富
  C. 保障制度不健全　　　D. 组织管理不好
  E. 评估体系不完善　　　F. 服务内容与专业结合不密切
  G. 其他

  题（23）的结果见表24和图23，从表中可以发现，大学生认为志愿服务存在的最主要问题是内容和形式不够丰富（占60.5%），这需要借鉴其他成功的志愿服务活动案例，吸纳更多才艺双全的志愿者，开展内容丰富、形式多样的志愿活动。保障制度不健全（占53.6%）、组织管理不好（占39.1%）、服务内容与专业结合不密切（占38.1%）、学校不够重视（占36.8%）、评估体系不完善（占35.1%）、其他（占1.4%）。其中，应该重视建立良好的评估体系，公平地评价志愿者的服务行为与结果，能有效地提高志愿者参与服务的积极性。

表24　　　　　　　　　　题（23）的结果

选项	频次	百分比（%）
学校不够重视	583	36.8
内容和形式不够丰富	960	60.5
保障制度不健全	849	53.6
组织管理不好	618	39.1
评估体系不完善	572	35.1
服务内容与专业结合不密切	606	38.1
其他	21	1.4

(%)

图中数据：学校不够重视 36.8；内容、形式不够丰富 60.5；保障制度不健全 53.6；组织管理不好 39.1；评估体系不完善 35.1；服务内容与专业结合不密切 38.1；其他 1.4

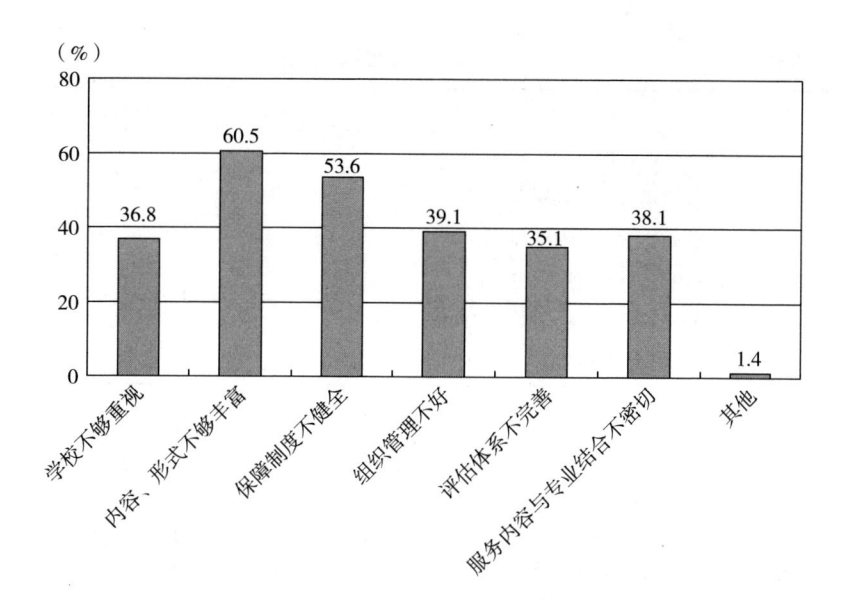

图 23　题（23）的结果图示

（24）您认为应该如何改善大学生志愿服务育人的状况？（可多选）（　　）

　　A. 加大宣传，提高重视程度
　　B. 内容要丰富，形式要多样
　　C. 要扩大学生的参与面
　　D. 加强服务过程中的教育指导
　　E. 要建立完善的管理体系（包括保障、评估等制度）
　　F. 其他建议

题（24）的结果见表 25 和图 24，从表中可以发现，大学生认为改善志愿服务育人情况的途径有：内容要丰富，形式要多样（占66.2%）；要扩大学生的参与面（占 59.5%）；加大宣传，提高重视程度（占 58.5%）；要建立完善的管理体系（包括保障、评估等制度）（占 57.7%）；加强服务过程中的教育指导（占 45.1%）；其他建议（占 3.5%）。要改善大学生志愿服务育人的现状最主要的是改善志愿活动的内容和形式，这需要志愿者和服务单位的共同努力。

266 | 文化多样化背景下大学生志愿服务育人功能研究

表 25　　　　　　　　　　题（24）的结果

选项	频次	百分比（%）
加大宣传，提高重视程度	921	58.5
内容要丰富，形式要多样	1045	66.2
要扩大学生的参与面	946	59.5
加强服务过程中的教育指导	761	45.1
要建立完善的管理体系（包括保障、评估等制度）	912	57.7
其他建议	52	3.5

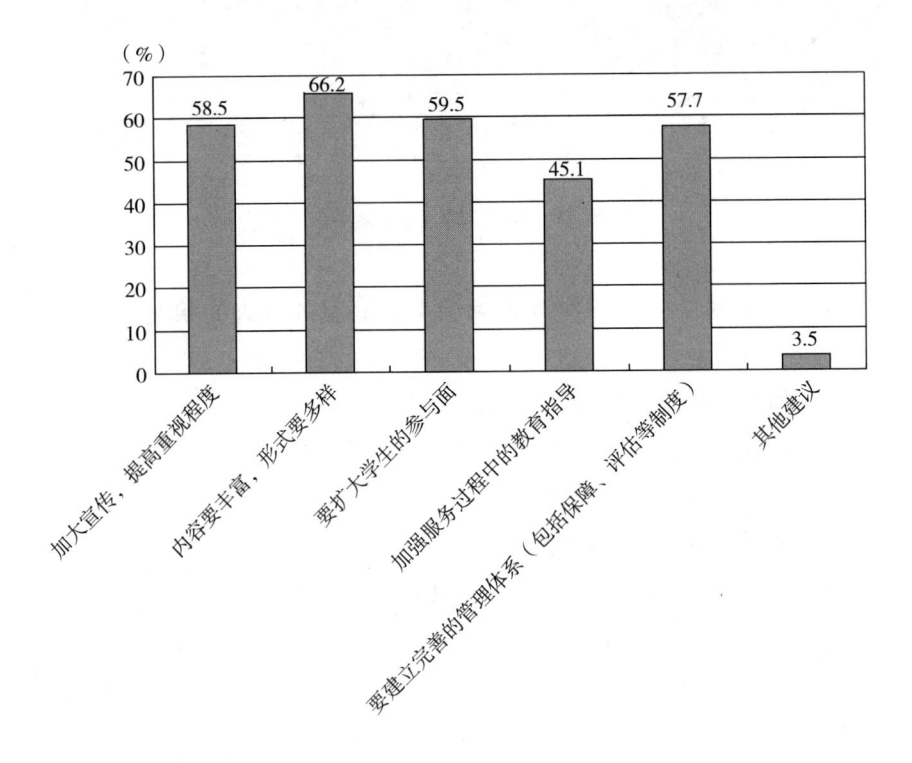

图 24　题（24）的结果图示

参考文献

一 中文文献

[1]《马克思恩格斯选集》，人民出版社 1995 年版。

[2]《毛泽东选集》，人民出版社 1991 年版。

[3]《邓小平文选》，人民出版社 1994 年版。

[4]《江泽民文选》，人民出版社 2006 年版。

[5]《中共中央关于全面深化改革若干重大问题的决定》（辅导读本）编写组编：《中共中央关于全面深化改革若干重大问题的决定》（辅导读本），人民出版社 2013 年版。

[6] 中共中央文献研究室编：《十六大以来重要文献选编》（上），中央文献出版社 2005 年版。

[7] 中共中央文献研究室编：《十六大以来重要文献选编》（中），中央文献出版社 2006 年版。

[8] 中共中央文献研究室编：《十六大以来重要文献选编》（下），中央文献出版社 2008 年版。

[9] 中共中央文献研究室编：《十七大以来重要文献选编》（上），中央文献出版社 2009 年版。

[10] 中共中央文献研究室编：《十七大以来重要文献选编》（中），中央文献出版社 2011 年版。

[11] 中共中央文献研究室编：《十七大以来重要文献选编》（下），中央文献出版社 2013 年版。

[12] 中共中央文献研究室编：《十二大以来重要文献选编》，人民出版社 1986 年版。

[13] 中共中央宣传部理论局：《理论热点面对面》，人民出版社 2007

年版。

[14] 中共中央文献研究室编:《中共中央关于构建社会主义和谐社会若干重大问题的决定》,http://cpc.people.com.cn/GB/64093/64094/4932424.html,2006-10-18。

[15]《中共中央关于深化文化体制改革推动社会主义文化大发展大繁荣若干重大问题的决定》,http://theory.people.com.cn/GB/16018030.html,2011-10-26。

[16] 胡锦涛:《胡锦涛在北京奥运会残奥会总结表彰大会上的讲话》,http://www.gov.cn/ldhd/2008-09/29/content_1109754.htm,2008-09-29。

[17] 共青团中央:《2011年全团青年志愿者工作要点》,http://www.zgzyz.org.cn/content.php?id=72477&cid=21061。

[18] 共青团中央:《陆昊同志在2010年全团青年志愿者工作会议上的讲话》,http://www.Zgzyz.org.cn/volunteer/content.jspid=70315&cid=20128。

[19] 李彦龙:《2009年全团青年志愿者工作会议在京召开》,http://www.ccyl.org.cn/zhuanti/2009zyfw/zxxx/200904/t20090407_213887.htm。

[20] 胡锦涛:《胡锦涛在中国共产党第十七次全国代表大会上的报告》,http://news.xinhuanet.com/newscenter/2007-10/24/content_6938568.htm,2007-10-24。

[21] 刘云山:《建设和谐文化,巩固社会和谐的思想道德基础》,http://theory.people.com.cn/GB/49169/49171/4949625.html,2006-10-24。

[22] 香港义务工作发展局编:《义工手册》,http://www.volunteer-link.net/datafiles/A008.pdf。

[23] 北京志愿者协会:《走近志愿服务》,中国国际广播出版社2006年版。

[24] 北京志愿者协会:《志愿者组织建设与管理》,中国国际广播出版社2006年版。

[25] 教育部社政司组编:《思想政治教育学原理》,高等教育出版社2002年版。

[26] 刘新庚：《现代思想政治教育方法论》，人民出版社 2006 年版。

[27] 刘献君：《现实挑战与路径选择——民族精神的对策研究》，人民出版社 2009 年版。

[28] 王勤：《思想政治教育学新论》，浙江大学出版社 2003 年版。

[29] 陈万柏、张耀灿：《思想政治教育学原理》，高等教育出版社 2007 年版。

[30] 魏娜：《志愿服务概论》，中国人民大学出版社 2018 年版。

[31] 钱理群：《论志愿者文化》，生活·读书·新知三联书店 2018 年版。

[32] 朱健刚：《行动的力量——民间志愿者组织实践逻辑研究》，商务印书馆 2008 年版。

[33] 北京大学马克思主义学院当代大学生思想道德教育研究课题组编：《当代大学生思想道德教育的理论与方法》，北京大学出版社 2007 年版。

[34] 陈秋明：《大学生志愿服务理论与实践》，商务印书馆 2018 年版。

[35] 聂阳阳：《中国志愿服务法制化践行与探索》，中国政法大学出版社 2001 年版。

[36] 袁媛、刘建成：《志愿服务政策法规概览》，山西经济出版社 2009 年版。

[37] 冯艾等编：《大学生社会实践导读》，社会科学文献出版社 2005 年版。

[38] 阮俊华编：《主知行合一·实践报国——大学生从社会实践走向成功》，浙江大学出版社 2009 年版。

[39] 吕志等编：《面向社会，实践育人——高校政治思想理论课实践教学探索》，华南理工大学出版社 2009 年版。

[40] 良警宇：《中国文化志愿服务发展报告（2018）》，社会科学出版社 2019 年版。

[41] 单江林主编：《校园志愿服务教程》，科学出版社 2009 年版。

[42] 靖国平：《价值多元化背景下学校德育环境建设》，江苏教育出

版社 2009 年版。
[43] 张晓红主编：《高校志愿服务项目案例分析》，人民出版社 2019 年版。
[44] 侯玉兰等编：《社区志愿服务理论与实务》，中国社会出版社 2009 年版。
[45] 丁帅：《大学生志愿服务中价值培育研究》，经济日报出版社 2020 年版。
[46] 万明钢：《多元文化视野价值观与民族认同研究》，民族出版社 2006 年版。
[47] 周从标：《全球化背景下思想政治教育创新研究》，中国社会科学出版社 2005 年版。
[48] 张晓红、郭新保、李娜：《志愿服务体系研究》，北京大学出版社 2011 年版。
[49] 江汛清：《与世界同行：全球化下的志愿服务》，浙江人民出版社 2005 年版。
[50] 冯英、张惠秋：《外国的志愿者》，中国社会出版社 2008 年版。
[51] 卢德平等：《论中国特色志愿服务方法》，新华出版社 2019 年版。
[52] 谭建光、李森：《志愿者组织管理》，广州出版社 2011 年版。
[53] [美] 莱斯特·萨拉蒙：《非营利部门的兴起》，载何增科《公民社会与第三部门》，社会科学文献出版社 2000 年版。
[54] [美] 罗伯特·S. 奥格尔维：《志愿服务、社区生活与伦理道德：美国社会的视角》，杨敏译，上海财经大学出版社 2018 年版。
[55] [美] 莱斯特·M. 萨拉蒙：《全球公民社会——非营利部门视界》，贾西津、魏玉等译，社会科学文献出版社 2007 年版。
[56] [美] 莱斯特·M. 萨拉蒙、S. 沃加斯·索可洛斯基等：《全球公民社会——非营利部门国际指数》，陈一梅等译，北京大学出版社 2007 年版。
[57] [英] 托尼·马歇尔：《我们能界定志愿域吗?》，李亚平、于

海：《第三域的兴起》，复旦大学出版社 1998 年版。

[58] ［法］托克维尔：《论美国的民主》（下卷），董果良译，商务印书馆 1988 年版。

[59] ［美］罗伯特·D.帕特南：《使民主运转起来》，王列、赖海榕译，江西人民出版社 2001 年版。

[60] ［美］杰勒德·克拉克：《发展中国家的非政府组织与政治》，载俞可平《治理与善治》，载社会科学文献出版社 2000 年版。

[61] ［古罗马］西塞罗：《论老年论友谊论责任》，徐奕春译，商务印书馆 1998 年版。

[62] ［美］弗朗西斯·福山：《信任——社会美德与创造经济繁荣》，彭志华译，海南出版社 2001 年版。

[63] ［美］朱莉·费希尔：《NGO 与第三世界的政治发展》，邓国胜、赵秀梅译，社会科学文献出版社 2002 年版。

[64] 刘云山：《学习全国道德模范加强公民道德建设》，《人民日报》2013 年 9 月 28 日第 2 版。

[65] 宋喆：《我国志愿服务立法的实践困境与现实对策》，《江汉论坛》2014 年第 10 期。

[66] 薛玉佩：《美国体育志愿服务的激励机制及其启示》，《体育文化导刊》2012 年第 11 期。

[67] 江泽全：《英国志愿服务发展及对中国的启示》，《广东青年干部学院学报》2004 年第 3 期。

[68] 陶然：《试论大学生志愿服务"双内核"精神》，《学校党建与思想教育》2019 年第 20 期。

[69] 康秀云：《美国培育积极公民的志愿服务路径研究》，《外国教育研究》2012 年第 7 期。

[70] 高嵘：《美国志愿服务发展的历史考察及其借鉴价值》，《中国青年研究》2010 年第 4 期。

[71] 赵勇、段世江、王新文：《美国和香港地区老年志愿者活动的经验及启示》，《贵州社会科学》2012 年第 12 期。

[72] 李敏：《深入推进志愿服务制度化建设》，《中国特色社会会议

研究》2019 年第 3 期。

［73］滕素芬：《西方海外志愿服务成功经验对我国的启示》，《中国青年研究》2011 年第 5 期。

［74］李宁：《中外志愿服务比较》，《学术探讨》2012 年第 5 期。

［75］王育：《看美国企业做公益》，《北京城市学院学报》2012 年第 1 期。

［76］孟凡平、赵佳宾：《论美国的志愿服务及借鉴价值》，《北京城市学院学报》2012 年第 1 期。

［77］黄志坚、张丽霞：《中外青年志愿服务活动比较》，《青年探索》2000 年第 3 期。

［78］龚万达：《国外志愿服务研究综述》，《江西师范大学学报》2010 年第 5 期。

［79］谭建光：《全球化背景下的志愿服务与国际融合》，《江海学刊》2005 年第 1 期。

［80］刘建军：《增强大学生国防教育实效性的实践探索》，《学校党建与思想教育》2010 年第 29 期。

［81］赵春辉：《浅析多元化背景下的大学生价值观教育》，《河北农业大学学报》2010 年第 3 期。

［82］李红军：《用社会主义核心价值体系引领校园思潮》，《思想理论教育导刊》2010 年第 10 期。

［83］佘双好：《当代社会思潮对高校学生影响的特点及对策研究》，《思想理论教育导刊》2010 年第 10 期。

［84］郝学武：《高校志愿服务实践育人体系探究》，《学校党建与思想教育》2019 年第 16 期。

［85］吴江：《中国志愿服务的文献研究（1994—2007）》，《中国青年研究》2008 年第 1 期。

［86］黄富峰：《论志愿精神的伦理内涵》，《东岳论丛》2009 年第 5 期。

［87］刘伟：《大学生参与志愿服务活动长效机制建设的思考》，《内蒙古财经学院学报》（综合版）2009 年第 6 期。

[88] 卞舒云：《大学生志愿服务的实证分析》，《高校辅导员学刊》2010年第3期。

[89] 张拥军：《新时代高校志愿服务育人功能及实现路径探析》，《思想教育研究》2019年第6期。

[90] 张科、彭巧胤：《高校青年志愿服务专业化研究》，《中国青年研究》2010年第2期。

[91] 肖金明、龙晓杰：《志愿服务立法基本概念分析——侧重于志愿服务》，《浙江学刊》2011年第4期。

[92] 王锐兰：《高校志愿服务教育的应然、实然与或然》，《江苏高教》2012年第6期。

[93] 党秀云：《论志愿服务的常态化与可持续发展》，《中国行政管理》2011年第3期。

[94] 付蕊：《论大学生志愿服务内涵的深化与思想政治教育功能实效性的发挥》，《黑龙江高教研究》2013年第6期。

[95] 刘敏：《志愿服务行政化问题探究——以广州F街志愿服务为例》，《理论导刊》2014年第3期。

[96] 肖金明：《志愿服务立法若干问题的思考》，《中国行政管理》2010年第8期。

[97] 胡凯、杨欣：《论大学生志愿服务的思想政治教育功能》，《思想教育研究》2010年第2期。

[98] 德利克：《现代中国的市民社会与公共领域》，《中国社会科学季刊》（香港）1993年第4期。

[99] 克莱默：《论市民社会》，《中国社会科学季刊》（香港）1993年第4期。

[100] 共青团中央：《中国青年志愿者行动实施20周年情况介绍》，http：//www.china.com.cn/zhibo/zhuanti/ch－xinwen/2013－12/02/content_30770278.htm。

[101] 张洪峰、苏玉刚等：《大学生志愿服务理论研究述评及探讨》，《湖南社会科学》2013年第21期。

二 外文文献

[1] Boris, E. , "Nonprofit Organizational Democracy: Varied Roles and Responsibilities". In E. Boris (Ed.) , *Nonprofits and Government: Collaboration and Conflict* [M]. Washington D. C. : The Urban Institute Press, 1999.

[2] David Korten, *Getting to the 21st Century: Voluntary Action and Global Agenda* [M]. West Hartford: Kumarian Press, 1990.

[3] Lester M. Sahmon, *American's Nonprofit Sector: A Primer* [M], New York: The Foundation Center, 1999.

[4] Hodg, Kinson V. and Weitzman, M. , *Giving and Volunteering in the United States* [M]. Washington D. C: Independent Sector, 1996.

[5] Peter Graf, "Personal Services in the Post – industrial Economy: Adding Nonprofits to the Welf are Mix" [J]. *Social Policy & Administration*, No. 5, 2004.

[6] Roe, J. , "The Third Sector as a Protective Layer for Capitalism" [J]. *Monthly Review*, No. 4, 1995.

[7] Susanne Ziemek, "Economic Analysis of Volunteers' Motivations—A Cross Country Study" [J]. *The Journal of Socio – Economics*, No. 3, 2006.

[8] Walter O. Simmons, Rosemarie Emanuel, "Are Volunteers Substitute for Paid Labor in Nonprofit Organizations" [J]. *Journal of Economics and Business*, No. 1, 2010.

[9] Wilson, J. , "Volunteering" [J]. *Annual Review of Sociology*, 2000.

[10] Anheier, H. K. and Salamon, L. M. , "Volunteering in Cross – national Perspective: Initial Comparisons" [J]. *Law and Contemporary Problems*, Vol. 62, No. 4, 1999.

[11] Hustinx, L. , Cnaan, R. A. and Handy, F. , "Navigating Theories of Volunteering: A Hybrid Map for a Complex Phenomenon" [J]. *Journal for the Theory of Social Behavior*, Vol. 40, No. 4, 2010.

[12] Batson, C. D., Ahmad, N. and Tsang, J. A., "Four Motives for Community Involvement [J]. *Journal of Social Issues*, Vol. 58, No. 3, 2002.

[13] Wilson, J. and Musick, M., "Who Cares? Toward an Integrated Theory of Volunteer Work" [J]. *American Sociological Review*, Vol. 3, 1997.

[14] Omoto, A. M. and Snyder, M., "Considerations of Community: The Context and Process of Volunteerism" [J]. *American Behavioral Scientist*, Vol. 45, No. 5, 2002.

[15] Clary, E. G. and Snyder, M., "The Motivations to Volunteer Theoretical and Practical Considerations" [J]. *Current Directions in Psychological Science*, Vol. 8, No. 5, 1999.

[16] Cnaan, R. A. and Amrofell, L., "Mapping Volunteer Activity"[J]. *Nonprofit and Voluntary Sector Quarterly*, Vol. 23, No. 4, 1994.

[17] Brady, H. E., Verba, S. and Schlozman, K. L., "Beyond SES: A Resource Model of Political Participation" [J]. *American Political Science Review*, No. 5, 1995.

[18] Haski-Leventhal, D. and Bargal, D., "The Volunteer Stages and Transitions Model: Organizational Socialization of Volunteers" [J]. *Human Relations*, Vol. 61, No. 1, 2008.

[19] Taniguchi, H. and Thomas, L. D., "The Influences of Religious Atitudes on Volunteering" [J]. *Voluntas: International Journal of Voluntary and Nonprofit Organizations*, Vol. 22, No. 2, 2011.

[20] Clary, E. G., Snyder, M., Ridge, R. D. et al., "Understanding and Assessing the Motivations of Volunteers: A Functional Approach" [J]. *Journal of Personality and Social Psychology*, Vol. 74, No. 6, 1998.

[21] Marc Morje Howard and Leah Gilbert, "A Cross-National Comparison of the Internal Effects of Participation in Voluntary Organizations" [J]. *Political Studies*, Vol. 56, No. 1, 2008.

[22] Joanne Ryll, "Twenty Years of Dedicated Volunteer Service" [J]. *The Quarterly*, Vol. 78, No. 2, 2013.

[23] Priscilla S. Wisner and Anne String, "The Service Volunteer – loyalty Chain: An Exploratory Study of Charitable Not – for – profit Service Organizations" [J]. *Journal of Operations Management*, Vol. 23, No. 2, 2005.

[24] Ridge, R. D. and Montoya, J. A., "Favorable Contact during Volunteer Service: Educing Prejudice Toward Mexicans in the American Southwest" [J]. *Journal of Community & Applied Social Psychology*, Vol. 23, No. 6, 2013.

[25] John Tharakan, "Everaging Community – Based Service Learning Experiences into Academic Credit in Engineering Curricula" [J]. *International Journal of Quality Assurance in Engineering and Technology Education*, Vol. 2, No. 1, 2012.

[26] C. Wayne Gordon Nichol, "A Typology of Voluntary Societies" [J]. *American Sociology Review*, No. 1, 1959.

[27] Lester M. Salamon, "The Rise of Nonprofit Sector" [J]. *Foreign Affairs*, No. 3, 1994.

[28] Schwab, K., "Global Corporate Citizenship: Working with Governments and Civil Society", Jan./Feb. 2008. http://www.foreign affairs.com/articles/63051/klaus – schwab/global – corporate – citizenship (accessed 29 Dec 2010).

[29] "Corporation for National and Community Service, 2009, Volunteering in America Research Highlights" [EB/OL]. http://www.natirvice.gov/about/volunteering/index.asp.

后 记

本书是在作者博士后出站报告的基础上修改、补充、完善而成的。2011年，我有幸进入华中师范大学马克思主义专业博士后流动站从事博士后研究，得到本领域著名专家张耀灿先生的教诲和指导，受益终生。本书是对我在博士后流动站从事博士后研究的一个小结。

随着文化多样化的不断发展，当代大学生的自主意识不断增强，个性特征日趋明显，他们不再轻易接受来自外界的理论说教，使传统的理论灌输方式难以收到良好的育人效果，从而凸显了实践育人的重要作用。而大学生志愿服务是高校实践育人的重要方式，在大学生的健康成长中发挥着不容忽视的重要作用。增强文化多样化背景下大学生志愿服务的育人功能，不仅是高校思想政治教育研究中的重大理论问题，而且是高校思想政治教育实践中亟待解决的问题。作为高校思想政治教育的一线工作者，我感觉有责任为提高高校思想政治教育实效尽一份微薄之力。

本书从文化多样化的新视角，从大学生的思想变化和现实需要出发，仅围绕"大学生志愿服务育人"这一论题展开，采用理论分析与实证研究相结合的方法，全方位论述了大学生志愿服务育人功能、育人现状、外来经验和应对策略等问题，力图对该领域的学术研究和实践发展有所帮助。如果说本书有可取之处的话，本人觉得主要表现在：第一，研究视角方面，本书选取文化多样化的视角，将大学生志愿服务育人置于文化多样化时代背景下进行探讨，为该领域的研究提供了一个新视角。第二，研究内容方面，本书突破学术界大多关注"志愿服务活动"而很少关注"志愿服务育人"的局限性，探讨了文化多样化背景下大学生志愿服务育人受到的双重影响和具有的多维育人功能，总结了国外和我国港台地区积累的成功经验，并探索出诸多增强大学生志愿服务育人功能的有效对策，研究内容具有系统性和创新性。第三，研究范式方面，本书突破学术界已有相关研究多为理论分析且很少采用人学研究范式的局限，坚持"以人为本"的理念，采用理论分析与实证研究相结合的研究方法，探讨了大学生志愿服务在人的全面发展中的重要作用，凸显了思想政治教育的人学研究范式和价值。第四，在研究框架方面，突破学术界相关研究多为局部性研究的弱点，对文化多样化背景下大学生志愿服务的新特点、所受影响、育人功能、发展现状、未来趋势、应对策略等问题进行了系统探讨，提出了一个较为完整的体系框架。当然，上述概括是否准确，还需各位专家指教。

在本书写作过程中，得到了众多良师益友的支持和帮助。首先，得到了合作导师张耀灿先生的指导和帮助。本书从选题立意和布局谋篇，从观点推敲和行文润色，到最后的付梓，都倾注了恩师大量心血。同时，华中师范大学的万美容教授、梅萍教授、秦在东教授、林剑教授、郭鹏飞教授、龙静云教授、武汉大学的孙来斌、武汉理工大学的朱喆教授等也为本书的写作、修改提出了宝贵意见。另外，中国石油大学（华东）宣传部的王玉平讲师、东营职业学院的刘元珍副教授、东营市计生委的宿振裕、中国石油大学（华东）研究生王超、刘梦梦、史兴艳等在本书的修改、校对以及问卷调查中也给予了大力支持和热情帮助，保证了本书的顺利写作和按时完成。在此，谨向诸位良师益友致以最真挚的谢意和敬意！

在本书的写作过程中参考了众多前人或他人的研究成果，没有他们的开拓，我无力起步和前行，在此也向所有被本书引用的论著的作者们表示感谢，向本书完稿打下基础、垒起平台的专家学者们致谢。同时，本书出版还得到了华中师范大学张耀灿思想政治教育学术研究基金会、北京科技大学、中国石油大学（华东）的大力支持。在本书即将面世之际谨对上述单位表示衷心的感谢。

在此，我还要感谢我的家人，是他们多年来的默默支持和无私奉献，促使我在学术的道路上继续前行，我谨以此书献给他们。

由于本人才疏学浅，水平有限，本书可能还存在着瑕疵乃至纰漏，恳请各位专家、学者批评指正。

张红霞
2020年6月